永远的怀念

步平先生逝世周年纪念集

步平先生逝世周年纪念委员会　编

国家图书馆出版社

图书在版编目（CIP）数据

永远的怀念：步平先生逝世周年纪念集 / 步平先生逝世周年纪念委员会编. -- 北京：国家图书馆出版社，2017.8
ISBN 978-7-5013-6182-3

I. ①永… Ⅱ. ①步… Ⅲ. ①步平（1948-2016）—纪念文集 Ⅳ. ① K825.81-53

中国版本图书馆 CIP 数据核字（2017）第 182496 号

书　　名　永远的怀念：步平先生逝世周年纪念集
著　　者　步平先生逝世周年纪念委员会　编
责任编辑　李强
封面设计　颜安

出　　版　国家图书馆出版社（100034 北京市西城区文津街 7 号）
（原书目文献出版社　北京图书馆出版社）
发　　行　(010)66114536 66126153 66151313 66175620
66121706（传真） 66126156（门市部）
E-mail　nlcpress@nlc.cn（邮购）
Website　www.nlcpress.com→投稿中心
经　　销　新华书店
印　　装　北京金康利印刷有限公司
版　　次　2017 年 8 月第 1 版　2017 年 8 月第 1 次印刷

开　　本　710×1000 毫米　1/16
印　　张　21

书　　号　ISBN 978-7-5013-6182-3
定　　价　38.00 元

步平先生

童年时期的三兄弟，左起分别为：步平、步雄、步原

下乡之前全家人的合影

高中时期的步平（后排右二）与同学们在北海团城前的合影

东北农垦总局迎春机械厂工人时期

奔赴北大荒的一对恋人

新婚夫妻

夫妇与父母

大学排球场上的健将

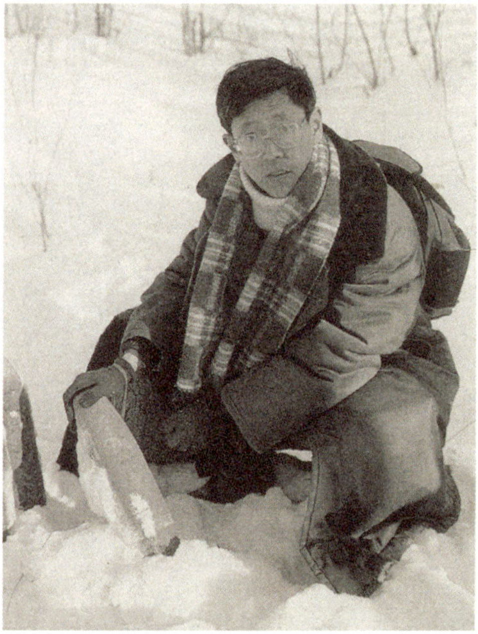

1994 年 1 月在哈尔巴岭调查毒气弹

毒气弹调查现场

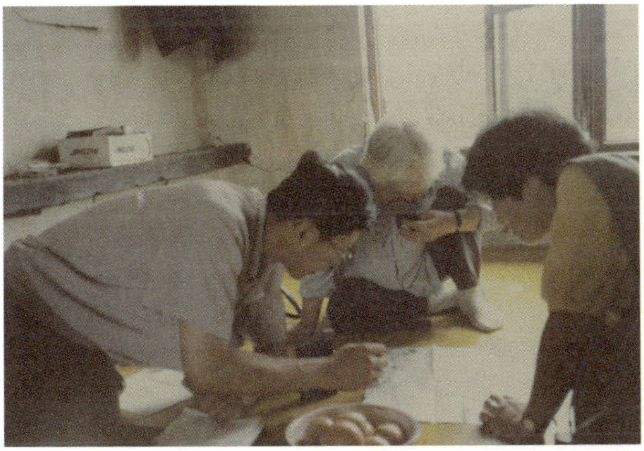

田野考察现场工作照

在群众家访问

2000 年考察侵华日军
东宁要塞遗址

1986 年第一次去日本

在日本就战后赔偿问题进行讲座

在日本谈七三一部队

1998 年出席中国归还者联络大会

2002 年 5 月获授
创价大学名誉教授

1994 年与家永三郎讨论教科书问题

中日共同历史研究会议现场

父与女

出席女儿的毕业典礼

2015 年一家人在冲绳

2016 年过生日

2016 年 8 月 18 日步平先生告别仪式在北京八宝山兰厅举行，图为告别仪式现场

告别式上的日本友人南村夫妇

告别式上的弟子

2016 年 9 月 8 日步平先生骨灰安放仪式

目 录

纪念文章（亲人、同学、同事、学生等）

步平最后的日子 / 张颖辉 …… 3

忆我的父亲 / 步小骞 …… 18

良史之才，青春永在——怀念我们的大哥步平 / 步原 步雄 …… 22

风华正茂的高中时代 / 中学同学群体 …… 33

造化弄人，炉火炼金——忆农垦工厂时期的步平 / 李增春 …… 43

抹不掉的青春记忆——缅怀大学同学步平 / 亓石城 …… 51

我的步平老师 / 彭丽 …… 57

亦师亦友，学界楷模——缅怀步平先生 / 王希亮 …… 64

深深的怀念——步平先生周年祭 / 高晓燕 …… 70

早春夜色凉如水——追忆与步平先生交往二三事 / 笪志刚 …… 77

怀念步平兄 / 刘爽 …… 84

没讲完的公开课——悼步平先生 / 田苗 韩尉 …… 92

我与恩师步平先生 / 武向平 …… 95

无尽悲伤、无限遗憾——怀念我的导师步平先生 / 马晓娟 …… 101

天地同悲送恩师——步平先生送别仪式侧记 / 徐志民 …… 104

纪念文章（中外学者）

他影响了中国人的“日本观”——步平先生学术情怀 / 马勇……111
步平先生点滴杂忆 / 王奇生……116
永远的同行者——怀念步平先生 / 王建朗……120
步平老师，天国安好！ / 史桂芳……128
可亲的长者，可敬的领导——纪念步平先生 / 任智勇……132
潇潇风雨忆步平 / 苏智良……134
追忆抗战馆的老朋友步平先生 / 李宗远……142
逝去的背影——怀念步平老师 / 汪朝光……149
永远的怀念 / 宋志勇……154
回忆步平老师 / 张生……160
步平先生逝世 / 张弘……165
谦谦君子，学人典范——怀念步平先生 / 张连红……168
怀念 / 金以林……173
亦师亦友难忘怀 / 袁成毅……179
愿您之所往，郁金香盛放——送别步平所长 / 徐秀丽……182
君子坦荡荡——祭悼步平先生 / 徐勇……185
追忆步平教授 / 黄克武……191
敢将私谊哭斯人——悼念步平先生 / 程兆奇……194
清明时节忆步所 / 臧运祜……201
纪念步平先生 / [韩] 安秉佑……210

朝着东亚和平的大胆的脚步 / [韩] 金圣甫 …………………………… 213
装满了“未竟梦想”的电脑 / [日] 冈田充 …………………………… 216
连接中国与日本研究者间的桥梁——沉痛悼念步平先生
/ [日] 毛里和子 …………………………………………………… 218
感恩——与步平先生的相遇相知 / [日] 田中宽 ……………………… 221
弘扬步平先生的业绩，继承步平先生的志愿 / [日] 俵义文 …… 223
致步平先生 / [日] 斋藤一晴 ………………………………………… 226

唁电汇总

国内个人唁电 ………………………………………………………… 234
国外个人唁电 ………………………………………………………… 239
国内机构唁电 ………………………………………………………… 253
国外机构唁电 ………………………………………………………… 265

附　录

中日历史问题研究的过去、现在与未来——访中国社会
科学院近代史研究所研究员步平先生 / 徐志民　马晓娟 ……… 279

后　记 ………………………………………………………………… 313

纪念文章

亲人、同学、同事、学生等

步平最后的日子

张颖辉

2015年10月30日，步平去冲绳开会，我已经退休，女儿有年假，我们全家三口人一同前往美丽的冲绳。这是我们全家的第一次出国旅行，没想到也是最后一次。

冲绳的自然环境是原生态的，蓝蓝的天空，碧绿的海水，茂盛的植被，柔软的沙滩，银色的珊瑚，这一切让步平的身心得到极大的放松。有一天，在渡嘉敷村的海边，他脱了鞋袜，躺在松软的沙滩上，情不自禁地说："这两年太累了，真想躺在这里美美地睡上两天。"我和女儿立刻接着说："可以啊，我们陪你。"然而，他没有停下工作的脚步，按时回国了。

确诊晚期前列腺癌

步平11月7日从冲绳回国后，就准备去台湾开会，虽然人显得疲惫，但他决定年底前的两个重要会议还是要去参加，已经答应人家了。然而，11月10日晚上，他一夜没有入睡，浑身的骨头疼，平时觉得很舒服的床，那天晚上却怎么都不得劲。早上6点多，他告诉我这次疼得异常，去医院吧。

其实，他自8月参加完凤凰卫视的凤凰大讲堂后就感觉不适，以为是感冒，在后来的日子里经常腰疼腿疼，也没当回事，总觉得是这两年事情太多，等忙过这阵子休息一下就会好。这回看样子是挺不过去了，10 年没去过医院，医疗本都不知道怎么用。一通电话打过后，知道了怎么建档等，我陪他去同仁医院看病。进入干保科后首诊是张主任,她询问病情,一是腰疼腿疼,二是体重下降10公斤，她马上要求住院治疗。我开始也没有觉得问题严重，只想的是住院做一个全面系统的检查，好好休息一下，这也是我很久以来的想法。

住进医院后，我最初并没有陪他，只是每天将近中午时到病房，下午 3 点多回家，因为这个时间段不堵车。看着他面孔一天天消瘦，走起路来脚步沉重，说话也没有精神，我心里很难过，有些不祥的预感。因为经常染发，我担心是不是血液有什么问题。16 日早上，我准备出发去医院，电话铃声响起。医院干保科打来的，让我立即去医院，化验结果出来了，问题很严重，到医院后找主任。我和女儿心急如焚地来到医院，病房没有人，立即找主任。主任直言不讳地告诉我们，初步诊断可能是前列腺癌，PSA 值超过 150，正常是 5 以下，目前严重贫血，血色素只有 6 克，怕他头晕、摔倒，引起骨折等方面的问题，从现在看，家属要 24 小时看守。今天给他安排了核磁检查。听了医生的介绍，我半天没回过神，简直不敢相信，这怎么可能？我眼中噙着泪水去核磁室找他，医生告诉已经做完检查。我又跑回病房，正好撞上他去打水回来。我目不转睛地看着他，感觉好像很久没有见面，生怕他从我面前消失。趁他休息时，我和女儿出去吃饭,心情沉重,没有食欲,商量要不要告诉他真实的病情。女儿说，老爸聪明绝顶，瞒是瞒不住的，慢慢渗透吧。我心里相当清楚，这个时候我必须撑住，不论有多大的痛苦，也不能在他面前表现出来，只有坚强面对，共同努力。

有了医生的话，我不能有任何闪失，否则我会后悔终生。我的眼睛没有一分钟离开过他，直到晚上 11 点他入睡后，我和护士交代了一下，才离去。因为上午走得急，什么也没有准备，到医院后才明白今后我要陪他一起住院了。回家准备住院的东西，第二天早上 6 点半得赶回来，要做骨扫描的检查。

一夜无眠，心里乱七八糟的，所以早上很早就醒来了。我意识到我们的生命是连在一起的，以前只是思想和灵魂，现在身体也不能分开了。早上赶到医院，电梯还没有开，我一口气爬到 12 层，看到他的眼神，我知道他在盼望我的到来。随着检查的深入，医生们进一步掌握了病情，嘱咐我和护士，去各处检查一定要坐轮椅，不能自己随便行走。小护士引路，我推着轮椅穿行在各个楼层和病人之间，进行着各种检查。

很快，结果呈现在我面前。

11 月 14 日验血，红细胞 6，白细胞 2.19，PSA 高于 150。

11 月 16 日核磁检查，考虑前列腺癌可能性大，建议全身核素骨扫描。

11 月 17 日核素骨扫描结果是：显像清晰，可见颅骨、胸骨、脊柱、双侧肋骨、骨盆及四肢骨远端呈弥漫性、放射性分布异常增高，呈“超级骨显像”表现。恶性肿瘤、弥漫性增生及浸润，前列腺癌骨转移。

11 月 30 日前列腺穿刺：评分 9。

干保科秦主任把全部实情告诉了我，并表示医院会全力以赴用科学的方法去治疗，下一步是转到泌尿科，由泌尿科和内科共同负责。住院以来一直都是做各种检查，以便确诊，基本没有用药，只是服用止疼和睡觉的药，所以步平显得很疲惫，脸色也特别差，躺在床上吸着氧气，很无助的样子。秦主任找我谈话后，我虽然努力表现出镇静的样子，但有时也会露出心事重重的样子。他有所觉察，要求我对他不要隐瞒病情真相，任何结果都要面对，这样才能更好地配合医生治疗。看着他坚定的眼神，我知道瞒是瞒不住的，于是把所有检查结果和盘托出。他听后表现出异常的平静，好像已经有所预感，现在不过就是证实一下。我告诉他：无论发生什么事情，我和你一起面对，一同与疾病斗争。有先进的医学技术，有你以前身体好的基础，有你的顽强意志，我们共同努力，奇迹一定会产生。他也说一定争取好起来，陪你去全球旅行，偿还欠你的债，现在想想欠你的太多。我强忍泪水走到窗前，看着窗外熙来攘往的车辆人流，心乱如麻，慢慢地恢复了平静。最绵长的爱就是陪伴，从现在起，我要陪伴他走完生命的全部。

放不下的工作

人虽然在医院，可是他的思考从来没有离开他所关心的中日关系问题、中日共同历史研究问题、中日韩共同编写历史教科书问题、海峡两岸共同编写中国抗日战争史问题，还有许许多多要做的事情。

医生嘱咐一定要放下工作，全身心地住院配合医生治疗，养好病。可是，他的电脑永远是打开的，绝大部分的人并不知道他住院，每天都有全国各地的朋友、学生、同行，还有国外的学者发来邮件，都必须回信。年底之前还有两次重要的会议，一次是2015年11月27日至30日，由中国抗日战争史学会、中国人民抗日战争纪念馆和台湾中正文教基金会共同主办、在台北召开的“第五届海峡两岸抗日战争史学术研讨会”，以“抗战史研究的新史料和新视野”为主题，主要交流海峡两岸关于抗战史研究的新成果、展示抗战史研究的新史料，旨在加强两岸学界交流，打造共同的历史记忆。另一次是2015年11月21日，由日本华人教授会主办，中国社会科学院近代史研究所《抗日战争研究》编辑部和台北“中央研究院”近代史研究所蒋介石研究群协办、在日本千叶商科大学国际会议中心召开的“从战争、对立走向和平——来自历史研究现场的寄言”，以纪念中国人民抗日战争胜利 70 周年。原本这两次会议，他都要主持会议的全过程，因为不能去，他要做好安排。人虽然没有亲临会议，但是通过微信、邮件等通信手段，他关注了会议的全过程，会议很成功，并给他送来了遥远的祝福。

经过三个月时间的治疗，他的病情得到缓解，人精神了许多，身体也轻松了许多，浑身疼痛的感觉也消失了。化验结果更令人鼓舞，PSA 下降至 4.96。这对我们全家来说是最好的消息，似乎看到了光明，看到了希望。

身体得到一定的好转后，他有了想适当参加一些活动的想法。我感觉他的身体恢复得还可以，尤其是这次检查结果让我稍感轻松，因此考虑他适当参加一些活动，对治疗还会有一些好处，整天憋在家里也不一定好。于是商量后同意他可以少量参加一些外出的会议，但不能离开北京。

2016 年 2 月 26 日，他参加了中日关系史学会与日本大使馆政治部的交流会，并做了发言。他指出面对中国的发展，日本应更积极看待，应更有自信，应有更开阔的视野，借助中国城镇化的机遇、制造业升级改造的机遇、高质量消费的机遇，使中日发展为高度一致的利益共同体、命运共同体和责任共同体，夯实保持两国关系大局的基础。建议日本回到与中国构筑战略互惠关系的轨道，回到“正常国家关系”的层级上来。希望日本政府领导人在重大问题表态上言行一致，取信于国际社会。奉劝作为域外国家的日本在南海问题上谨言慎行，不要以任何形式插手南海问题，为在杭州举行的 G20

峰会和在日本举行的中日韩峰会创造良好的气氛和必要的条件。强调中日双方要恪守中日四个政治文件和四点原则共识，妥善处理有关重大敏感问题，切实管控好矛盾分歧，牢牢把握和平、友好、合作的大方向，确保两国关系始终在正确轨道上运行。这是他生病以来第一次亮相，朋友们见到他的病情好转都很高兴。

3 月 4 日，中国人民抗日战争纪念馆来 4 人到家里商量工作，高士华也参加了。

3 月 9 日，他去北京大学参加中日历史问题共同研究会议。

3 月 20 日，他在家里召开了“东亚近代史编写工作会议”，拟于 4 月初提出讨论提纲，5 月召开会议，后因种种原因该会议拖延至 7 月在杭州召开。

二三月间，学生马晓娟、徐志民到家中对他进行了访谈。他根据两位学生的问题和自己的思路，回顾了自己的知青岁月、在黑龙江省和北京的主要工作，包括从研究东北地方史、中俄关系史转到中日关系史、抗日战争史的学术经历；参与和主持中日韩三国共同编写历史教科书辅助教材和“历史认识与东亚和平”论坛；作为中日共同历史研究中方委员会首席委员和负责人，为中日共同历史研究所取得的成果付出的艰辛努力，受到了中日两国各界的广泛肯定。现在《中日共同历史研究报告》已经出版，他的著作如《超越战后——日本的战争责任认识》《日本侵华战争时期的化学武器》《靖国神社与日本军国主义》《靖国神社七问》等，在国内外学术界产生了广泛影响。2016 年 8 月，这篇访谈录发表于《历史教学问题》2016 年第 4 期。他还计划撰写《我眼中的 100 位日本人》，通过介绍与他接触的这些日本人，向中日两国社会传递和平友好的人间大爱。

5 月 14 日，他去国家图书馆上课。他一直担任国家图书馆公开课《中国的抗日战争与日本的战后处理》主讲人，这一次是第七讲“反思与翻案——战后日本社会”。他患病后，由于需要住院治疗，课程的录制中断了一段时间，但他始终惦记着这门课，仍利用一切机会搜集资料和进行准备。当天下午，他依旧神采飞扬、风度翩翩地讲解，而现场观众并不知道他已病入膏肓，这一课也是他一生最后一次站在讲台上的公开课。

在这春花烂漫的季节，到处鲜花盛开，步平亲手培育的郁金香绽放，他高兴地给朋友们传送鲜花的照片。在温暖的阳光下，我与他一起散步、下棋、聊天。他发现华兴园小区路边草丛中有些垃圾，还买来垃圾捡拾器，在散步时边走边捡，美化小区环境，奉献人间爱心，受到小区居委会和居民的好评。其实，步平在生命的最后一刻也没有忘记工作，没有忘记对社会的责任和对美好生活的热爱。可以说，在这个春季里，我们一起度过了短暂的美好时光。

6 月 6 日，步平以国家社科规划办抗日战争中长期规划项目专家组主任的身份，主持了生前的最后一次会议。会议主要讨论了国家社科规划办关于抗日战争中长期规划项目的设置与安排，与会专家学者纷纷慰问他，祝愿他早日康复，重回抗日战争研究第一线，以指导和参与国家社科规划办的专项课题。

至今步平的案头仍然摆放着“2016 年度国家社科基金抗日战争研究专项工程立项通知书”“抗日战争暨近代中日关系数据平台可行性报告”“两岸共同编写中国抗日战争史”反馈意见，日本大使馆关于“日中関係をめぐる諸問題と今後の展望”，以及日本学者毛里和子的书稿。

没能走出医院的大门

从 2015 年 11 月 13 日住院到 2016 年 8 月 14 日去世，步平一共住了五次医院。前四次还算顺利，每次都是高兴地回家，期待着美好的前景。然而，7 月 11 日的最后一次住院，他却永远走不出医院的大门了。

其实，步平的病情只是好转了一个月的时间，2 月 19 日化验 PSA 是 4.96，3 月 18 日的化验就开始出现反复，PSA 上升为 23.09，4 月 1 日升为 40.96，4 月 11 日上升到 105.57。4 月 8 日骨扫描结果也出来了，医生的结论是：与 2015 年 11 月 17 日显像相比，脊柱、双侧、肋骨病变较前增多，左侧股骨远段病变放射性分布较前增高。看着这一系列冰冷的数据，我心中的希望被击得粉碎。人人都鼓励我们说前列腺癌是最好治的、最温和的。可是到了步平身上为什么就这么凶险，我预感到上苍留给我们在一起的时间真的不多了。

由于病情出现反复，医生调整了治疗方案，增加了目前治疗前列腺的最先进的进口药阿比特龙。这种药相当贵，每月 37000 元，但是它承载着我们全家的希望，再贵我们也接受。服用了两个半月后，化验结果再次让我们失望，PSA 上升至 154，说明这种药对他没有作用。陈主任决定还是采用化疗的手段再搏一搏。两次化疗后，他的感觉仍然很差，腰疼、骨盆疼、腿疼加剧。7 月 11 日住院进行第三次化疗，同仁医院高高的台阶，他还是自己上去的，我们对治疗仍然抱有希望，虽然对他病情的发展感到担忧，但总觉得噩耗不至于来得太快，上帝还会给我和女儿多一些陪伴他的时间，然而他的身体却每况愈下。

首先是两眼看东西不聚焦，眼科医生看过后说拍个片子，做个脑 CT，检查结果是脑门右侧颅骨有肿瘤浸入的新像。

7 月 13 日腿疼加剧，上下床很困难，两条腿像根棍子，搬着腿才能上下床坐到轮椅上。

7 月 15 日是个转折点，那天做核磁检查之前说上个厕所，结果厕所的一层台阶他无论如何上不去，挣扎了一会儿，靠到我的身上，险些摔倒。再次回到核磁室时，我发现他的两条腿站不起来了，是医生请来了等待检查的患者家属把他抬到检查床上的，从这天开始他就没有下床自己走过。病情一天天加重，骨头痛，腿抬不起来，翻身也不行，医生加大了止痛药的量。这期间虽然病情较重，但是他头脑仍然清楚，脑子里想的还是他所关心的事情，夜里经常说的梦话也是什么“共同研究，思路不对”，还有什么“史料不行”。一次手在空中一动一动的，我问他干什么，他说在翻书。看着他的样子，我埋怨道，你就放下这些事吧，又不是外交部的。说完后我又有些后悔，他从 1986 年涉足中日关系研究，往返日本近 100 次，到现在整整 30 年了，倾注了毕生的心血，怎么可能放得下呢？

因为病情持续加重，就需要不断地进行各科检查。每次检查对他来说都是痛苦的，因为已经完全不能动，都是许欣舸、敖凯、郭阳等学生抬他去检查。虽然如此，对各科医生的嘱咐他都特别配合，他不止一次地对我说过，人体就像天体一样复杂，有很多未知的世界，需要病人和医生一道去努力探索，更何况我们的女儿也是医生。他在整个生病期间都表现得坚强、忍耐，留给医生和朋友的永远是微笑。医生们说，这是一个意志刚强的人。

7 月 26 日最后的核磁检查结果出来了，肿瘤压迫胸椎，所以造成现在这样全身不能动。泌尿科的医生约我和胸外科的周主任谈一谈，商量下一步的治疗。医生告诉我：目前的症状是肿瘤扩散压迫造成的，胸椎手术可以缓解症状，提高生活质量，但不能解决根本问题。不做就一直在床上躺下去，做了可以缓解症状，起来活动，对生活质量会有帮助。回病房后，他迫不及待地问我医生怎么说。我讲了情况后，步平坚定地选择了手术。我尊重他的意见，这么要强的人，他不甘永远躺在床上。女儿同意手术。

决定做手术后，医生们就开始做术前准备。8 月 1 日上午 9 时 45 分进的手术室，下午 3 时 10 分推出来。医生告诉我，手术很好，不用担心；还要在 ICU 观察两天，一会儿你在门口看一眼。当医生把他推出来后，步平还没有醒来，但看着他脸色红润，我稍觉放心。第二天我去 ICU 探望，步平精神状态很好，自己说腿好像有劲了，吃了我给他带去的鸡蛋羹、小米粥。虽然只分开了一天，但是我看到他渴望的眼神，他紧紧拉着我的手不松开，像个孩子一样求我找医生要离开 ICU，说这里都是冷冰冰的机器，看不见你很孤独，也有些害怕。生病这么长时间他从来给我的都是坚强、乐观的一面，今天我看到了他心中软弱的一面，也许还有其他。一个小时的时间很快就过去了，他拉着我的手一直不肯放下，医生催了几次，最后只好说："我知道他们在催，你走吧。"眼神中有不舍，有忧郁。

8 月 3 日出 ICU 病房，他头脑清楚，一一认出了接他的人，身上插着尿管、引流管、深静脉滴液管，手臂上还有一个输液管。回到普通病房，他很高兴，就怕医生不让他出 ICU 病房。有亲人陪伴，他的精神相当不错，胃口也很好，我一度对手术后的恢复充满了信心，甚至幻想他还能站起来，上帝看他还年轻，不舍得让他走。

8 月 7 日情况急转直下，嘴张得大大的，呼吸急促，喉咙呼呼地响，眼睛睁着，一夜没睡。血压、血糖、体温正常，问他哪儿不舒服，他还说没有。我喂他饭，但咽不下去，想让他喝点儿牛奶，但嘴闭不上，护士说别喂了，怕他呛着，引起肺炎。最可怕的是，他瞪着眼睛，说不出话来，意识好像有些不清。各科医生看过后，让禁食禁水，怕呛着引起肺部感染，静脉注射营养液缓两天，如果能进食就不插管鼻饲，另外还要继续补血和血小板。医生还告诉随时做好进 ICU 的准备。

8 月 9 日主管医生找我谈了病情，了解一下我的态度，一旦出现危急情况，是否做创伤性抢救。女儿是个医生，有着良好的职业修养，也很理性、冷静，我们几天前商量过，表示不做这种抢救，只希望我们的亲人能减轻痛苦，在亲人的陪伴下，最后有尊严地离开这个世界。我郑重地、颤抖着签了字，心如刀绞般疼痛。

我又去找了经验丰富的秦主任，问问她还需要做哪些准备。秦主任告诉我，步平相对年轻，脏器还好，也许还能挺一段时间。我想这是安慰我的话。她紧接着话锋一转，说还有不可预料的情况，还是要有准备，包括后事。熬过了漫长的一天，回到酒店后我放声大哭，释放压抑在心中的痛苦。

8 月 11 日，步平病情稍有缓解，来了几拨人看他，都能认出来，还叫了他们的名字，说话也清楚了一些。他告诉来看望的人，说自己糊涂了，想来想去是麻醉闹的。春生说，步所对什么问题都要想明白，一贯的。看到他的病情有所缓解，大家都很高兴，鼓励他要挺住，还会再好一些。大家走后，我给他清洗下身，发现大小便失禁。看我辛苦的护理他，他脸上有些愧疚，还说“我很没出息吧”。他都病到这个程度了，还在自责自己没出息。我强忍泪水，赶紧转移他的想法，给他念了荒友洪业珍发来的微信：“步平你是北京知青中我最佩服的人，你是个好人，善良平易、认真负责、博学求是、真诚低调，处处都值得大家敬佩和学习。你的努力工作，为中国、为民族做出了很大贡献，我觉得全国人民都应该感谢你！”念过洪业珍的微信，他笑了，还问了我一句，有这么好吗？我告诉他，你在我心中是最完美的，我永远以是你的妻子而骄傲。

步平心里放不下的事情太多，就在前几天不太清醒时，还对我说“你拿个意见”。我说拿什么意见，他说中日关系。这种情况屡有发生，由此可以看出，他多么心有不甘，满脑子都是他要做的事情。如果不生病，不知还有多少事情在等着他。干保科秦主任从步平一确诊，就不断地说：“可惜了，可惜了。”我现在更理解这句话了。

8 月 12 日早上我 6 点多钟就来到病房，他睁大眼睛看着我，嘴唇微微颤动，似乎有话要说可又说不出来。我劝他不要说话多休息，看着他的嘴唇有些干，问他是不是口渴，他说“是”。我一滴一滴地往他的嗓子里滴水。8 点多钟大夫来给他下胃管做鼻饲，以便他能更好地进食，加强营养，另外还有些口服的药，这样便于治疗，仅靠静脉输液是不行的。第一次没有成功，他非常难受，大声喊我的名字。我走过去告诉他，听医生的话好好配合，下了胃管能吃药、能进食，对你的治疗有好处。第二次很顺利就成功了，说明他头脑还是清醒的，有主观意识。插管成功为延长生命提供了必备的条件，当天所有的药物和食物都通过针筒注入胃管，我似乎又看到了希望。

8 月 13 日，天刚刚亮我又来到病房，不知为什么心里总觉得有事，老有一种不祥的预感，我问护士夜里的情况。护士说夜里 12 点钟时，感觉呼吸不好，叫来医生用了氧气面罩，问他哪里难受，他还表示哪儿都不疼、不难受，当时血压和心跳还正常。8 点多钟主管医生来看过又进行了检查，这时已经血压低、不排尿，呼吸也不好。医生告诉我，不能保证他能挺过明天早晨，开始用抢救药物，并且上了呼吸机，实际上就是用药物来维持生命了。用药后，血压有些回升，以为还可以挺一阵子。下午 3 点多，监视仪显示血压、心率还是不稳定，医生一次次加药，我感觉自己要撑不下去了，赶紧打电话叫来了春生、高士华，有他们在，我好像有了依靠。然后又把在北京的所有亲人都叫来了。大家在外面守着。我拉着他的手，抚摸着他的脑袋，轻轻地和他说说话，从我们两人坐着一趟列车去北大荒，讲到在一眼望不到头的田地里他总是先干到地头，然后折回帮我锄草，帮我割麦子，帮我割豆子。讲到我们恋爱了，在通往北京的火车轨道上数着枕木，憧憬着未来。讲到他先去上大学，我等他；他毕业了我又去上大学，他等我。经过十年漫长的马拉松式的恋爱终成一家。在这期间我们写了无数的两地书信，讲述彼此的生活、感情。讲到婚后，我们相约过几年再要孩子，先工作几年打打基础。四年后可爱的女儿出生，他精心照顾我们母女，自己常常饿肚子，洗尿布的手都裂开了口子，可是他仍然乐呵呵的，觉得自己是个幸福的丈夫和爸爸。还讲到他在佳木斯子弟学校当老师，学生们是多么地喜欢他。他调到黑龙江省社科院历史所后，走遍了日军侵华期间在黑龙江各地留下的要塞，走访受害人。又讲到了在近代史所的工作及退休后的繁忙。我的喃喃细语，他似乎听到了，有时睁开眼看看我，有时轻捏我的手。亲人们在一声声地呼唤，希望能唤醒他，再看看爱着他的所有亲人和朋友，再看看这个令他不舍的世界。

病房里静悄悄的，所有的人都在听我和弥留之际步平的心灵交流。其实他已经昏迷了，只是靠药物在坚持着、坚持着。医生也在监控，一直在看监视器，听着他的心跳、心率、脉搏等等。不知什么时候，医生小声告诉我，他已经没有心跳了。我意识到，这是医生告诉我，步平已经死亡。我眼看着监视器变成了一条条直线。这时我放声大哭，宣泄这么长时间以来我强忍的痛苦和悲伤，最后告诉大家：步平走了。

我抚摸着他的身体酣畅淋漓地痛哭之后，和亲人、朋友怀着无比悲痛的心情送他上路了。不，步平没有离我们而去，他是穿着西服、打着领带、提着电脑包，走上了新的征程，买的是 2016 年 8 月 14 日 2 时 40 分的飞机票，飞往的是天国。

后　记

步平既是我的爱人、兄长，也是我的导师。下乡时他是 66 届老高三的，我是 67 届老初二的，他在思想上比我成熟许多，知识上也渊博许多，指导我看了许多书。当时我们学习上互相帮助，工作上互相支持，生活上互相关心。漫长的 10 年恋爱更加深了我们的感情。组建家庭后，朝夕相处，互相磨合，相互接受对方的父母，一次次家庭聚会的情景历历在目，使我们的家庭平静、快乐、幸福。每当工作上、学习上遇到问题，他总能给我以高屋建瓴的启发，他用丰富的知识、缜密的思维帮我分析问题，常常是一句话令我茅塞顿开，迎刃而解，感觉他就像一座宝藏，有着丰富的内涵。随着年龄的增长、工作实践的增加和一部部著作的出版，我常常感觉他的思想和学识如星空高不可测，如海洋深不可探，常常有高山仰止的感觉。女儿也从父亲的身上看到了一个有信仰的人，活的是那么充实、快乐，那么有激情，精神世界是那么富有。以至于女儿常常说：老爸是我永远的榜样，你们的婚姻是不可复制的。

现在我家里他的书房、书柜一切陈设都没有改变，写字台案头上仍然摆着他的电脑和他临终前阅过的一些文件、修改的稿件。我感觉他的信息无处不在，紧紧包裹着我，那么熟悉，那么亲切，那么醇厚。他那永远的微笑让我踏实，让我心安。虽然我现在看不到他的身影，但我会用我的余生去等待，虽然我永远达不到他的高度，但我会用我的余生去追寻，为了这一世的情缘，为了我们绵绵不尽的爱，我要带着他一起好好地生活。

为了我们亲爱的、引以为荣的孩子，为了我们挚爱的学生、朋友和所有亲人，我要用尽洪荒之力带着他一起快乐地生活。

2017 年 3 月 15 日

忆我的父亲

步小骞

父亲去世已经半年多了，这期间一直想写点什么，几次抬笔却又放下，深恨自己文字能力的匮乏。明明记忆中那么鲜活的一幕幕，写下来却连其中的万分之一都没有。但母亲说，写得好与不好总要留下些东西，于是我鼓起勇气，写下这篇小文。

父母都是北京知青，在东北建设兵团挥洒了十几年的青春，返城读书、工作，父亲35岁才有了我，在那个年代也算是不折不扣的“老来得子”了，对我自然是宠爱有加。不过据母亲说，父亲盼了几天，在我呱呱坠地的时候却没有守在门口，原因是帮别的人家打水去了。看，父亲就是这样一个人。小时候确切的记忆，其实我是没有的了。但是，庆幸老爸从来都是一个摄影爱好者，留下了许多珍贵又温馨的回忆。喂奶、洗澡、换尿布，手法都专业得很。当然，这些事在以后的岁月里也经常被父亲拿来说，以示他在我成长过程中具有不可或缺的作用。每每这时，母亲总会撇嘴说：“干了一个月的事情说一辈子，我干了一辈子还没邀功呢。”虽是这么说，但我和母亲都明白这其中倾注着父亲浓浓的爱，也饱含着满满的幸福。

熟悉父亲的人都知道，他其实是一个没有什么物质欲望的人，从不讲究吃穿。衣服从来都是母亲给购置，出去吃饭面对一桌子菜他宁愿选择一碗面条，既能够吃饱又能节省时间。他不抽烟不喝酒，没有任何不良嗜好，几乎全部精力都用在了工作上。这一点，作为他的女儿，我万分地敬佩他。但即使是这样的父亲，在对待我的事情上从不含糊，从不马虎。父亲在那个年代是出国比较早的一批人，在我上小学的时候就已经比较频繁地往返于中日之间了。那时候的收入还很低，但每次父亲回来都会带一些有趣的小玩具或者精致的小吃食，从来不会漏掉。后来直到我都已经很大了，他还坚持会给我带机器猫回来，在他心中，我永远还是那个喜欢毛绒玩具，会在家里眼巴巴地等着他回来的小姑娘。

我跟母亲有时候会开玩笑说父亲是生活不能自理型的，离开母亲简直无法过活。其实他并不是不会做，只是太忙，不愿意在这些事情上浪费时间，另外也确实是母亲一直将家中操持得很好，根本不需要他费心。记得五六岁的时候上学前班，也许是床铺不干净，只上了两天，仅仅是中午睡个午觉，头上居然长了虱子。这下可是把父母气坏了，果断罢课，从此我一天学前班都没有去过。有半个月的时间吧，父亲天天在家用药水给我洗头，洗完在阳光下用篦子细细地给我梳头发，一丝不苟，认真得像对待科研工作。“除虱战役”告一段落后，因为学前班被父母唾弃了，刚好父亲又有一个出差的机会，我就跟着父亲“下江南”去了。那会儿留着长发，于是父亲每天除了照顾我的饮食起居，还要负责给我梳马尾辫。现在再看那时的照片，头发梳得很整齐，脸上没有高原红，衣服也搭配得很漂亮。谁说老爸带孩子是个灾难，明明很好嘛。不过也许是父亲在那段时间里对梳辫子这件事还是有了心理阴影，我在后来小学和中学漫长的 12 年里一直被勒令留短发，以致我在高中的时候半开玩笑地说他“独裁”。

都说严父慈母，父亲对我的疼爱绝对是有目共睹的，但绝不是溺爱。总的来说，我的成长环境是非常宽松的，学钢琴时从没考过级。

父亲的理念是学音乐是为了陶冶情操，达到能识谱、懂欣赏的目的就可以了。他从没额外给我报任何补习班，除非我自己想要去上。在学习上也没有给过我任何压力，考砸了不敢回家或者战战兢兢不敢让家长签字的事情我从没经历过。但在有些方面父亲又是严厉的，他的管教有两个原则：第一，不该犯的错误不许犯。考试因为没有学会而成绩不好可以原谅，学好就是了，但如果是马马虎虎犯了错误，哪怕是成绩依然很好也是要狠批的。第二，再一再二不能再三。偏偏父亲的记忆极好，什么时候什么地方你犯过错，全都记得一清二楚。还有就是，没有什么比人品更重要，无论你做什么，你首先要做一个正直的人。这一点，从他给我起的名字中就可以看得很清楚。

在我小时候，父亲简直是神一般的存在。不管是自行车、电视机，还是我的各种玩具，任何东西坏掉了，父亲绝对能修好。学钢琴的时候，我回家练琴，父亲听过几遍就能弹出来。上小学的时候，课程不难，父亲的主要职责是帮我改作文，每次改过的作文都会受到老师的表扬，大大满足了我那小小的虚荣心。上了中学，课程越来越多，也越来越难，可是父亲依然可以每一样都信手拈来，不管是立体几何、力的解析，还是化学方程式，甚至副热带高气压，我不明白的时候都可以去跟他讨论。不过说起来遗传真是奇妙的事情，我上高二的时候跟父亲抱怨三角函数怎么也学不明白，父亲说他上高中时也遇到过同样的苦恼。父亲聪明，功底扎实，并且对于新生事物有着极大的热情。我家是那个时代较早买电脑的，那时还是黑白屏的方脑袋 286，用的是 DOS 系统，父亲每天对着闪烁的光标，研究着各种各样的指令。父亲从不赶时髦，但也绝不因循守旧。他会很乐意接纳新的技术与改变，并且认真地去钻研。小时候对父亲的“神乎其技”并没有太多的认识，长大以后才觉得奇怪，学历史的父亲为什么理科会学得那么好。后来才知道父亲原本是学理科的，如果不是各种阴差阳错，也许现在会是一名医生。这么说来，我也算是在某种程度上实现了他的愿望吧。

父亲虽然是个对学术一丝不苟的人，但绝不是个老学究。他对生活充满热情，爱好非常广泛，并且每一样都做得有模有样。小时候父亲坐单位的通勤车送我去托儿所，冬天哈尔滨的车窗玻璃就成了他作画的地方，寥寥数笔勾勒出小猪小兔子，当然他最喜欢的还是画我的简笔画头像。他喜欢音乐，口琴吹得很好，陪我上过几次钢琴课就可以弹些简单的曲子。他喜欢摄影，也曾在大草原上等日出，松花江边等夕阳。父亲的运动神经发达，羽毛球、乒乓球、排球都打得很好，还是我滑冰的启蒙老师，可惜一直没有教会我游泳。后来随着他工作越来越忙，这些业余活动占据的时间越来越少。不过，他依然坚持只要在家的时候就跟母亲一起去打理屋后的小花园，家里的葡萄每年都硕果累累，春天的郁金香年年都在朋友圈中引起轰动。

写到这里，数度哽咽。去年种下的郁金香已经又长出了郁郁葱葱的叶子，等到今年再度盛开的时候，相信父亲也一定能看得到。

2017 年 4 月 5 日

良史之才，青春永在

——怀念我们的大哥步平

步原　步雄

2016 年 8 月 14 日凌晨，我们一行人沿着一条狭长曲折的走道陪伴大哥走向他人世间的最后一程——北京同仁医院的太平间。盛夏时分，过道里竟凉意袭人，恍惚间，就像走入了灵魂的黑洞。68 岁，这个早逝的生命中充满了事业和生命的两相纠结。我家原本是有长寿基因的，父亲 93 岁无疾而终，母亲也是 78 岁那年去世的。正因为如此，大哥的死像一棵大树轰然而倒，压倒了我们原本生活的自信，我们感到了一种生命的惊悚。我们只能用泪水和默祷送别他那儒雅、刚毅而高贵的灵魂，泪光中，他的成长经历一幕幕浮现在我们的眼前。

（一）

我们三兄弟分别于 20 世纪的四五十年代出生在一个知识分子家庭，父母大半生在战乱、流离、饥馑、动乱的负累中惶恐度日，无比期盼子辈们能够走出魔咒。眼见我们亦重蹈饥饿、浩劫、辍学的覆辙，心中的悲凉可想而知。所幸作为长子、长兄的大哥步平没有辜负他们的期望，他从小聪慧、笃学、诚实，给了父母最大的慰藉，也成了我们哥俩的学习样板。

20世纪60年代，大饥荒。正在上小学的大哥司掌了全家的伙食。他把全月的粮食买好背回来，按照当月的天数均分成份，每天烙成饼，按照定量分发到人。烙时，我们哥俩围定饼铛，闻香、咽涎、盼熟。大哥善烙，总让那饼中先串出一股热气，任它左冲右突，那饼慢慢膨胀如鼓。开饭时，大哥将那饼依年龄大小切成不等的几份，爸最大，我最小。不患寡而患不均，我和二哥经常为分配不公而翻脸。大哥总是趁二哥不注意用自己那份救济我，经常弄得自己肚馁。

遇有节日，家里会按照定量买来不多的瓜子、花生一类吃食。姥姥、父母基本不吃，尽数分给我们。哥仨也舍不得大吃，一小把花生、瓜子，竟能吃上三四天。每逢这时，父母便不失时机地对我们进行感恩教育，让他们想一想平日里谁岁数最大、谁最辛苦、谁最谦让、谁干活最多、谁最缺营养。评着评着，大哥带头，弟弟们效仿，拿出自己的几枚、十几枚花生、瓜子凑成一堆儿送给最应得的人。姥姥、父母总是不要，让给大哥，大哥不要，再还给我们。每每吃尽最后一枚，我便毫不客气地去掏大人们和大哥的口袋。他们的口袋里总是备着的，也都乐得被掏。掏姥姥的口袋时，她会借机俯下头，用嘴含住我的耳朵，喃喃地念叨：“小宝耳朵，老吃老有——”掏妈妈的口袋时，她总会紧张并面带难色地偷看一下二哥，叹口气，用手戳一下我的脑门说：“小馋子，别显摆，快吃下去。”掏爸爸的口袋时，他总会抢先摊出几枚在手上，对着我和二哥说：“多乎哉，不多也！”然后给我俩平分。掏大哥的口袋时，他总是很郑重，很有仪式感地问我：“还淘气吗？还让妈生气吗？好好学习吗？”在得到我的大力保证后拉钩才行。“心重”“重规矩”“拿事当事”是大人对他的评价。

为了名正言顺地惠及弟弟们，大哥发明了一种“棋开得胜”法。

每天临睡前，哥仨总要玩几盘“康乐棋”。这是一种靠步数决胜负的棋，谁走得最快、最先达到终点为胜。开棋前，大哥把他第二天的早点分成若干小份，譬如将发面饼切成水果糖大小的菱形块儿放在碗里。胜者可得两块，第二名可得一块。他定下规矩：我可以先走五步，二哥可以先走三步。我和二哥争先落子后就基本锁定了大哥的败局。结果是我每盘必赢，二哥总是第二，大哥盘盘败北。几盘下去，干粮便没了，可怜孔融尚有梨，大哥却无食矣。为此，他曾经因饥饿而晕倒在学校操场上。母亲感其人小心大，时常暗自垂泪，是时，小小的他不过 13 岁。

记得一个夏夜，胡同里家家户户集中点起“六六粉”熏蚊子，屋子里浓烟滚滚的当口，大哥分开众人，突然不顾一切钻进去。众人惊愕，半晌，大哥方才咳得一塌糊涂地钻出来，手里攥着他最心爱的一柄竹剑。那是他的杰作，精巧、漂亮，但毕竟耐得风烟，何以如此夸张？姥姥说：“从小看大，八岁至老，这小子有股子艮劲，为自己喜欢的东西能舍命！”

（二）

大哥的学业和品行堪称少年翘楚。他从小就对自己的学习异常苛求，自小学开始，一直是全校第一，先后“跳级”进入了北京最好的初中和高中，总以全班最小的年龄，赢得老师们最由衷的夸赞。那时候，升初中和高中都要填志愿并考试，他总如探囊取物般遂愿。录取通知书通常由邮递员送到家里。那一天，是整条胡同的大日子，每一个学子的家长都惴惴地在胡同口张望等待。唯独我的父母足不出户，在家中端坐，那种坦然中掺杂着期待和骄傲的复杂表情，深深印刻在我的记忆里。录取通知书总会由热心的街坊们抢着送过来，甚至带着自己的孩子来，用大哥的成绩给他们现身说法。每当我和二哥与胡同里一帮小伙伴玩得昏天黑地的时候，看到戴着“三道杠”的大哥在我们的身旁匆匆而过，默然生出一种愧疚。我上学后，经常有陌生的老师们指着我对旁边的人说：“看见没，那就是步平的弟弟。”

“文革”中，为安全计，我家一架巨大的书桌反向面墙而立，上面铺上被褥充床铺。面墙的抽屉和书柜中满是禁书，看书时需要两人合力搬开，大哥一个人时常钻到桌下躬身将那书桌顶离墙面，探手去掏书看。至今，大哥在桌下苦读的身影仍时时闪现在我们的眼前。父母对我们“穷养”有方，那年，父亲将一本价格不菲的精装本《新知识词典》当作礼物送给赴东北建设兵团的大哥，但半开玩笑地说词典的产权归哥仨共同所有，哥仨要依次传下去。不料大哥真就谨从父命，两年间，竟将那词典恭誊成书，原书整洁如初地留给二哥，其情其功令人唏嘘。

大哥在北京师大附中读书时曾被班主任老师所赏识。“文革”骤起，该老师被戴上“走白专道路的反动学术权威”帽子受到批判，大哥曾一度对他勤奋读书的既往产生惶惑。父亲套用当时“革命无罪、造反有理”的革命口号，告诫大哥“笃学无罪”“思辨有益”，让他远离是非，潜心学习，不要参加任何组织，任凭风浪起，做一个睿智理性，凭知识、凭本事吃饭的人。大哥奔赴东北建设兵团，始终没有偏离笃学、思辨的正途，对所钟情的历史研究事业更是舍命而为，就像对待他儿时的那柄竹剑。

1967 年，19 岁的大哥主动报名去了东北建设兵团。一家人到北京站送他，站台人山人海，列车一响，哭声遍地，大哥从车窗探出头来向我们拼命挥手，直到他那蓝色的棉制服、棕色的狗皮帽子和灰黄的天际融为一体，我悲从中来，心想："得，大哥没了！"不久，做了锻工的大哥给我们寄来了他亲手打造的一枚羊角锤和一把东北的乌拉草，在信中畅谈其晨起迎着东北"大烟炮（暴风雪）"跑步，以及和一些战友们搭帮自学微积分的感受，青春锐气跃然纸上。

（三）

不负光阴，砥砺前行。20多年后，那个曾经饿晕在学校里的励志少年，曾经在轰鸣的气锤前挥汗如雨的青年锻工，用他过人的毅力和信念刻苦学习、努力钻研，在中国史学界脱颖而出，成为著名的历史学家。他曾担任黑龙江省社会科学院副院长、中国社会科学院近代史研究所所长、中国抗日战争史学会会长、中国近现代史学会执行会长、中国史学会理事、中国东北中日关系史学会会长，获授俄罗斯科学院名誉博士，兼任日本横滨、新潟、庆应、早稻田等多所大学的客座教授。他注重历史和现实的互动，长期致力于中国近代史研究，在中日、中俄、东北亚国际关系史、日本侵华史、抗日战争史等研究领域建树颇丰，取得了令人瞩目的成就。

他是"建立东亚共同史观"的主要倡导者，其在史学界影响深远。

他针对日本右翼在日本教科书中歪曲历史，组织中、日、韩三国学者编写了《东亚三国的近现代史》。该书犹如"历史校正器"，客观公正地再现了那一段历史。为此，日本某些右翼组织对他畏之如虎，称其为"反日控制塔"。

他是中日共同历史研究委员会的中方首席委员。这个由中日各10名学者组成的共同历史研究委员会，分为古代与中世纪史、近现代史两个组，共同历史研究的目的在于通过学者间的冷静研究，首先从学术上理清历史事实，缓解围绕历史问题的对立情绪，促进两国友好交流。这次共同研究，两国学者共同确定了研究题目，在重要问题上进行充分讨论，在吸收部分对方意见的基础上多次修改，形成了两卷本的《中日共同历史研究报告》。鉴于研究题目是双方共同确定的，两国学者能够在同一题目下围绕关键问题展开研究和讨论，不回避分歧。双方学者在各自的论文中都明确指出：自 1931 年到 1945 年的中日间的战争是日本对中国的侵略战争，并且阐述了侵略战争给中国人民造成的巨大伤害与损失，表达了谴责侵略战争和维护和平的愿望。同时，日本学者也在相关研究成果中明确承认了日本军国主义对中国的侵略和给中国人民造成的巨大伤害，以及日军的种种非法行为给大量中国平民带来了深刻的战争伤痕，认为它们是新的中日关系的绊脚石。他们的论文还认为：近年关于细菌战、遗弃化学武器、强制征用劳工、对妇女的暴行等问题的诉讼，都是战争带给中国人民深刻伤痕的表现。可以说，就历史研究而言，双方的合作向前迈出了一大步。有了双方合作的这一基础成果，中日两国民众对于这段历史的认知裂缝，也就可以逐渐缩小。正如他在研究过程中反复提出的："亚洲和平的前提是解决建立面向未来的历史认识问题。"

他短暂的一生写出了太多历史著作和论文，主持编纂了太多世代永存的丹青史料，参加过太多国家级历史研究项目的制定和会商。他在世界范围内大力弘扬中国的唯物史观，用客观的史实告诫日本学者和青年反思侵略战争罪恶，确立公正、客观的历史认知。高度的历史使命感和沉重的工作负荷让他放弃了太多的休息，直至病危前，还在主编八卷本的《中国抗日战争史》。那年，离散 60 多年的四姨的家人专程自台湾来京为我的姥姥和父母扫墓，这是家人离散后的第一次聚首，亲人们轮番给大哥打去电话，请他抽出一点时间来和亲人们见面，但终因其正组织中日韩三国学者为《东亚三国的近现代史》会商定稿而无法脱身，留下了终生的遗憾。就在他弥留之际，还跟身边的亲人和朋友们说：“你们拿个意见，中日关系——”他视如最高追求的历史研究事业深深渗透在他的生命自觉里。

（四）

大哥是一个忠实于历史、着眼于现实的历史学者，他始终站在中日关系的风口浪尖上，用他那把理性与智慧并存的如椽之笔化解着中日两国人民心头的寒冰。

我们的父亲参加过抗战，他在一次赴渝途中，经陕西潼关乘“闯关车”，遭驻扎山西风陵渡日军的猛烈炮击险遭不测。他曾希望国家在风陵渡建立一座国耻纪念塔，以警示国人，呼唤和平，反对战争。他的这个梦想虽然没能实现，但他的儿子步平却站在历史发展的新高度，向人们揭示了中日间的过去、现在和将来，不断用史学研究的新成果向人们呈现着世界和平发展的大纵深。他是业界公认的平和、客观、睿智、有着深邃历史眼光的学者，他在《今天的日本人，不是70年前的鬼子》中强调：“青年一代要铭记历史，但不只是记住仇恨。”他在接受中国青年网专访时说：“公祭日，不应只记住民族仇恨，更应以大国心态，放宽视野，放眼未来。”父亲很赞赏他的观点，认为只有走出仇恨的窠臼，对中日关系的发展具有清晰和达观的认知，中华民族才能自立于世界民族之林，成为当之无愧的引领世界强国。

自大哥1967年离开北京，父母苦盼团聚终不能成，当他30多年后从黑龙江社会科学院调回北京时，二老已先后离世。鉴于大哥做了这么多超越他们所想的事情，倘若泉下有知，他们于家于国的殷切之心也应该得到宽慰了。

（五）

大哥的性格特别像我的妈妈，低调、儒雅、谦和、诚实。好多同事都说他当官不像官。尽管在历史研究领域做得风生水起，但他从来不摆架子，对人总是谦恭有加，就在其临终前，说话已经十分困难的时候，对大夫和护士们的诊疗和服务还是出言必谢。我们一家人非常关注他在电视等媒体中的表现，他从来都是字斟句酌，从无虚妄揣测，恣意发挥，体现着一个史学家的严谨学风。我曾经问过他为什么不能像某些人一样，按照上面的意思和听众的口味四野八荒地说个热闹，以博取“眼球效应”。他笑着给我讲了《阅微草堂笔记》里的一则故事：

一个教书先生夜里领着他的学生来到献王祠外的田埂上讲《诗经》，正讲得琅琅震耳、不亦乐乎的时候，忽然见到远远的树下站着几个形迹可疑的人。先生从自我陶醉中醒来，走近一瞧，见他们个个长得怪模怪样，便壮起胆子和他们打招呼，才知道他们分别是秦汉时代的大师毛苌、贯长卿、颜芝，因拜见献王到了这里。先生顾不得穿越时空的荒诞，叩拜请求传授经文义理。只听见毛苌、贯长卿齐声回答：“你所讲的我们刚才已经听到，都不是我等所理解的，无从奉答。”先生红了脸说：“我的《孝经》讲得如何？”那些人回答：“先生讲的《孝经》扭曲歧义，全然不是我所传的本子，亦无从评点。”先生臊红了脸，正窘着，突然传来献王的晓谕：“献王祠外，怎容一个醉汉胡言乱语，快快给我赶了出去！”

大哥跟我说，每见一些自以为是、夸夸其谈的“历史匠人”，甚至“历史艺人”，就不由想起这个故事来，猛地就能惊起一身鸡皮疙瘩来。历史要靠探索、靠研究、靠求证，不能靠说道、靠推测，更不能为了追求视听效果而恣意发挥甚至戏说。沉下心来做研究，才是一个具有良知和追求的学者应该具备的基本素质。有如上职业警觉，做起研究来总有一种如临深渊的感觉呀。大哥对自身要求极严，他甚至对自己纪氏（纪晓岚）宗亲的身份也讳莫如深，而且时常嘱我不要写这些有给自己披“虎皮”之嫌的东西。

（六）

大哥病重在家休养的时候，发给我一张我们哥仨大约摄于1957年的合影，照片中才上小学三年级的大哥不乏自信和担当地搂着两个稚气满脸、懵懵懂懂的弟弟。“流年五十前，朝朝倚少年。流年五十后，日日侵皓首”（唐·黄滔），我突然有了一种不祥之感。我知道，大哥是一个太过专注于事业的人，自我们分别后的几十年里，兄弟之间很少品味过往，发怀旧之情，看着这张老照片，我不由得流出泪水。许多人都是这样，在他们行将远行的时候，回望人生，便充满了对旧日亲情的留恋甚至追悔。

大哥的一生超越自我，超越家庭，超越生命，给太多的人留下难忘的印象。在他的生命渐渐走向终结的日子里，我才知道在他短促的一生中做了这么多的事情，赢得了那么多人的尊重，他的人格魅力潜藏在那么多人的心底里。昔日的同学，兵团战友，曾经的同事，异国的学者、友人，从世界的四面八方赶来探望他，送他最后一程。

那么多人在医院的角落里兀自垂泪，相拥哭泣，这是对他人格和过往的最高评价。来为大哥吊唁的人群中，有很多来自日本的专家学者，他们都是中日历史的客观记录者和见证人、中日关系正常发展的有力推动者，也都是大哥的朋友，曾经主动向他提供了许多中日历史以及抗日战争的珍贵史料。他们赞赏和喜欢大哥的为人，对他的尊重和信服在某种程度上超越了国家、政治、意识形态，更加趋近于人性的本真。

大哥的去世也震动了一些和他在中日两国历史问题上曾经交锋论辩的对手，其中就有中日共同历史研究的日方首席委员北冈伸一。作为两个国家共同历史研究的发声者，他同样对大哥表示了真诚的尊重和敬佩。而日本外相岸田文雄则在唁电中用“丰功伟绩”来形容大哥为增进两国有关历史的相互理解做出的巨大贡献。鉴于两个国家的复杂特殊的历史和现状，我们从中感到了一种超越历史恩怨甚至家国情怀的人性和道义的力量，这也正是大哥几十年来所追求的。

（七）

2016 年的夏天对我家来说是极其冷酷的。我在出差东北的旅途中，正走到大哥曾经生活工作过的黑龙江虎林市界，突然接到了大嫂告知大哥病危的电话，于是急忙回京，赶到大哥的病床前。大哥的生命体征每况愈下，医生们束手叹息，十几天后，他就走到了他生命的尽头。

“大哥没了！”从此再不会和大哥拉钩默契，从此再不能从大哥那里探知一点点复杂世间的信息。好在他还有父母上天之灵的护佑，还有那么多景仰他的学生、合作愉快的同事和遍及世界的学者、朋友。这些喜欢他的人们给了他崇高的评价。他的北京师大附中高三一班全体同学献给他的挽联是："同学之中年最少，汗青顶上墨落多。"他的东北建设兵团战友献给他的悼词是："少年慷慨赴边疆，北大荒西大岗，挥洒汗水一腔热血称豪壮；盛岁赤忱参国是，东海波南海浪，澄清史实一片丹心写忠良。"他的史学界的同事们献给他的悼词是："壮志未酬驾鹤早征痛哉史林失柱石，温厚刚毅智虑忠纯堪为学人作楷模。"这几幅挽联，是大哥68年人生经历的精彩缩影。一个普通的家庭，拥有着这样一个长子和长兄，是上天赐予我家的殊荣和骄傲。几十年来，这个勤勉、刚毅而高贵的灵魂始终像暗夜中的一座灯塔，照亮着我们的人生长路。但愿上天没有饥饿、浩劫和事业的重荷，你短促一生发散出来的耀眼光芒铸就了一座座光辉的历史丰碑，我们拾阶而上，极目远眺，你为之付薪、为之播火的史林之光正在照亮后人的路径。安息吧，亲爱的大哥！

2017年3月24日

（本文由步雄执笔）

风华正茂的高中时代

中学同学群体

一位老同学的来信（张天润）

步平老同学：

我们在北师大附中一起三年多，在北大荒一起七八年，实在是很长久的朋友了。想写一点纪念你的文字，但是我们都老了，记忆日衰。正如袁枚所说，往事“如影历历，逼取便逝”，悔不将当时情状，罗缕记存。

回想当时情状，我脑海里蓦地浮起一个场景。那是1966年秋，我和杨崇学串联到上海。我们到外滩去漫步。眼望着黄浦江，我不禁念起郭沫若的诗《黄浦江口》：

岸草那么青翠！
流水这般嫩黄！

第三句噎在嗓子里没有出来，因为此刻我们忽然看见了你，步平。多么巧啊，在黄浦江边不期而遇。当时你神情有点奇怪。你手扶栏杆，眼望江水，十分严肃。

“步平你在干什么？”

“我在反省。”

什么？为什么反省？为什么在江边反省？

原来，刚才有人落水，李雄见状立刻跳了下去，把人救起送医院了。你觉得自己当时犹豫了，没有立刻跳水救人，思想不过硬，所以在风中默默地反省。

哎哟，步平你谁呀，你曾子呀？一个人站在江边还真默默地“狠斗私字一闪念”。

还别说，这一件小事并非偶然，从这里就可以看出你的一生。正派纯洁，以修身为本，这就是你的风格。你总是保持着这种风格，几十年如一日，在当今的社会中尤其可贵。

李雄记得这件往事，他很自豪地说，他在上海救人，做了好事，后来到上海发展，一帆风顺，乃是行善之报。杨崇学，你记得这段吗？

既然开了头，我又想起一个场景。你曾经是几何课代表，班里的数学尖子。几何跟代数不一样，代数比较有规律，几何有时候一个题难住了就是解不出来。那时候我佩服的解题好手有两个，一个是高琴曾，她特别善于画辅助线。有时一道题让人没有思路，她过来连一条线，立刻就清楚了。我佩服她的睿智，也记得她口角上那一丝不易觉察的得意神色。另一个就是你，步平。你的头脑特别清晰，三言两语，就能抓住重点。我们之间的典型的问答如下：

“步平，第三题用哪条定理呀？”

“三垂线定理”。

一语破千惑，我顿时就明白这道题怎么做了。

我这里的“三垂线定理”是姑妄言之。我能记住当时同学之间交谈的样子和基本的内容，记得你的数学水平高人一着，但是具体哪条定理，我已记不清楚，好像是说过三垂线定理，所以就来了个姑妄言之。

下一个场景，大约是 1974 年。我们都知道，你被推荐，要到哈尔滨师范学院历史系去报到了。我约你聊聊，于是有一天我们来到两个车间之间的一个大变压器的旁边。那里人少比较清静，变压器时断时续的嗡嗡声也起到一定的掩蔽作用。

我说："我很羡慕你，你知道，我一直就爱好历史。我以后不知道有没有修习历史的机会了。"

"我知道你的爱好，"你说，"不过我倒宁可去学理工。学历史就要补课了。"

"没问题，我知道你，你肯定行的。"我说。

那时候总强调一切服从分配，要干一行，专一行，爱一行。学生想要换专业是要受批评的。你兢兢业业，从沙俄侵华史、中日关系史等做起，一步一步，写出了许多论文和著作，得到了领导和学术界的肯定，在国际上也获得很大的声誉。记得有一个哲人说过，如果一个人的职业和他的爱好一致，他就是一个幸福的人；如果职业和爱好不一致，而他却能做出很好的工作，那他就是一个有毅力的人。你就是一个有毅力的人。

在大变压器下告别时，你说："你以后一定有机会的。"

你当时说的机会，大概是指我上大学的机会，这个后来实现了。可是再后来出现了一个拥抱历史的机会，却是你帮助我实现的。

我偶然在亚马逊网站买了一本书，是一个美国女医生海门薇在中国行医 17 年的回忆录。这个女医生把自己最好的年华都献给了福建省闽清县的贫穷的中国人。她用优美的文笔记录了自己行医的经过和中国美丽的乡村景色。她还自学了水彩画，记录了许多中国农村的生活场景。我阅读时深受感动，经常做些记录，不知不觉地把这本 16 万字的书译成了中文。我很想在中国出版，但是我在美国多年，缺乏在中国办事的常识和联系。

在一次同学聚会时，我把我译书的事告诉了你。你眼睛一亮，说："我来帮你出吧。"在你的帮助下，我见到了社会科学文献出版社的副总编徐思彦女士。徐女士曾经在《历史研究》杂志工作多年，后来成为主编。在她初到《历史研究》的时候，我父亲正在那里做主编。徐女士虽然年龄比我稍轻，却是我的"父执"，所以一见面就很亲切。这以后，在徐思彦女士的帮助下，书就按部就班地出版了，也得到不少的好评。老同学唐希为还曾驾车带着孙辈到闽清县海门薇医生曾经行医的地方去了一次，作为对孙辈的教育。

步平，你一贯乐于助人，许多人都感念你的帮助。你在担任近代史研究所所长期间，竭尽能力为同志们调解，把一个所搞得越来越团结向上。你在与日韩历史学家合作的过程中起到重要的作用，你的逝世，使日本的同行都感到落寞彷徨。你喜爱读书、摄影和养花，你对自己的爱人忠贞爱护。历史上没有完人，但是，你是比较接近的一个。步平，你的老同学永远怀念你。

怀念步平（李志方）

老同学步平去世已经半年了。总觉得他还没有走远，他的音容笑貌、言谈举止时常浮现在我的面前。

我和步平是高中同学。50年前，我们曾在北师大附中同窗三载，一起读书，一起锻炼身体。他家住在前门附近的施家胡同，一座欧式的二层小楼，他家在楼上，房间不大，但很温馨。他有一辆二八的自行车，车是进口凤头的，倒闸。

他每天骑车上学。我很羡慕，有一天把想学骑车的事跟他说了。从此下午放学后，一有空儿他就教我在操场上骑车，扶我上车，扶我下车；车跑起来，他在我身旁跟着跑，右手还拽着车座子，怕我摔倒。经过步平一段时间的陪练，我终于会骑了。我高兴，他也高兴。他看透了我的心思——想到校外自己骑着玩。有一天，周末，放学后步平对我说："你骑车回家吧，礼拜一再给我骑回来。"我说："那你呢？"他说："我腿儿着呗。给，钥匙，上车棚取车吧。"我高兴极了，说："谢谢啦！"他笑了笑，说："谢什么呀。"就这样，我记不清高中三年有多少个周末都是骑着他的车回家的，"害"得他走着往返家与学校不知多少次。

我 2008 年迁居通州，和步平家很近。每年正月初四，高中同学都要在西四附近的一个餐馆聚会。从 2009 年开始，每年我都是搭步平的车去。年前他总是先给我打个电话，和我约初四出发时间，年年如此。坐上他的车后和他阔谈一个小时，就到聚会地点了。西四泊车收费很贵，他从来不让我掏钱。

他生病后我去他家看过他几次。去年 7 月 3 日他过生日前我给他发微信致贺，得知他女儿买了他爱吃的抹茶蛋糕，我跟他说了句"真好吃啊"。他回答我说："给你留了，明天来吃吧。"7 月 4 日，我和孙立一起去看望他，他从冰箱里拿出冷藏的抹茶蛋糕招待我们。临走时，他爱人还在他家门口给我们三个照了一张合影。过了些天，他又一次住院做第二次化疗。我听孙立说他的情况不太好，就给他发微信说想去医院探望。他回复我说："不用来了，我就是做一些检查，过几天出院后在家里见吧。"在他去世前几天，我和同学们去医院看他时，他已经平躺在病床上不能动，也不能讲话了，但他仍然笑着迎送每一个来探望他的同学。

我们的辅导员——四人谈

（席小红、李琨、杨英、钟作英）

时间真快，步老爷走了快有一年了！今天咱们聊聊他吧。

钟：谁记得学校什么时候给咱们派的辅导员啊？我记得开始是派的初三（四）班的，到我们班的叫刘琪，到你们班的叫朱爱萍。后来好像是他们镇不住咱们这俩实验班，就把高三的派下来了。我们班是王学为，你们班是步平。

席：不记得什么时间，但初一开始时，好像每个班都有一个高中同学做军训辅导员。

钟：对，是军训。我记得王学为给我们班喊口令挺帅的，再看你们班步平像个学究，想象不出他怎么帮你们军训？

席：其实步平总是很严肃认真的，要求很高。记得有一次练习翻墙，许多女生都爬不上去，步平在一旁不断鼓励，说这是备战需要，一定要克服障碍，并且一个一个帮助我们翻过了墙。还有一次练习扔手榴弹，我只扔了五六米，步平很严肃地说，如果打仗时扔这么近，不但杀不了敌人，反而会把自己炸死。他让我反复练习，直到我扔出标准距离。

李：是的，步平给我们的第一印象就是认真。当时是直觉，现在看来，这是他最大的特点。认真在今天已经是难得的优点了，他终其一生都是认真、诚恳的。虽然认真，他却不严厉，只是严肃。当初我们调皮捣蛋，他也只是严肃地讲一番道理，从来不记得有声色俱厉的时候。所以，咱们基本是不怕这个辅导员的。

杨：我也觉得认真是步平的特点。我现在还记得他认真的样子——不停地用手推鼻梁上的眼镜。当时我还琢磨：眼镜坏了赶紧去修，老推有什么用啊！呵呵。但是他给我最深的印象是和蔼，从不训斥。咱们到附中过第一个儿童节，步平还特意戴着红领巾到班上来。我记得在操场上看到步平戴着红领巾站在二楼，我们还冲他挥手，他也笑着挥手作答。

钟: 戴红领巾的事我都有印象。好像李雄也戴了，那么高的个儿，红领巾在他们胸前显得那么短。挺逗的。

席： 自从步平担任我们的军训辅导员后，我们开始追随他以及他所在的高三（一）班。在附中第一次参加的全校运动会时，我们专门注重高三（一）班的项目，总是站在一旁叫好。记得高三（一）班拿了好几个第一名。

钟： 咱们在附中是不是就参加过一次运动会啊？我记得咱们实验班开幕式是走在队列的最后——白衬衫蓝裤子红领巾，走正步走不好，跺着脚通过那个二层楼，刘超在楼上给咱们鼓掌。咱们两个班还出了一个跳皮筋的节目，五人抻绳五人跳，像小鸟似的从南操场边门跳着出来，全场鼓掌。后来我忘了哪位高年级的学长说，咱们俩班给师大附中带来一股活泼的气息。附中服装一直就是以蓝、白、黑为主色调，咱们一来，花花绿绿，穿什么的都有，又都是十一二岁的小孩。

话说回来，咱们好像对高三（一）班的男生一点都不怕哈？

李： 没错！不怕到什么程度呢？就拿步平说吧。记得到了“文革”中，不知从何时开始，我们就追随他来到了高三（一）班，总想掺和到他们班的活动中。一次，不知怎么回事，就把他的日记本抢到手了，几个人躲到楼梯下面偷看。翻到 1966 年 7 月 3 日那一页，第一句就是:“今天我 18 岁了……”我们就知道了这天是他的生日，而且知道了他是 1948 年生的，比他们班的大部分同学都晚一年。后面写了什么不记得了，应该是如何进步等等吧。按他的严肃认真劲儿，也许是想继续进步，争取入党？可那时已经“文革”了呀，还能有这种念头吗？看完日记后，我们就有了一句口头禅:“7 月 3 日步成人”。

钟：哈哈，抢人家日记本啊！步平没生气？

李：他使劲往上举，架不住我们人多呀！哎呀，闹死了，真讨厌！

钟：哎，为什么叫步平“步老爷”啊？

李：不知道这外号谁起的，我倒觉得挺恰当的。正是通过步老爷，我们认识了高三（一）班的许多学长，他们大多都有步老爷的谦谦君子之风，在以后的几十年中，虽然我们各奔东西，却在冥冥之中受到了这种影响，以至于四十几年后再见，完全没有隔阂。这说来也要归功于步老爷。

钟：步平不是我的辅导员，但你们说的步平的认真、严肃而不严厉这些我也有感觉。主要因为近些年我和他的接触比你们多。2001 年，我去哈尔滨开会。火车是早晨到达，报到后会有大半天的空闲，怎么度过呢？我就想到了找找步平。之前在电视上看到过他讲日军侵华使用化学武器的问题，知道他在哈尔滨。我是问孙立要的电话。通话前还是有点小紧张，因为毕竟 34 年没有联系过，有什么变化也不知道。没想到步平接电话那么热情，问清我的车次和住宿宾馆后，准备到宾馆见我，还抱歉因为有会不能去接站。那天上午 10 点，步平来了，一点没变，一眼就能认出！他带了辆中巴——这就是我要说他的细致认真之处。他一脸诧异地问我其他人呢？他说他以为我们单位来哈尔滨，就特别找了辆中巴想带我们转转。不用问，一定是我这个马大哈没把事情说清楚！结果那么大的车就载着我，由步平陪着转了一上午。那时候我还不清楚他已经是黑龙江省社科院副院长了。聊天中他知道我在学日语，就说要找日语输入软件送给我。过了一年，正赶上我单位筹备郭沫若诞辰 110 周年纪念活动时，他来京办事，特意到我布置展览的地方给我送输入盘。为了不耽误我干活，他放下东西转身就走。我实在过意不去，请他等我忙完一起回我们馆看看。结果，我们馆长一下把他抓住了。那次，他为我们的纪念活动致信日本非官方知名人士池田大作，请来函致贺；他又利用自己的关系促成在俄罗斯举办郭沫若国际研讨会。每件事都做得稳稳当当！再后来他到近代史所后，被增补为“中国郭沫若史学奖”评委，是评委里最年轻的。每届评审他都极其认真！我每次都做服务，中场休息我都没见他聊过题外的话。

席：不知道你和步平还有这么多来往。后来我只在他回北京后见过几次，记得我们到近代史所会议室见面，然后一起去东四娃哈哈大酒店，他请我们大家吃饭。

钟：还不止这些，我自己也尽给他找事。像翻译日语文章的活我也敢接，接了又做不好，只好拿着半成品去找步平。（现在看了报道才知道步平工作那么忙！）步平仅用三天就把文章改好，还把我中文里的病句也改了。他没有一句批评我的话，但我看着满篇红字能不惭愧吗？这就是他的那种“严肃而不严厉”的表现吧。

还有，我没退休时老想利用日本人的钱办郭沫若研究的事，经费有限嘛。为此我咨询步平，他很耐心地给我分析，认为此法不妥，提醒我合作要慎重，要注意资料的归属问题，光有热情不行，还要想到结果，要坚持原则。

李：按咱们几个人的性格，很讨厌假正经的人，但步平的正经从不令人讨厌，反而让人尊敬。现在想起来，应该是因为他的一生都始终如一，认真做事，诚恳待人。用现在的话说，是“满满的正能量”。

钟：是。我觉得他一直是咱们的辅导员。他认真、谦和，是个端端正正的学者，做学问不浮躁，治史不情绪化，不迎合，重证据，重史料，坚持实事求是！国内外业内人士认可他的不仅是他的学识，更是他的人品！

杨：步平那时不仅是我们的辅导员，也是我们每个四班同学的榜样。他的认真，让我们这群顽皮的小同学感觉不可思议，又有一份敬仰。没想到前年 9 月的聚会竟成了和步老爷的告别！

席：真希望时间倒流，回到那些快乐的时光。好在最后一次见到他时，他还是很精神，一点不像有病的样子，这也是他给我的最后的留念。

2017 年 2 月 22 日

造化弄人，炉火炼金

——忆农垦工厂时期的步平

李增春

（一）

当我提笔写这篇纪念文章时，步平辞世已有大半年了。

和一些朋友一样，总觉得他并没有走。总是恍惚觉得，也许哪天在哪个街口、哪座门前还会遇上他，那时彼此并不错愕，并不惊讶，还将如以前多次久违或小别后再见面一样，用力握手、亲热寒暄、亲切交谈……

我与步平在中学是同级学友，去农垦后是同厂工友，其间二三年还是同宿舍的舍友；在那别样的青春年代里，至少有十余年是相熟、相近在一起的。颀长的身材，斯文的相貌，谦和的笑容，从容的谈吐，是步平给人的外部印象。敏而好学，奋发进取，严谨律己，宽以待人，是他给人的内在印象。最近看过中学同学对他的忆述，如说他身为几何课代表，乐于帮助同学，分享知识心得；作为初一班级的课外辅导员，热心服务引导，赢得小弟妹爱戴；自己的自行车，耐心教别人骑，慷慨借别人用，为此常自己“腿儿着”回家；曾因遇见溺水者而稍有迟疑，未能率先营救而深自愧疚与反省……遂对其年少时即已养成的勤奋努力、认真诚恳、善良助人、律己修身，有了更为鲜明的认识。尤为可贵的是，他的这些优良禀赋和品质，从少年而青年而“华年”，从学生到知青到学者，几十年从未改变而唯有提升，一以贯之地贯穿了他生命的始终。

（二）

思绪万千，往事如烟。1966年春夏之交，作为老校、名校北师大附中的应届高三学生，正当我与步平和其他同窗志在必得地准备高考，高等学府的大门似乎伸手可及时，有如晴天炸雷般的“史无前例”倏然而至，很快推出的“废除高考、大学停办”和“停课闹革命”的非常措施，一夜间将莘莘学子升学深造、为国成才的正当理想扼杀于无形。当懵懵懂懂而又“热血沸腾”地投入“伟大斗争”一年多之后，不管是“根红苗正”的“红五类”，还是我们这样血统染“黑”的边缘人，都不同程度地产生了“出路何在”的疑问与困惑。大学关门，无学可上，百业萧条，无业可就，这就是骨感的现实。当时不知道，现在才明了的是，几届学满与未学满的初高中生在各大中小城市的积压滞留，也给当时的主政决策者带来了不可小觑的压力。正是在此特殊背景下，名为“伟大战略部署”实为权宜之计的“知识青年到农村去”“上山下乡”的决策和部署，就这样应运而生了。

而步平和我，还有本校和外校的另外160多人，则因“革命觉悟”和现实困境双重作用，成了“文革”中较早、较主动（即主动报名而非强制动员）“响应号召”、迈向“广阔天地”的一批知青。庶可庆幸的是，我们这批人被招工到了“东北农垦总局迎春机械厂”（翌年改制为“黑龙江生产建设兵团第一机械厂”，本文仍沿用旧称“迎春机械厂”），成为北大荒黑土地上为农垦机械化服务的工厂工人的一员。

（三）

在距中苏乌苏里江边界70公里、地处完达山南麓一个叫“迎春”的小镇的南郊，四周大草甸中孤立地矗立着一座有着数栋厂房、两个烟囱、千名职工的农业机械厂。厂址据说是“农垦将军”拍板划定的。在我们到来之前，其成员包括来自沈阳的老厂职工、部分转业官兵和山东支边青年，他们多年来拖家带口，白手起家，风霜雨雪，艰苦备尝。1967年11月22日，暮色深重之时，他们在雪深风冷中迎来了来自首都北京的“新学员”（当时的称呼），好奇和欣喜之情自不待言。而我们这些世事不晓、四体不勤的大城市毛头学生，一下子投身边疆，投入陌生的工业生产和工农群众中间的那份兴奋、忐忑与憧憬，也是至今仍难忘怀、永刻于心的。

当时受“文革”冲击，职工中也一度派性对立，打打斗斗，但总的来说，生产秩序尚属正常。初来乍到的我们，也一度被派性斗争牵扯其中，但改造锻炼自己，做一名新工人、好工人的愿望和目标，还是大家一直秉持的。而就步平来说，他无疑是我们中间较为成熟、较有准备、融入较快、适应较好的一员。

步平和五六名伙伴被分配到一车间锻工组。“锻工”，民间俗称“铁匠”“打铁的”。工业上的该工种，就是专司把原始粗钢坯经煅烧后，用钢锤锻打成可用于进一步加工的部件。相信步平后来的学界同事和朋友，乍闻眼前文质彬彬、细皮嫩肉的他曾干过多年“铁匠”，八成会半信半疑。但只需留意一下他那宽厚结实的肩膀、臂膊和胸肌，也就相信此言不虚了。

那时的工厂设备很是简陋，厂房高大但四面透风，全靠烧焦炭来加热锻坯。锻锤也主要是夹板锤，靠工人手持铁钳，夹紧滚烫的钢件，锤头由几米高处猛然落下，来锻打置放于砧座上的锻件。步平和伙伴们，就从这尘烟缭绕、炉火熊熊、火花迸溅、锤打声声、汗水淋漓、脏腑震动的既考验体力也挑战意志的繁重体力劳动中起步，迈向了于艰难困苦中蜕变、升华的生命历程。

才下车间不久，作为一个有心人，步平就带动全组学员，主动承担起班前的各项准备工作：拉焦炭，砸焦炭，点加热炉，检查、保养生产设备……以便师傅们一上班就能投入工作。

"北大荒的冬天异常寒冷，清晨六七点钟还是星星满天，漆黑一片。早六点半，步平就会和大家一起到焦炭场拉焦炭，运到车间再根据需要，把焦炭砸成大小不同的块。严寒冻结口罩间呼出的热气，使黑眉毛结起白霜；砸焦炭爆起的煤尘，又把白眉染黑。这一白一黑之间，映射出我们劳动的辛苦，也映照出步平艰苦锤炼的决心。"同班同学、同组工友魏建业这样回忆道。

当师傅们来到班上时，备好的焦炭分大小块整齐码放，点燃的煅烧炉炉火正熊，锻锤设备也一一预热运行。他们持之以恒的义务奉献，换来师傅们对这批新徒弟的一致称许和首肯。

刚从校门走向社会的年轻人，身子骨儿普遍单薄。步平每天坚持做高强度的俯卧撑，以增长肌肉、增强力量，并在工作间隙苦练抡大锤，练习打锤的力度和准度。

锻工是重体力劳动，肢体劳损时有发生。有一次，步平腰扭伤了，疼得不能弯腰，他就坐在汽锤旁，由别人送料坚持干活，一炉料干完时，他都站不起来了，由别人扶着才能起身活动……

锻工不只是力气活，还是技术活。也是同校校友的秘增信回忆说："组里都是有几十年、十几年工龄的老师傅，个个都有些'绝活儿'。步平向师傅们虚心学习技能，进步很快。组里还有一位叫熊先熙的技术员，因为出身不好，为人很低调。一次要锻造一种新的合金模具钢，是大熊接受任务，钻研制定出加热温度、压缩比等重要工艺参数。从此步平十分钦佩他，向他学习了不少冶金学的知识。那时学徒工每月只有十几元生活费，除了吃饭所剩无几，他却省出钱来买技术理论书和绘图仪器。室友们经常看到步平读书到深夜，第二天又早早起床上班去了。他利用学到的知识，和师傅们一起搞技术革新，大到反射式加热炉的改造，小到夏天为热加工车间自制冷饮汽水，都有他的智慧与贡献。"

魏建业说："为了掌握锻件加热火候，步平虚心向老师傅学习，请教加热温度的控制，戴着墨镜在炉前反复查看钢件颜色，即使炎热的夏天也是如此。他还买书钻研，了解不同钢种的起始锻打温度、最高锻打温度和其中的结构原理，准确掌握了不同钢种的煅烧温度。"

1970 年左右，工业领域提倡增产节约，步平又是一马当先，出力出策。他看到四车间铸造组常有用过的铸铁罐，因难以拆解回炉，全部作为废品处理了，这是很大的浪费。他就琢磨能否通过气焊割口，再用锤钎将之凿开、拆解。得到老焊工管师傅的支持，步平发动以锻工组为主的一群青工，在收工后的业余时间，展开了热火朝天的拆解铸铁罐、"变废为宝"的活动。步平自制了几把钢楔子，大家把罐子从废料堆上装运回工组，焊口割开插入钢楔，大锤频频落处，大罐被切成两半、四瓣、八瓣……一个个百多公斤的铸铁罐，就这样被“肢解”成一块块可回炉的小铸铁。此后一个月中，下班后锻工组仍是灯火通明，里面传出不断的锤击声和不时的吆喝声，废罐料堆日渐缩小，回炉的铸铁堆日渐加高……大家虽苦虽累，但满怀欣慰，领头的步平心里也充满自豪。

在迎春机械厂的多年工作和生活中，步平还有很多表现令人记忆犹新：

——“林彪事件”以后，事物在慢慢起变化，学习科学文化的热情又被重新唤回。步平牵头在锻工组的小屋里布置了黑板，开辟了业余课堂，由他主教数学和物理。不仅一车间，外车间的青年也来听课，一时之间形成了一股感人的学习氛围。诚如同组的秘增信所说：“这在不尊重知识的‘文革’年代，在荒凉落后的北国边陲，确是一道独特的风景。”

——早在中学时代就擅长中长跑、排球的步平，在迎春机械厂职工体育运动中也发挥了带头的作用。车间男女篮排球队是他组织建立的；厂运动会上有他1500米赛跑领先的身影；他还同另外三名知青一起，被选入兵团排球队，参加沈阳军区首届排球赛。作为车间团支书，他还发挥文笔好的特点，写文章、出板报，师傅们有要说要写的都来找他，把好人好事好心得宣传出去。

——据魏建业回忆，步平在厂里为救治受伤工人献过两次血。一次广播站传出一名职工遇车祸急需输血的消息，步平和伙伴们跑步赶到几里外的854医院，经过验血型，他捐出500cc鲜血。另一次，同组张师傅因锻钳被锻锤打飞击中腹部，致使肠子穿孔，步平再次主动献血，帮助师傅脱离险境。需要说明的是，当时输血除补助一斤红糖外别无他有，而且年轻人都是抽完血不休息就回去上班了。

——同工组的北京知青杨渤伟还谈了这样一件趣事：“夏天周日的下午，步平招呼我们几个一起去河里游泳。去时都抱着一堆脏衣服、被罩什么的，一到河边先把它们想法固定在河底的‘塔头’（即草墩）上，任凭流水冲刷，然后尽兴游泳。玩上一段时间，再捞出来摊在岸边，足踩脚踏，再放回水中。半天下来，衣服（主要是工作服）的油渍、污斑、铁锈等都能大体去除。这可真是纯天然、省力又省心的洗衣方法啊！”这不一定是步平的首创方法，但步平认真、严肃以外的轻松、有趣、合群的另一面，却也显现其中了。

（四）

这样的年轻人，这样的步平，以他的出色人品、才学、能力和人格魅力，不论在什么年代、什么环境下都发光发热，能不赢得人们的喜爱、尊重和领导者的赞许与推重吗？

1974 年，在来迎春机械厂工作的第 7 个年头，“家庭出身”并不太好却在各方面表现优秀的步平，获得职工群众和工厂组织的一致推荐，被选送哈尔滨师范学院历史系学习深造。（作为老同学我们曾设想，倘若步平未获“推荐”而去参加数年后恢复的高考，他也一定会勇拔头筹、脱颖而出的，这是题外话了。）

步平离厂前，老同学张天润曾与他话别。张说自己酷好历史，可惜无缘习修；步平则说，他本志在理工，不想阴错阳差去学历史。后来的情况是，步平成为卓有成绩的近代史学者；而张天润则留学海外，成为海底油气勘探领域的专家。

感慨之余，乃作五言诗一首，也为本文作结：

造化虽弄人，
人不失本真。
投身黑土地，
成长在迎春。

炽炽煅烧炉，
拳拳赤子心。
健儿天不负，
百炼铸足金。

写于 2017 年 3 月

（作者退休前曾任《建设者报》副总编、大众文艺出版社总编室副主任）

抹不掉的青春记忆

——缅怀大学同学步平

亓石城

2016 年 8 月 14 日，我们哈师大历史系 73 级同班同学步平因病在北京逝世。这个噩耗太突然了，叫人无法接受。前一年（2015 年）的 8 月 15 日，他受邀参加了纪念抗战胜利 70 周年的北京大阅兵。他没有忘记同学们，在现场不断地往我们同学微信群里发了大量他现场拍的照片，使我们能及时感受到大阅兵的壮观。可是，恰好将将一年，怎么会？……到现在，已经过去六个多月了，可是我的这位同窗好友的音容笑貌还是不时在我眼前浮现，令人无法释怀……

1974 年 3 月，我们哈师大历史系 73 级的学员报到入学。本来我们应该在前一年的秋季入学，因为当时还是“文革”期间，校方以学生宿舍不足为由，推迟了学院文科各系学员的入学。记得开学头一天早上，我们班两个宿舍共 11 名男同学约好一起去礼堂参加开学典礼。路上我听到一个柔美的北京口音，望去，是一个身材高挑、举止儒雅，戴一副近视镜的帅哥。我不禁上去搭讪，知道他叫步平，是从兵团来的北京知青，是北师大附中的 66 届高中毕业生。北师大附中，那可是国内名校，而且他还是“老高三”。我不由得对这位同学心生敬意。在后来的接触中，我感到步平同学真不愧是出身名校，他基础扎实，知识广博，常常在我们学习讨论时有惊人之语。尤为可贵的是他并不骄傲于自己的“学历高”、基础好，而是非常珍惜这来之不易的学习机会，平时一直刻苦坚毅地学习专业课。他不满足于学习课本上的知识，经常自己找课题研究，而且要写出理论方面的心得。在校期间，他就常在院刊上发表论文。1974年末，我发现他在自学日语。问他，他说以后不管从事什么专业和工作，外语都是重要的和必需的。他和我一样，整个中学学的是俄语。他觉得掌握日语，对我们这个地区研究历史肯定是大有裨益。我觉得他真有远见和抱负，愈发钦佩。我们有一位教世界史的赵老师，精通日语。步平经常向他请教，日语水平得以不断提高。在他的感染下，几个同学也开始学习日语，对此他给予了大力的支持和帮助。周日，几位同学经常在他的主持下在教室自学日语。毕业后步平一直没有放弃日语的学习，经过不懈的努力终于掌握了这门外语。1980年，在黑河工作的郁德宝同学去省城开会见到了步平（他刚调到省哲学社会科学研究所）。老郁后来对我谈起步平的日语水平，不无感慨地说，已经达到了日语专业本科程度。老郁也会日语，所以对他的评价我是信服的。步平在黑龙江省社会科学院及在中国社科院工作期间，经常去日本工作和讲学。他娴熟的日语使他每次都能圆满地完成工作，并能同日方友人轻松地交流。同学们都知道，这是他在大学期间打下的基础。

1974年5月，我们班去位于宾县的红山林场军训。离开了校园和课堂，置身空气新鲜、景色优美的山林，我们异常兴奋。同学们在校专业干部的领导下认真、刻苦地完成军训的各个项目。步平同学来自兵团，具备一定的军事素养，本身身体素质又好，表现尤为突出，处处做同学们的榜样。由于我们带着武器弹药，加上军训内容的需要，我们班11名男同学每天要轮流出夜哨，每夜每人要在位于山冈上的宿舍外面全副武装、荷枪实弹地站岗两个小时，每两三天就要轮一遍。有一天轮到我的岗，正巧我那天生病了。晚上步平悄悄对我说：“你身体不好，我替你一次，你别声张。”我已经站过几次岗了，知道这是个既艰苦又枯燥的任务，不忍心叫人替。他真诚地说：“谁还没有困难的时候，以后我有困难，你帮我好了。”于是，他替我站了这宿岗，我很是感激。像这种帮助人的事，在步平同学是再平常不过的事了。他在兵团做过技术工作，所以手很巧，会干活，同学们生活中出现了什么困难，经常是他给解决的。在校的几年间，无论何时，只要需要，总能见到步平高大、挺拔的身影。除此之外，在帮助同学学习方面，他做得尤其感人。同学向他请教，他总能倾囊相授。他从不把知识当作自己的私有财产。晚自习的教室，经常见到他的课桌旁围了几位同学，在听他轻声讲解。正是由于他助人为乐，同学们普遍很爱戴他，他的热心肠在男女同学及老师中是有口皆碑。

1975 年春天，我们班和黑龙江省博物馆考古队联合去呼伦贝尔草原进行考古调查。我正巧和步平同学分到一个队，任务是在新巴尔虎右旗（西旗）境内调查。这次我们在省考古队专业老师的带领下，乘坐“专车”，沿着呼伦池、贝尔湖、乌尔逊河、克鲁伦河一路行进。调查中我们领略了内蒙古大草原的旖旎风光、壮阔气度；了解了当地的风土人情及少数民族的特点和习俗；同学们运用课堂上学到的历史知识解决调查中的各种实际问题。收获真是太大了！调查工作中步平同学踏实、认真的作风及广博的知识更是给我留下了深刻的印象。我是班里的学习委员，这次担任西旗分队的副队长，协助考古队的专业老师领导和指挥同学们的调查工作。每次我都是把最重要、专业性最强的具体工作交给步平。因为我知道他工作能力强，专业知识掌握得牢。他每次都能出色地完成任务。由他起草的调查报告和发掘报告，考古队的老师非常满意，经常夸奖我们这批学员整体素质高。记得我们刚开始调查时，离开满洲里，到了扎赉诺尔。一位当地的牧民提供一个重要线索，他曾在一个地方见到过一个罐子。于是由他带路，我们到了一片沙漠地带。经仔细搜寻，找到了那个陶制的罐子，不远的旁边还半埋着一个黑乎乎的东西。步平眼疾手快，拿到手里，异常兴奋地喊了一声：人头骨！他同另一位女同学找到一处水源仔细地清洗出来。经考古队老师初步鉴定，这真是一个人的头盖骨，颜色黝黑，已经“石化”了，应属于原始人。后来，它被命名为“扎赉诺尔人”，作为我省的重要文物陈列在省博，以后出版的有关黑龙江省地方考古的文献几次提到它。这个发现应该是我们这次草原考古调查的最重要的成绩。我们很欣慰，在校期间就为我省文物考古工作做出了贡献。对此，步平同学更是功不可没。

在草原上，一个晴朗的清晨，我帮着司机师傅擦车。步平在旁边正准备拍风景照，他拿着相机对着我抓拍了一张。后来照片洗出来了，拍得很好，同学们纷纷称赞，我尤为得意。已经过去40多年了，我还珍藏着这幅不起眼的、已经泛黄的135相机所拍的小照片。它记录的是我的青春年代，尤其是内中饱含着同学的情谊。

这次考古调查后，步平对文物考古的兴趣大增。他弄到了吉林大学历史系的考古教材，开始自学。考古方面的专业知识，也给予了他以后研究沙俄侵华、抗战地方史以极大的帮助。可以说，外语和考古知识使他如同添上了两翼，帮助他在有生之年终于登上了学术的高峰。

步平在我们班算得上是一名品学兼优的同学，他又是班团支部委员，所以入学后成为第一批入党积极分子。我记得在校期间，我们班党支部为讨论他的入党问题，开过两三次支部大会（我当时是普通党员，只能参加支部大会）。但报到系党总支，都被否决了，据说是因为他的政审有问题。至今我也不明白他的家庭究竟有什么严重的政治问题。可是在那个极左盛行的年代，这几乎是无法迈过的门槛。令我佩服的是，这样的不公却丝毫没有影响步平的情绪。在校的近三年，他一直是那样的努力勤奋，那样的大公无私，那样的乐观、阳光。1976 年，临近毕业了。本来像步平这样优秀的同学，不愁分不到一个理想的搞专业的工作单位。（20 年后的 1996 年哈师大 45 年校庆，当年领导我们班的老师透露，起初系里已经定了，步平是留系任教的人选之一。由于上级有精神，这个分配方案作废了。）但那一年，我们省对我们这一届毕业生的分配原则是“一个也不统分”。那段难挨的日子里，我们都很迷茫。我和步平交流过毕业的去向，他说回原单位（那时兵团已经撤销了，他只能回到农场局了）。他坚定的态度感染了我，我也决定回原工作地区待分配。于是，我们正式向系里表了态。步平回到农场局后，被分到一所农场中学任教。真如那句老话说的，“金子是不会被埋没的”，仅仅一年多以后，经系里老师推荐，步平调到黑龙江省哲学社会科学研究所（省社科院前身）工作。他的才华和能力终于得以施展。不久他如愿地入了党，并且很快被提拔为领导干部。对专业的无比热爱，锲而不舍的专注精神，较高的天赋，这是一个学者成功的必不可少的条件，可喜的是，步平都具备了。所以，他能成为在国内知名度颇高、在国外也有一定影响的著名历史学家。步平堪称是哈师大几十年来所培养的最优秀的学生之一，也是我们历史系 73 级全班的荣耀和骄傲！

最后，以我去年 8 月份刚得到步平逝世消息时洒泪所作的一首悼诗结束本文。

噩耗传来不忍闻，沪京松嫩泪纷纷。
青春汗洒洪山路，壮志迹留大漠魂。
三载同窗历风雨，卌年报国有功勋。
至今常忆太阳岛，击水中流我与君。

2017 年 3 月于齐齐哈尔

（作者退休前是黑龙江省齐齐哈尔市人大常委会干部，现为中华诗词学会会员）

我的步平老师

彭丽

2016 年 7 月 22 日，北京的街道上一片繁华景象，天安门上的红旗高高飘扬，夏季的北京炎热得让人有些透不过气来。

而我的心情格外激动，因为我就要见到阔别 38 年、日思夜想的步平老师。多次想与步平老师相见，却阴差阳错无法见面，思念之情油然而生。

不久前，听说步平老师生病住院，我正好有机会到北京读研，我走了很多的弯路才到同仁医院见到他。

我记得他的病房在 14 楼。进了病房，第一眼看见步平老师，他坐在轮椅上，依然那么光彩照人。他是一位极具人格魅力的人，虽然多年未见，今见其人，如临其风，我眼里涌出了盈盈的泪水，心里想这也许是最后一面。这一别真的成了永别，2016 年 8 月 14 日，他因病去世，哲人其萎，真是：一代宗师影响无数学生成长，矗立丰碑英灵永留我们心中！

让时间在我的内心深处，再次刻下我与步平老师难以磨灭的记忆……

初识的凝眸

1967 年 11 月，步平响应党的号召，放弃北京优越的生活，主动报名奔赴黑龙江，怀着报效祖国、开垦建设北大荒的理想，在这里生活、工作了38年。

冬季的北大荒，田野上一片银装素裹。黑土地从不寂寞，它吮吸着天地之精华、自然之营养，生浩然之气，释生命之源，悄然地孕育着新的生机和希望。这里诞生了历久弥新的北大荒精神，培育出许多优秀的北大荒人。我的老师——中国著名的历史学家步平，就是其中优秀和杰出的代表之一。

1976年7月至1978年6月，步平在黑龙江省佳木斯市农垦总局子弟校工作，与我结下了师生之缘。

当时，我上小学三年级，在这所佳木斯市非常有名的农垦总局子弟校（618学校——我的父亲彭实和李淑君是这所学校的创始人），第一次认识了这位与众不同的步平老师。

我记得那是一个秋季。佳木斯市城区有一条小河叫西林河，河边长满了杏树，每年开花时节，粉红色的花朵散发着清香。古诗有云，“一段好春藏不住，粉墙斜露杏花梢”，杏花本是因春而发，春尽而逝，但是在这金秋十月，西林河的杏树却悄然开了花，让不少人啧啧称奇。这也许是苍天要迎接我们这位中国著名的历史学家步平吧。

这一天清晨，我背起书包去上学，路过这开满杏花的西林河，望着两边美丽的景色，心情十分畅快。天空是这样的蓝，秋风拂面，在这收获的季节，让人有一种精神饱满的感觉。

当时，我是一名好学生、班干部。下课时，我总是和同学们玩捉迷藏的游戏。我把头埋在两手之间趴在楼梯扶手上闭着眼睛数数。这时，一双温暖的大手搭在了我的后脖子上，接着听到非常有磁性的声音：“我看看是谁？不好好上课玩游戏。”我吃惊地睁开眼睛，看着眼前这位老师。这是一位身材很高大的老师，有一米八的个头，戴着一副黑边框的眼镜，样子很英俊，脸上有颗痣。我很生气地说："这是下课时间。"这位老师说："还敢和老师顶嘴。"我说："老师说得不对的是可以反驳的。"当时真是童言无忌。这位老师说："说的也对。"这就是我初次相识的步平老师，那一眼凝眸永远留在我心底。

相知的奋进

相知步平老师源于我的哥哥彭靖。因为步平老师脸上有颗痣，回家后，我把遇见这位老师的事告诉了哥哥。哥哥说，这位老师叫步平，课讲得非常好，不但历史知识渊博，而且数理化样样精通，是一位不可多得的人才。

第二次见到步平老师是在学校的走廊里。我见到他马上打招呼，告诉他我哥哥叫彭靖，是他的学生。步平老师笑笑说："你是彭靖的妹妹。"他高度评价了我的哥哥。

接下来的日子，我经常下课时能碰到步平老师，我总是喜欢和他唠上几句嗑。步平老师非常关心我，总是问我在学习和生活上的一些琐事。

于是我回家后，老是和哥哥打听步平老师的有关情况。我哥哥的同学也经常喜欢照顾我，我和他们也常常谈起步平老师。

步平老师是学生们的偶像，是我们学习的榜样，我不知不觉地开始崇拜起这位老师。那时，我总是这样想，有朝一日，我也要成为步平老师这样的人。

据与他共事过的老师回忆：作为一名年轻老师，步平在校为人谦虚、好学，有理想和远大抱负，做事认真，尊重他人，助人为乐，与老师们的关系都非常好。

日子平静地就这样一天一天地过去，当时“文化大革命”的浪潮也同样席卷着这所农垦总局子弟校。我们定期要学习毛主席著作，只有小学水平的我并不能完全读懂毛主席著作的内容，甚至有些字都认不全，只是做样子而已。

有一天下课时，我又遇到了步平老师。他问我《毛选》学到第几页了，我诚实地告诉回答，然后说：“我都看不懂，有些字不认识。”步平老师一句话也没说，接着问我：“不玩捉迷藏游戏了？”我笑笑说：“玩。”

在学校组织的一些大型活动中，我总是喜欢看步平老师在哪里。1976年9月9日毛主席逝世，举国悲痛，我们学校也举行追悼会，沉痛悼念这位伟人。在追悼会上，步平老师内心的悲痛挂在脸上，深深在主席遗像前鞠了一躬。这一场景深深留在我的脑海里，直至今日。

粉碎“四人帮”之后，“文革”结束，中国政治稳定，真是举国欢庆，我们学校用多种形式举行欢庆活动。步平老师于1977年6月13日创作了一首《时间的发言》，表达自己的心情：

人们常用“光阴似箭”，
比喻我迅速又短暂，
虽然我每天飞逝而前，
但我是成长的证见。
我记得你们
刚刚走入校门的那一天，
也忘不了你们
升入中学的那一年。

……

我要欢呼！
我要高喊！
我——时间，
属于祖国，
属于人民，
属于你们呵——
我们时代的青年！
你们把我计算，
不应只用日历、表盘。
应该用那：
学马列、毛著的笔记，
学雷锋的体现。
应该用那：
一丝不苟的计算，
成绩优异的答卷。
应该用那：
未来创造出的
吨吨钢铁，
桶桶石油，
车车煤炭。
应该用那：
腮边不停滚落的
亮晶晶的热汗！

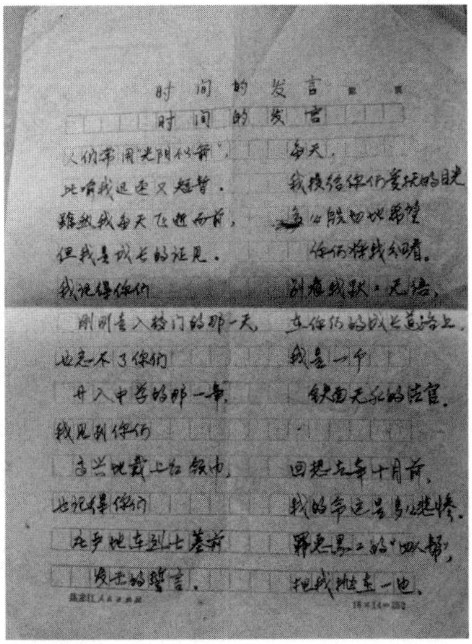

时间的发言

人们常用"光阴似箭"，
比喻我迅速又短暂。
虽然我每天飞逝而前，
但我是成长的证见。
我记得你们
刚刚走入校门的那一天，
也忘不了你们
升入中学的那一年，
我见到你们
高兴地戴上红领巾，
也记得你们
庄严地来到先烈墓前
发出的誓言。
每天，
我投给你们爱抚的目光，
多么殷切地希望
你们珍惜我[illegible]。
别看我默默无语，
在你们的成长道路上，
我是一个
铁面无私的法官。
回想去年十月前，
我的命运是多么悲惨。
那黑心的"四人帮"，
把我抛在一边。

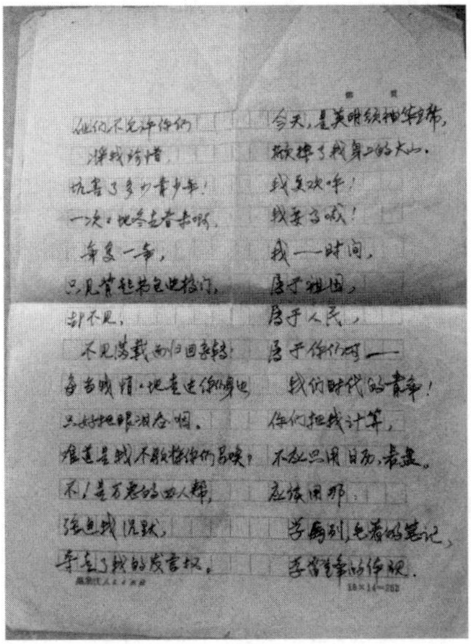

他们不允许你们
将我珍惜，
坑害了多少青少年！
一次次地[illegible]，
年复一年，
只见背起书包进校门，
却不见，
不见满载而归回家转！
每当我悄悄地走过你们身边
只好把眼泪吞咽。
难道是我不敢替你们呼喊？
不！是万恶的四人帮，
强迫我沉默，
夺去了我的发言权。
今天，是英明领袖华主席，
揪掉了我身上的大山。
我要欢呼！
我要高喊！
我——时间，
属于祖国，
属于人民，
属于你们啊——
我们时代的青年！
你们把我计算，
不应只用日历、表盘。
应该用那：
学马列、毛著的笔记，
学雷锋的体现。

啊！今天，
在华主席的号召下，
我也要和你们挑战，
比一比吧，看一看，
谁的步伐更矫健。
在未来的一九八〇年，
在未来的二〇〇〇年，
我和你们
谁跑在前面？
……

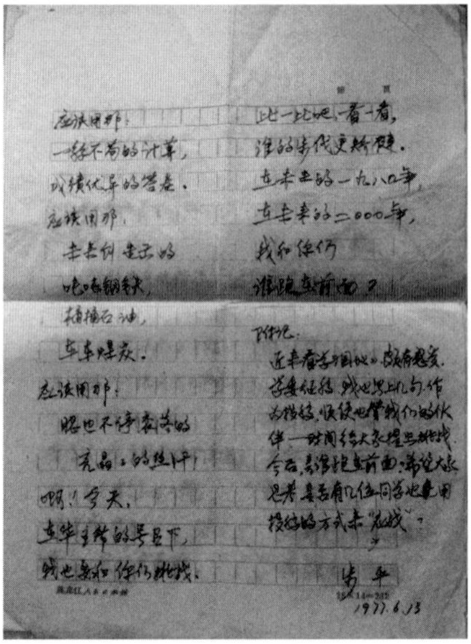

应该用那，
一丝不苟的计算，
成绩优异的答卷。
应该用那，
吨吨钢铁，
桶桶石油，
车车煤炭。
应该用那，
啊！今天，
在华主席的号召下，
我也要和你们挑战。
比一比吧，看一看，
谁的步伐更矫健。
在未来的一九八〇年，
在未来的二〇〇〇年，
我和你们
谁跑在前面？
附记：
步平
1977.6.13

这首诗读起来，至今仍然感人，充满师生间的友谊和对祖国及人民的热爱。步平用自己的方式，引导学生们在人生路上赛跑，让人振奋，充满了正能量。

惜别的怀念

1978年6月初的一天，听哥哥说步平老师要调走了，心里非常失落。

次日，又是一次和步平老师偶遇。我装作不知他要调走的事，天真地和他打招呼："老师好！"步平老师回应说："你好！小彭丽。"这一别就是38年。

步平老师离开子弟校时，我哥哥及全班同学举行了欢送会。

步平老师到新的工作岗位后，于1978年6月5日给同学们留下一封感人的信：

亲爱的同学们：

当你们读到这封信的时候，我已经可能到了新的工作岗位。

星期天参加了大家的欢送会，心情也很不平静。我们虽然共同生活不到两年，但因这两年恰恰是在我们的党和国家，以至我们每个人都在经历巨大变化的时期，印象就极为深刻。我能赶在这一时期到教育战线工作，可以说是极为幸运的。而看到你们的成长和进步，那就不只是幸运而是极为欣慰了。分别之际的话很多，只是时间不允许了。

……

祝你们在新的长征中将走在前列。

这封信写得这样的深情，让人久久不能忘怀。从这封信中，我们可以看出，当时的步平对农垦子弟校是多么的留恋，对他的第一批学生们是多么的喜爱和充满期望。

多年后，您在子弟校的学生们以优异的成绩向老师汇报！2014年我的处女作《一代英才邓嗣禹》请步平老师写序，2015年5月这部书已出版。目前，这部书被列入国家十三五重点出版物规划，其概述曾在北大校报上连载三期，我现已成了北大荒作家。

敬爱的步平老师，永远怀念你！

2017年3月14日

（作者为黑龙江省农垦总局关心下一代工作委员会副秘书长）

亦师亦友，学界楷模

——缅怀步平先生

王希亮

20 世纪 80 年代初，我从辽宁社会科学院调入黑龙江省社会科学院历史研究所，始与步平先生结识。那时他也在所里工作，从事中俄关系史的研究，却经常见他身带一个小录音机，后来才知道他在自学日语。多少年过后，恐怕连他自己也没有想到，他的日语能力帮助他在中日关系以及抗日战争研究领域走在前列，以致在后来担纲中日政府层面的共同历史研究之时，可以从容与日本学者对话交流，正所谓“凡事预则立”，他的勤奋好学告诉我们这一浅显却难以坚持的道理。不久，黑龙江社科院启动“黑龙江通史”研究课题，所里安排我承担伪满洲国时期，步平先生负责清末民初，并担任近代部分的总纂，这可以称得上是我们之间的第一次合作。

20 世纪 80 年代中期，东北三省启动“东北沦陷 14 年史”合作研究工程，步平先生一直是三省合作小组的领导成员之一，本人也在其麾下加入这一研究团队。当时，黑龙江省社会科学院历史研究所参加这一团队的成员多数没有接触过沦陷史的研究，是一支年轻有朝气但缺乏研究基础和经验的队伍。步平先生意识到这正是培养和锻炼队伍的大好时机，所以在日常研究工作中，多次强调和鼓励团队成员从基础资料的收集和研究做起，踏踏实实，一丝不苟，尽心尽力去完成每一项课题。尤其当时社会上下海潮迭起，人心浮动，向“钱”看的风潮不同程度地冲击着研究事业的进展。步平先生提醒大家不受社会风潮的影响，心甘情愿地坐住冷板凳。他本人更是率先垂范，一心投入到研究工作之中，带领团队雷打不动，排除干扰，在成功完成多项课题的同时，培养和带出了一支热爱研究事业、有研究能力的队伍。经过二三十年的打拼和磨砺，最初参加团队的多数成员都获得正高职称，甚至成为某一研究领域的专家或领军人物。

期间，在步平先生的组织和亲自参与下，我们二人合作编著了《东北抗日救亡人物传》（后再版更名为《东北抗日英烈》），与省内其他学者共同翻译出版了《伪满洲国史：总论》，还与东三省以及日本学者合作编写了《伪满洲国的真相》等多部专（译）著。与此同时，团队其他成员也在此期间出版了多部专（译）著，以及大量论文。这些成果的取得不仅浸透着步平先生的心血，而且有些课题直接由他规划设计，包括大纲的推敲，然后交由年轻学者去做，却从来不在“挂名”问题上伸手。可以说，在他组织领导东北沦陷 14 年史的研究期间，除他亲历亲为的著述外，没有一例“挂名”存在，即便当时他也面临从副高职称晋升正高职称时刻，也绝不凭借“挂名”来提升自己的学术地位或晋升职称。相反，他坚持在琐碎事务缠身的繁忙中，牺牲休息甚至睡眠时间，开拓了“日军化学战研究”的新领域，从一点一滴收集资料和现场考察入手，进行了大量细致刻苦的基础工作，最终出版了数量可观的著作和论文，不仅填补了中国学界的研究空白，而且直到今天，仍然是国内该领域最权威的研究。对比个别官员一旦“转型”

充任教育或学术机构负责人，转眼之间就“著作等身”，教授等高级职称轻易到手，其他“专家”“学者”的名利头衔也捷足先登，云泥之别更衬托出步平先生的难能可贵。

在黑龙江工作的时日里，步平先生还致力开创黑龙江学界与日本教育研究机构以及民间团体的广泛交流联系，共同进行日本战争犯罪的实证研究，抢救战争受害者及其遗属的口述史资料，记录战争遗址的时代存在，奠定了侵华日军化学战、细菌战及其他战争罪行实证研究的资料基础。至今回想起来，如果当时不去做这些艰苦、细致、耐心的工作，一大批有价值的历史资料将付之阙如。而且，这种学术性的交流和联系一直持续到今天，对开拓研究人员的视野，促进中外学界的相互借鉴和学习，乃至促进中日以及东北亚共同历史的认知，都有着不可估量的现实意义。

我与步平先生的研究方向相近，因此在专题研究方面，我们之间有过两次二人合作的经历，至今回想起来感慨颇深，难以忘怀，也从中体现步平先生亲力亲为、自律自重的品德和独到的学术见解。第一次是 1995 年，我刚从日本回国。当时正是日本“自由主义史观研究会”“新历史教科书编纂会”“昭和史研究所”等知识界极端民族派团体浮出水面之时。为了回击日本的历史修正主义，我倾向于针对日本知识界极端民族派荒谬的历史观，以客观科学的历史观去揭示真实的历史。步平先生强调，在揭示日本右翼错误史观的同时，不应忘记日本还有许多有良知的学者和民众，他们中的许多人顶着各种压力正在开展追究日本战争责任、收集日本战争罪行的运动，他们更值得国内民众的了解和支持。这样，我们确立了关键词，即“良知与冥顽”，从战后 50 年日本人战争观的视角揭示日本社会的良知和冥顽。方向明确后，步平先生负责“良知”部分，利用他多年与日本社会各界交流的最新资料和心得，告诉读者在日本历史修正主义泛滥的当时，仍有许多有良知的学者、社会团体在坚持抨击日本的战争罪行，追究日本的战争责任，避免人们认知的偏颇。相对我负责的“冥顽”部分，无论是资料、观点、论述都胜过一筹，而且在定稿把关以及文字技术处理等方面，他也花费了很大心血，却没有在前言或后记中留下只言片语突出自己。后来，这部题为《良知与冥顽——战后50年日本人的战争观》的著述，由黑龙江人民出版社出版。

我们二人合作的第二部论著是《日本右翼问题研究》，这是中国社会科学院“中日历史基金”指定步平先生承担的课题。此前，我正准备去名古屋大学做访问学者，步平特嘱我注意收集相关资料。回国后我们二人开始运作，他负责战争时期，即从近代右翼的产生到日本战败投降。这一时间段跨度长、脉络复杂，而且受资料限制，对比我负责的战后部分有更大的难度。然而，他在事务性工作繁忙、静心坐下来的时间有限的情况下，利用别人休息的时间如期完成。同样，文稿最后的技术处理、文字推敲、注释规范以及参考文献等也都由他定稿。该论著于2005年由社会科学文献出版社出版。10年后，该书被日本明石书店翻译成日文在日本出版，国内五洲传播出版社也出版发行了日文版和英文版。

步平先生去近代史研究所工作之前，我们共同参加了中日韩三国近代史的合作研究课题。步平先生作为中方负责人，不仅要妥善处理与日韩学者的沟通或切磋，还要联络和团结来自中国北京、上海、南京、哈尔滨等地的学者，把大家的思想统一到一个方向。更要虑及国内历史教学的传统或模式，以及对重大历史事件的历史定论等。此外，还有一个难题是经费问题，由于三国合作属于民间自发形式，没有国家或部门的经费支撑，包括在中国召开书稿研讨会的费用都难以筹集。在以上诸多的困难面前，步平先生总是乐观地应对，以他平和坚毅的信念以及坚持不懈的努力去感染、激励大家，也因此花费了步平先生很多精力和心血。最后，《东亚三国的近现代史》终于呈现在中日韩三国读者的面前，产生了较好的反响，也为后来的国际学术交流及合作摸索出成功的经验。

步平先生到近代史所工作后，我们之间并没有受地理距离的影响，相反合作的范围更广。除了参加步平先生作为中方负责人的中日共同历史研究外（本人是特聘执笔者），我还荣幸地参与编写了近代史所编纂的《靖国神社中的甲级战犯》，承担了其中的几个人物，2005年由五洲传播出版社发行中、日、英文版。后又参加步平先生主编、中国社会科学院的重大课题《中国抗日战争史》。该书的参与者大多是近代史所或北京大学的学术名家，我是唯一一名来自曾被周总理批评“文风不盛”地域的史学工作者，能与近代史所及北京等地的学术大家合作，实在是荣幸之至，也由衷感怀步平先生的提携，感谢北京及各地学术大家的不弃。

结识步平先生以来，他一直是我的直接领导，却从来没有摆过领导架子。我比步平虚长两岁，不揣冒昧一直把他当作朋友相处，当然在学问方面他又是值得我学习和尊敬的先生。我们亦师亦友，超越了上下级关系，所以我很少称他的官衔，总是以名字直称。直到他后来进京主持近代史所工作，才以北京的习惯称之“步所”。这一切都是步平先生谦和平易、礼貌待人、毫无官气的作风品格使然。有道是“君子之接如水”，“躬自厚而薄责于人”，步平先生身体力行，一身正气，襟怀坦白，虚若怀谷，做学问更是一丝不苟，精益求精，堪称学界之楷模。

步平先生走了，走得令人伤感悲叹。他的音容笑貌仍然时时出现在我眼前，唯有祝愿他在天国冥福长久。

2017 年 4 月 15 日

（作者为黑龙江省社会科学院研究员）

深深的怀念

——步平先生周年祭

高晓燕

步平先生离开我们一年了。先生曾在黑龙江省工作、生活多年，曾担任黑龙江省社会科学院历史研究所所长、副院长，长期从事东北及黑龙江省的地方史研究，取得了丰硕的学术成果，是杰出的科研组织者和学术带头人。到中国社科院近代史所工作后，他仍然关心黑龙江省社科院的历史研究。前后 30 余年，我跟着他一起进行东北沦陷史、侵华日军化学战研究，多次进行田野调查。他学识渊博，为人谦和，成为我不可多得的良师益友；他的言传身教，使我获益匪浅。2016 年先生溘然长逝，令人痛心不已。他给人的印象永远是充满活力、不知疲倦地工作，怎么会这样早就离开我们？一年来，我似乎在拒绝承认他离世的现实，心里一直觉得他并没有走，仍在为中日关系史研究奔波忙碌着。直到前不久，中央党史研究室来电话，说我和步平先生合作的一个书稿需要做一下修改，我这才恍如梦中醒来：那个可亲可敬、可以经常请教问题的人真的走了！

1982 年末，我调入黑龙江省社会科学院，有幸与步平先生在历史研究所共事。那时步平先生任中俄关系史研究室主任，最初的印象是他讲一口北京话，待人和蔼，既热情又谦逊，总是站在资料室的书架旁看书。后来得知他是北京下乡知青，在黑龙江虎林市生产建设兵团一干就是 10 年，又经历“工农兵大学”的生活，毕业分配回到兵团工作，其后才到黑龙江省社科院历史研究所工作。因我也有过下乡的经历，加之步老师的女儿与我女儿年纪相仿，同在社科院的幼儿园，我们便更有了一层亲近感。

在黑龙江省社科院，他政治上成熟稳重，业务上出类拔萃，较早进入学术研究管理层。1985 年任历史研究所副所长，1987 年主持历史所工作，是全院最年轻的所长。在他的带动下，历史所工作开始了一个朝气蓬勃的崭新阶段。他开创了每周例会主题制，创造浓厚的学术氛围。他曾带领全所骑自行车去阿城考察金上京遗址，此举既是地方史研究的实地调查，又成为全所同仁的集体活动，加强了相互交流，也节约了经费，锻炼了身体，至今为大家津津乐道。

1986 年东北三省社会科学院历史研究者合作的大型项目“东北沦陷 14 年史研究”正式启动，步平带领黑龙江省社科院历史所近现代史研究者参加这一项目。他重视基础理论研究，也关注社会现实问题。1992 年夏，他组织东北三省研究者进行日本侵华遗迹考察，走遍了黑龙江省十几个市县。1993 年初，步平任社科院副院长，直到调入中国社科院近代史所，他始终领导着东北沦陷史研究。这一课题研究取得了丰硕成果，既培养了研究队伍，也创造了地方社会科学院合作研究的成功范例。

1995 年抗日战争胜利 50 周年之际，步平副院长在哈尔滨市主持主办了“反对侵略、维护和平国际研讨会”，约 200 名中外学者参加了会议，其中日本学者近百人。会议就日军在侵华战争中使用细菌和化学武器问题、日本侵华史及战后遗留问题进行研讨。这次会议影响很大，中央电视台及一些国外媒体都对会议进行了报道，外交部称赞这一举动对日本普通人民的宣传起了积极作用，是史无前例的民间活动。

步平先生在战争遗迹考察中看到孙吴县的侵华日军遗弃毒弹，随之进行资料搜集和实地调查，开辟了日军化学战研究的新领域。我有幸参加该课题研究，与步平先生共同进行了多次日军毒气战实地调查。

1993年初，我们到哈尔巴岭调查日军遗弃化学武器及其受害者。侵华日军在战败之际把大量未来得及使用的化学武器遗弃在中国，鉴于战后日遗毒弹造成伤亡的事件时有发生，东北局从1953年末开始处理毒气弹。囿于当时的条件，只能进行深埋处理，吉林敦化的哈尔巴岭是集中掩埋地。1993年1月19日，步平先生组织中日联合考察团，一路兼程地经敦化市向毒弹埋藏地哈尔巴岭进发。正是一年中最冷的时节，大雪封山，汽车到达哈尔巴岭村后便无路可行。我们在村里雇了两个牛爬犁，载上行装，弃车步行。山里人迹罕至，积雪没膝，我们走到毒弹坑用了3个多小时，找到了当地县政府于1954年3月设立的“日遗毒弹埋藏处”石碑。拨开积雪，看到了锈迹斑斑的毒弹，有的毒弹上还清晰可见黄色的标志，即为糜烂性毒气弹——“黄弹”。这种炮弹中的化学毒剂是50%的芥子气和50%的路易氏气，芥子气因巨大的杀伤性被称为“毒气之王”。此行还访问了居住在马鹿沟的黄春胜老人，他战后打草时被毒弹伤害，一条腿及腰部、背部都染毒起泡，为了治病几乎变卖了全部家产，至今还留着伤疤。考察团的中外学者都受到强烈震撼，我们回来后撰写了《踏访死亡山谷》一文，引起很大反响。

1995年，我们到河北实地考察日军毒气战制造的北疃惨案。1942年5月27日，日本陆军华北派遣军第110师团第163联队（联队长上坂胜）所属第一大队（大队长大江芳若）的日军 500 多名，包围了定县北疃村，实行残暴的“三光”政策，并且违反国际禁止使用化学武器的条约，公然对躲藏在北疃村地道里的县大队武装人员和平民百姓使用毒气，造成一起中国军民 800 余人被无辜残杀的北疃惨案。在低矮阴暗的地道里，对侵华日军的残暴行径有了更深的认识，对中华民族抗日战争的艰苦卓绝有了更深刻的体会。

1999 年 8 月下旬，步平副院长带领黑龙江省社科院研究者与日本学者联合组成的“侵华日军毒气战罪行考察团”一行 8 人，赴山西省进行实地考察。经过 10 余天的艰苦跋涉，踏查了晋东南的定襄、榆社、武乡、左权、襄垣、沁源、汾阳等 15 个市县，行程 1598 公里，调查日军用毒事件 12 起，采访日军在侵华战争期间使用化学武器的受害者、见证者 20 余人，掌握了大量确凿的日军用毒罪证。中日学者联合对日军在山西省的毒气战罪行进行专门调查，是研究日军在侵华期间化学战的第一次，直接从战争幸存者那里得到第一手资料，这些资料与历史文献一样具有十分重要的意义。调查到的毒气战案例验证了文献记载中不完整、不正确的内容，补充了现有文献资料没有记载的毒气战案例，属最新发现、发掘的事件，调查采访到的大量资料属于抢救性的，为今后的研究提供了资料。所以说，步平先生组织的山西日军毒气战调查，其意义不仅局限于本课题的研究，还为日军侵华史提供了重要的历史证据，作用是重大而深远的。

2001 年 8 月，在步平先生的积极联络下，黑龙江省社科院和韩国国史编纂委员会、朝鲜社会科学者协会共同主办了第一届中、朝、韩抗日历史问题国际学术研讨会，会议主题为“纪念九一八事变 70 周年”。此后，每年举办一届，后因朝韩关系紧张，朝鲜不再参加，会议改为中韩抗日历史问题国际研讨会，今年刚刚成功举办了第 17 次会议。步平先生开创的事业，我们将继续进行下去。

步平先生十分重视与日本民间和平友好团体的交流合作，如 ABC 企划委员会每年组织日本民众到中国了解日本侵华史，步平亲自参与共同历史考察，举办座谈会，在建立共同历史认识的同时，也建立了深厚的感情。该团体的代表山边悠喜子和丈夫都曾是在中国人民解放军中留用的日本人，他们对中日友好事业做出了重要贡献。山边的丈夫的遗愿，是去世后把骨灰撒在战斗过的地方。2006 年 6 月 13 日，步平先生带领《东北沦陷 14 年史》编委会一行，到长白山上完成了山边的丈夫的遗愿。随后的考察中，在石人找到了山边工作过的原东北民主联军临时医院。步平先生对山边女士感情深厚，我们也一起亲切地称她“欧巴一桑”。2016 年 5 月，山边先生及和平友好团体一行到哈尔滨访问，步平在病中得知后嘱咐我说：“在当前这样的中日关系环境下，他们能够来到中国，进行友好活动，我们应该感谢他们，应该好好地交流。”秉承先生的教导，我在 2016 年 10 月与日本民间和平团体 ABC 企划委员会一行，考察了浙江省日军细菌战遗迹。先生发起的中日双方共同对日本侵华遗迹进行历史考察的工作，我们也一定会继续下去。

2013年，我承担张宪文先生主编的大型系列丛书《日本侵华图志》化学战部分。10月，借全国近现代史料学会理事会在石家庄召开之机，我到北京查找日军化学战图片资料。25 日，我在步先生家里把所有关于侵华日军化学战的书翻了一遍，先生帮我查找图片资料来源，几乎占用了先生一天的宝贵时间。正巧第二天先生要在国家博物馆作报告，我有幸前去聆听。“国博讲堂”是中国国家博物馆面向社会公众开放的学术交流平台，邀请国内外著名专家学者，就相关领域的前沿问题和热点学术问题发表精彩演讲。步先生讲座的题目是“中日关系与中日共同研究”，从中日共同历史研究的背景、意义，到研究中不同观点的争论，到达成一定程度的共识，面向北京市民大众，他的讲述深入浅出，台上台下时有互动，形成共鸣，效果极佳。我坐在听众席上看着他的激情讲演，感受到他那种高度的社会责任感和使命感，深受教育。27 日星期日，是个难得的好天气，与步平夫妇一起去红螺山看红叶。红螺山距北京市区 55 公里，是个天然的植物园。红螺山亦为佛教圣地，有东西两座主峰，海拔分别为 811.9 米和 812.9 米，是一块风水宝地，其周围除红螺寺外，还有古寺、古墓遗址上百处。漫山遍野的红叶，在阳光下被渲染为一幅全景的油画，美极了。步先生扛着大相机、三脚架，大步流星地走在前面，选取最佳角度进行拍摄。谁会想到先生这样健硕的体魄竟会生病呢。

对于我来说，步先生既是可尊重的领导，又是可敬爱的兄长，长期共同工作产生了亦师亦友的深厚感情。应该说是他的鼓励、引导，使我在中日关系史研究的道路上有了一点进步。先生离开后，跟随他共同工作的场面总浮现在眼前：1992 年我们与山边先生一同去黑龙江省孙吴县调查日遗毒气弹，开始日军化学战研究；我发表的第一篇化学战论文，在日本出版的第一部化学战著作；2010 年到近代史所做访问学者，每一步都与步平先生的关心、帮助分不开。2016 年 11 月，外交部化学武器处理办公室在日军南京大屠杀遇难同胞纪念馆举办会议，本应由步平先生出席，但先生已经不在了。会议邀请我参加会议，并就我们的化学战研究成果做报告。每当做这样的工作，我就想到，步先生在天有知，会有些安慰吧。

步平先生研究历史主张经世致用，研究国际关系以世界各国和平发展为己任，兢兢业业，殚精竭虑，为历史研究事业奉献了一生。先生的学问人品堪称我们这一代人的楷模。

请先生安息吧！您没有来得及做的工作我们会继续做下去。

2017 年 5 月于哈尔滨

（作者为黑龙江省社科院历史研究所副所长、研究员）

早春夜色凉如水

——追忆与步平先生交往二三事

笪志刚

没有什么能比失去一位令人敬佩的兄长、曾经的老领导、科研引路人、高山仰止的学术楷模更加令人唏嘘和难受，长期与文字打交道的我，或许用一段文字去追忆留下大量著述的步平先生，去缅怀他的学者之路，才是最好的天国告慰，也是最好的感恩纪念。

（一）

“步平先生是我的老领导，也是引导我步入日本问题和中日关系研究的引路人，更是我人生前行的恩师。他的逝世不仅是中国日本问题研究、中日关系史等研究界的重大损失，也是中日民间外交与交流的巨星的陨落，当然也使国家级智库失去了一员令人敬佩的帅才。同时对我而言，也失去了人生的一位挚友和兄长，每每想到这些，我就黯然神伤，不能自已。今天看到在座的日本友人能如此肯定先生的人生业绩，缅怀先生的思想与品德，追思先生的一些轶事，更让我感佩先生生前在中日关系与民间交流等领域搭建的交流平台与渠道还在发挥作用，成为助推中日关系改善的重要载体。”2017 年 3 月 8 日下午 4 点，在日本大阪府保险医师协会 5 楼会议室，“大阪府保险医师协会与黑龙江省社会科学院访日团交流座谈会”在追思的凝重氛围与坦诚的交流互动中拉开帷幕。我从与步平先生的知遇之恩、职场关系、学术提携、交流合作切入，向日本友人介绍步平先生临终前的基本状况、对中日关系史等领域的学术建树、对中日韩共同历史研究的重大贡献、各界公认的评价等情况。此次访日团团长——中共黑龙江省委宣传部副部长刘光慧在致辞中，黑龙江省社科联副主席刘幸在互动交流中，也都从不同角度高度评价步平先生，介绍了先生对中国对日关系改善，以及在黑龙江 731 侵华日军细菌战和毒气战、开拓移民等学术领域的巨大奉献。

大阪府保险医师协会高本理事长、川崎副理事长，以及西山胜夫教授、原文夫先生、竹内洋子女士等与步平先生交往多年的十余位老朋友，也都从不同角度做了缅怀和追思的发言。尤其是《赤色残阳映黑土》一书作者竹内治一先生的遗孀、70 多岁的竹内洋子女士介绍与步平先生交往及事迹的追思发言让人感慨，让人动容，也让现场氛围更加凝重。日本友人对先生的高度评价，让人看到了先生生前为改善中日关系，促进双方相互理解，开辟民间交流新渠道，做了怎样的多重努力。透过会场凝重的追思氛围，我的思绪也再次被先生的人格魅力所吸引，陷入了一种莫名的伤感与失去知己的悲凉情绪之中。

（二）

2016 年 8 月 14 日凌晨，中国社会科学院近代史研究所原所长、中日共同历史研究中方首席委员、黑龙江省社科院原副院长步平先生不幸因病逝世，享年 68 岁。惊悉这个噩耗，我的第一反应是吃惊和悲恸。一来步平先生是我工作单位黑龙江社科院的老领导，我十分尊重的学者型领导和领导型专家，也是引导我进入日本问题和中日关系相关研究的引路人。二来就在今年 4 月赴北京中国社科院调研时，我们还通过电话。“我现在积极配合治疗，效果还不错。”虽然那时得知其已患病，但电话那端先生乐观的语气还是让人有些许的安慰。想不到，那竟是最后的一次通话……三来在去年末翻译再版日本友人竹内治一先生的自传体小说时，托先生的福，与竹内治一先生结识，还曾委托先生为这本书作一序言。当时身体已发现有恙的先生为支持我翻译的书的出版，还是答应下来，没有想到《一人·一书·一世界》这篇序言于我而言竟是先生的绝笔。

陷入悲痛和缅怀思绪中，我写了一首悼念诗。这首诗可能从诗歌的合仄押韵角度不算真正意义上的诗，却是心底真情的流露，是在悲痛的氛围中写就的心绪之作，没有所谓的专业韵脚，没有华丽的辞藻堆砌，有的只是对一位敦厚本分、尊师重才、涵养深厚、著述颇丰的学术大家的尊重，有的只是对一位不该这么早驾鹤西去的老领导的惋惜，有的只是对一位在平凡的世界中做着不平凡事业的学术大家的追念。可以确切地说，不管是从对中日两国学术界和民间影响力的角度，还是从对高层决策参考的角度，抑或从普及中日关系知识的角度，步平先生的逝世都是重大损失，这也是中国社科院为先生举行大型追悼会、国内主流媒体和日本《朝日新闻》等进步媒体先后报道先生逝世消息的原因所在。我对未来的中日关系决策上少了一位以理性和冷静著称的知日派大家感到扼腕、心痛。将诗附在下面，既是告慰天国的先生英灵，也是以文寄托哀思的释怀。

这个夜色凉如水

——沉痛悼念步平先生

步平驾鹤遗宏志，
平凡隐忍气自刚。
一生著述别样沉，
路遥未竟诸友痛。
走笔中日不言哀，
好人自受众人悼。

（三）

认识步平先生是大学毕业分配进入黑龙江省社科院以后的事情。当时步平先生任黑龙江省社科院历史所副所长，后来任所长。当时出身日语专业的我经常为一些不懂的专业词汇或问题向先生讨教，步平所长在一些涉日的外事接待活动上也尽量安排我参加，我也由开始时的简单翻译角色，到逐渐从外围搜集资料参与研究，乃至于最后成为课题组成员，不断向中日关系及相关学术领域发展，最后还与步平先生、高晓燕研究员一起合作编著过《侵华战争时期的日军化学战》的著作。现在想来，不管是 20 世纪 90 年代初期因为政治风波出国需要领导担保，而步平先生毅然以官职为我担保，还是 1995 年参加在哈尔滨举行的战后 50 周年日本侵略战争中的细菌战和毒气战问题国际研讨会，以及 1996 年赴日本北海道、东京调研阿伊努与俄罗斯那乃族及中国赫哲族文化与风俗比较的日本国际交流基金课题进行调研，抑或那以后认识反战摄影家相马一成夫妇、《血色残阳映黑土》一书的作者竹内治一夫妇，以及认识东京大学、京都大学和北海道大学等知名学府的专家学者、日本众多民间团体的友人，步平先生都给了我很多的帮助。

在步平先生担任黑龙江省社科院副院长以后，由于对日学术交流的增加，我与先生的联系不断增多，还一起赴日参加国际研讨会和参加日本外务省的委托课题。后来，步平副院长调任北京中国社科院近代史所任所长，离开了黑龙江省社科院，加之其担任了中日政府确立的共同历史研究委员会的中方首席委员，赴日韩开会、磋商、调研等的出差频率甚至超过国内出差，我们之间的联系虽然少了，但那种情谊并未减弱。去年年末的时候，在与步平夫妇通电话时，他得知我的女儿在德国留学，还特意以他们两口子的一个多月的德国停留经历向我们传授访德攻略，让人心生感动。

步平先生也是我敬佩的为数不多的说日语的专家。由于大学的专业是日语，我周围集聚了大量的与日语相关的人或事，但步平先生是我从专业和学识上最认可的研究日本、了解日本的务实派和理性派学者。单就步平先生自学起家的日语就不是一般人所能比拟的，尤其是在细菌战和毒气战等专业领域，步平先生的日语交流水平堪称学术界一流，这也使他能在日本多个大型国际会议上与日方自由交流，在担任中方首席委员时能不用翻译直接与日方学者辨证史实。后来看网上的文章，才知道步平家学深厚，母亲纪根沛为素有清代乾隆帝文胆之称的饱学之士纪晓岚的后代，家族受此影响一直有博览群书和发奋学习的家风。即使在上山下乡和“文革”的特殊时期，步平三兄弟在母亲的督促下也没有中断读书的乐趣。步平三兄弟可以说是践行“书山有路勤为径，学海无涯苦作舟”的典范，后期的成长回报也印证了他们努力后的快乐。

（四）

再忆故人心茫然
——步平研究员仙逝追思会偶感

八月驾鹤西去引悲忧，
师走回眸追思心茫然。
毕生挥汗无悔树丰碑，
他界回首才知还遗憾。
对日客观审视多巨著，
双边关注评价无其右。
人生坎坷纵有不平事，
笑脸从容面对赢众望。
时光飞逝冲淡过往事，
步平音在容驻难忘却。

这首诗是提交给日本ABC企划委员会组织的步平追思会的。2016年12月4日，日本著名民间反战团体ABC企划委员会在东京举办了纪念步平研究员对日友好交流追思会，山边悠喜子女士、宫崎教四郎先生等与步平有多年交往的日本友人作了与步平先生相知二三事的报告。有感日本友人对步平研究员的敬重和斯人仙逝百日后对老领导的回忆，我在赴沈阳参加日本领事馆国庆日招待酒会活动的动车里写就此诗。此诗一为表达我难以抚平的追思，同时也让日本友人感受到中国学者的哀悼情愫。二为难以忘却的纪念，短暂的痛会随着时间流逝而抚平，但追思和纪念永远不会风化。三为留下属于自己的文字，总有一种适合自己的表达方式。斯人已去，但其音容笑貌和交往的诸多轶事不时浮现在我的眼前，一个有担当、有品格、有情怀、有胸怀、有作为、有故事的男人，在赢得学界普遍敬佩的同时，也不时出现在我的心中，让我思考和学习，冥想和领悟。

哈尔滨的天气乍暖还寒，似乎还在提醒我记住那个夜色凉如水惊悉噩耗的夜晚，先生仙逝转眼就是一周年，噩耗带来的悲切已平移至炽烈的思念。看着黑龙江人民出版社 2015 年 12 月再版的《赤血残阳映黑土》译著中步平先生生前写好的序言《一人・一书・一世界》，在我的心中，充满了今世情的怀旧与来生缘的祈祷。

师长仙游思量愁，无以解忧，早春夜色，思绪如水，倚窗凭吊再添悲。

2016 年 10 月

（作者为黑龙江省社科院东北亚研究所所长、研究员）

怀念步平兄

刘爽

2016 年 8 月 13 日，东北地区中日关系史研究会理事长协调会议在大连召开。第二天与会同志到广鹿岛考察古文化遗址，在途中的汽车上，突然有人从手机微信上看到步平兄早上逝世的消息，并告诉了大家，因为步平是这个学会的原理事长，所以全车的人没有不认识他的。听到这个惊人的噩耗，大家都深感惋惜，为他的英年早逝嗟叹不已。而我作为与他有着 30 多年交往的老部下、老同事和老朋友，更是难过至极，悲痛不已。

还记得 4 月 1 日我去北京开会，我的导师于沛先生说步平身体不太好，应该去看看他，于是我立刻与步平通了电话，要与同行的几位黑龙江省社科院的老同志去看望他。他说治疗效果不错，现已出院，住在通州家里，路太远就不要过去了。听到他已出院，我稍许放心，想着最近如果再来京出差，一定要看看他。

一周后，我利用去北京参加会议之机，于 4 月 7 日下午与黑龙江省社科院历史所副所长梁玉多同志去同仁医院看望了他。那天他刚刚回到医院，接受新一轮的治疗。他详细地和我们讲了病情进展及治疗过程，看到他状态非常不错，我们也觉得轻松不少。为了不影响他休息，我们聊了半个多小时就握手话别了。临走时，他送了我刚刚出版的《日本靖国神社七问》一书。万万没想到，这竟成了我们见的最后一面。仅仅 4 个多月后，他就因病情急剧恶化突然离我们而去了。

我坐在礁石上，望着烈日下波光潋滟的大海，心里空空荡荡，一股莫名的痛楚袭入胸中，像巨石一样压得喘不过气来。在辽远的天海连接处，所有的景物都渐渐模糊起来，不知不觉中，我已是潸然泪下，许多似乎早已忘却的记忆又浮现在眼前。

最早知道步平的名字还是我在哈尔滨师范大学历史系读书的时候。当时的系主任王云老师曾和我提到过步平，说他是北京下乡知青，在历史系读书时很优秀，毕业后去了黑龙江省社科院历史研究所工作。我本科毕业后，考入省社科院研究生部俄国史专业学习。由于读研时要看大量东北地方史和沙俄侵华史的资料，自然与历史所的同志多有接触，大概在 1984 年前后就认识了步平兄。1986 年硕士研究生毕业后，我进入黑龙江省社科院《学习与探索》杂志社担任历史编辑，而当时的步平已经是历史所的副所长，差不多是社科院最年轻的正处级干部了。由于是历史编辑，自然与历史所交往较多，因而与步平有了更多的工作联系。从那时起，步平作为我的领导、兄长和朋友，对我的成长和发展一直给予关心和支持，对我的工作与学术产生了重要影响。

大概是 1986 年的 8 月，我参加了当编辑后的第一次大型学术活动——东北地区中日关系史研究会年会。在会上，步平介绍我认识了关捷、刘恩格、解学诗、王承礼等中日关系史研究的著名学者，引领我开始参与研究会的各项活动，以致在 20 多年后，我还担任了该会的副理事长。1986 年 10 月，步平参加了中国日本研究者代表团，赴日本进行为期半个多月的访问，从那以后，他的研究领域逐渐从中俄关系史和东北地方史，转向了中日关系史，特别是日本侵华史。步平是“文革”前北师大附中的高三毕业生，基础非常扎实，俄语也相当不错。而为了更好地开展中日关系史的研究，他在近40岁的时候又开始自学日语。经过几年的艰苦努力，他已经可以与日本学者自如交流，并能在国际学术会议上用日语发言。此后，他在中日关系史的研究领域不断拓宽，特别是在日本战争赔偿问题、侵华日军化学战问题、日本国内战争认识问题等方面，不断推出新作，发表独到见解，为中国抗日战争史的研究做出了贡献。

那时的步平风华正茂，踌躇满志。他对事业的执着，对学术的追求，对工作的认真，对生活的热情，感染着周围的同事，也成了我学习的榜样。黑龙江省社科院及历史所的老领导们，都非常器重他，重点培养他，因此他1992年4月即升任历史所所长。在我担任历史编辑期间，编发了他几篇有关东北地方史、中俄关系史和史学理论方面的文章。那一期间，他还主持编撰了《东北国际约章汇释》等历史参考资料，组织了多项研究课题。

在《学习与探索》杂志工作的10年，我从一名年轻编辑，成长为文史室主任，晋升为副编审。在工作中常常得到步平的指导、关心与帮助。步平于1993年6月被提拔为省社科院党委委员、副院长，在党委分工中，他负责科研、外事工作，联系科研处、历史所、西伯利亚所、东北亚所、情报所和图书馆等部门。担任副院长之后，他在繁忙的行政工作的同时，始终坚持搞科研，撰写了大量论文，出版了不少专著。那时的他，精力旺盛，不知疲倦，为社科院的科研管理及学术发展做了大量工作。

1996年，我从《学习与探索》杂志社调到省社科院党委（院长）办公室任主任，我和步平的工作交往就更多了。这一时期，他的行政管理和科研工作比过去忙多了。他锐意进取的工作态度，一丝不苟的治学精神，给我留下了深刻印象。应该说，他从一个普通的科研人员一路走来，直到担任副院长，始终把自己的科研工作放在重要位置。担任院领导以后，也从未间断过科研工作。这就使他终日工作高度紧张，时刻在思考着各种问题。他上下班时，手里从未空着过，不是拿着手提电脑，就是拎着一袋书籍资料。他是一位学者型领导，因此熟悉科研工作的规律，在争取课题、项目论证、学科建设、人才培养、成果评估等方面，见解独到，并往往取得事半功倍的效果。

1998 年，我由院办公室主任岗位调到科研处任处长，此后，步平成了我的直接领导。我们经常讨论全院科研工作的总体思路，各研究所和各学科的目标定位，基础研究和应用对策研究的相互关系等问题，在这些方面，我们的想法大多高度一致。有了我们之间长期的相互了解和工作的密切配合，全院科研工作取得了不小的成绩，全处的同志也感到心情愉快。

记得在 1999 年的夏天，科研处全体同志去海拉尔考察日军要塞遗址。步平是这方面的专家，并曾经指导海拉尔日军要塞博物馆的建馆工作，与当地的同志十分熟悉，于是我们请他一同前往。那次活动给我们大家留下了难忘的记忆。我们的孩子年龄相仿，小学毕业刚上初中，正值青春的花样年华，由于是暑假期间，把他们也都带去了。工作结束后，我们来到呼伦贝尔大草原。浓烈的下马酒，优美的祝酒歌，辽阔的大草原，蓝蓝的白云天，让我们心旷神怡，兴奋不已。步平与我们年轻人在一起，十分高兴，非常放松，丝毫没有领导的架子。傍晚，我们大人小孩围坐在篝火旁，把酒言欢，纵情歌唱，他的一曲《北国之春》声情并茂，深深地感染了我们，一行人成了其乐融融的大家庭。火光把人们的脸映得通红，在步平爽朗的言谈笑语中，充满了对大自然的眷恋，对美好生活的向往和对孩子们深深的爱。今天，当我们的孩子都已长大成人时，回忆起那次难忘的草原之旅，无不深情地怀念着他们的步大大。

步平任副院长后，为组织《东北沦陷14年史》的东北三省合作项目投入了较大精力。他曾多次约我一起去拜访李剑白同志（原黑龙江省委书记，曾兼省社科院第一任院长）。剑白同志当时住在哈尔滨市委大楼后面的独栋二层小楼里，年过七旬的老革命，虽已离休，但还是关注着国家改革开放的各项事业，关心着社科院的发展。我们每次去拜访，他都认真地听取步平的工作汇报，并对项目的规划与安排、经费与管理等问题，提出要求和建议，并会同原吉林省委书记于林、原辽宁省委书记李荒一起推进三省合作项目的落实。这些工作对后来抗日战争史的研究，对批判日本右翼势力都具有重要的意义。

那些年，我陪同步平多次接待了日本各界人士，通过步平的介绍我也结交了许多日本朋友。例如，日本新瀉大学法学部部长澀谷武先生、北海道大学斯拉夫研究中心的岩下明裕先生、积极倡导日中友好的山边悠喜子女士、著名摄影家相马一成先生、环日本海经济研究所所长吉田进先生等等。其中，澀谷武先生和山边悠喜子女士后来都成了我院的名誉研究员。步平接待日本客人的来访，从来都是热情周到、严肃认真的。他的国家情怀、正直真诚、历史担当、求真务实的风范和胸怀，赢得了日本各界人士的尊敬，许多人与他建立了深厚的友谊。在步平逝世不久，日本各界友人在东京举办了步平先生追思会，从他们充满深情的感言中，我们看到，这些人已经成了日本国内反对侵略战争、认识战争责任、维护日中友好的重要力量。记得在1998年2月，我陪同步平与相马一成先生一同前往东北烈士纪念馆，参加相马先生的摄影集《遗弃的毒气》赠送仪式。同时我院将由 50 名日本中学生签名的挂毯——“和平之树”也赠送给了东北烈士纪念馆。

2002 年 5 月 24—31 日，应日本创价学会会长池田大作的邀请，由院党委书记范洪才、副院长步平和我组成的黑龙江省社科院代表团赴日本进行友好访问和学术交流。范书记和我都是第一次去日本，而步平则多次赴日访学、开会，情况十分熟悉，为此次出访，步平做了大量的先期准备工作。代表团从进入日本到离开日本，全程由创价学会的分会负责人和翻译陪同，整个行程紧凑而丰富，所到之处受到各地创价学会成员的热烈欢迎。在东京创价学会总部，池田大作先生举行了隆重的仪式欢迎我们，我们也代表省社科院郑重地授予池田大作先生我院名誉研究员称号，并共同签署了科研与教学等方面的合作协议。访问创价大学时，在容纳上千人的大礼堂，全校学生身着整齐的校服，管弦乐团演奏欢快的乐曲，气氛十分热烈。范书记和大学校长作了热情洋溢的讲话，对中日这两个一衣带水的邻邦能够和平友好、共同发展充满希望。此后，我们又访问了大阪、京都、奈良和新潟，与日本教育、科研、新闻等各界朋友进行了广泛的交流。

2004 年，我博士研究生毕业后留在了中国社科院科研局工作，而步平也由黑龙江省社科院调入中国社科院近代史所任副所长，不久升任所长。中国社科院近代史研究所是全院最大的研究所之一，历史悠久，积淀深厚，大家云集，成果丰硕。能够担任所长，既要求有极高的学术地位和国内外影响，也要求有高超的科研管理能力。步平能从黑龙江调入北京，担任近代史所所长，说明他完全具备了上述能力和水平。这一时期，由于我们的工作都很忙，又不在一处办公，见面的机会反而少了。他利用多年来与日本各界交往的关系，充分发挥社科院近代史所更高平台的优势，迅速开拓了近代中日关系史的多个研究领域，在学术上有了更大的发展。他作为中方首席专家，主持了中日共同历史研究工作，出版了《中日共同历史研究报告》，并先后推出了《跨越战后：日本的战争责任认识》《靖国神社与日本军国主义》等力作，参与组织了中日韩三国合作编写的《东亚三国的近现代史》等工作。

由于工作需要，2008 年末，组织上调我回黑龙江，省委任命我为黑龙江省社科院副院长，主抓国际片工作。此后，我与步平见面的机会更少了，只是偶尔在电话中相互问候一下。2015 年，本来我们有许多共同参加会议的机会可以见面，比如在郑州召开的中国历史学会等等，但他都忙于纪念抗战胜利 70 周年的活动而未能参加。这一年是他最累的一年，就是在这一年的 11 月，他早就不适的身体终于支撑不住了，他才不得不走进医院，可是一切都已经太晚了。

步平逝世五天后，他的告别仪式在北京八宝山举行。我和黑龙江省社科院的朱宇院长、历史所赵儒军所长等 4 人于 8 月 17 日晚乘飞机抵达北京，代表他工作了 30 年的黑龙江省社科院参加告别仪式。8 月 18 日一早，天空灰暗，先是细雨蒙蒙，接着就下起了瓢泼大雨。8 点多，我们冒雨赶到八宝山。参加告别仪式的人络绎不绝，神色凝重。当我看到步平夫人颖辉大嫂时，我们难过得泣不成声。在人群中我看到了近代史所的老所长张海鹏先生。我和海鹏先生 10 多年前就已在黑龙江开会时相识，他知道我和步平是多年的同事和朋友。我们哀叹不已，都为步平的英年早逝而难过。他说：“唉！如果不是我那样极力地推荐他到近代史所工作，可能他还不会走得这样早。”这可能也说明，近些年来，步平确实是太累了。虽然他已离开领导岗位几年了，但是轻轻松松的、自由自在的晚年生活还没有真正开始。

雨一直在下着。我曾多次参加过告别仪式，但从来没有像今天这样，大雨滂沱，自始至终，似乎天公也在为步平的离去而悲哀。我看着步平那清瘦而安详的面容，突然感到他所未竟的事业实在是太多了，是永远也干不完的，于是，心底发出了轻轻的呼唤——步平兄！你可能真的该休息一下了。

大雨还在下着，不停地下着……

2017 年 4 月 5 日

（作者为黑龙江省社会科学院研究员）

没讲完的公开课

——悼步平先生

田苗　韩尉

在步平先生最后一年多的日子里，他一直担任着国家图书馆公开课《中国的抗日战争与日本的战后处理》的主讲人。2016 年 5 月 14 日下午，步先生来到国图，踏上了已告别几个月的讲台，录制了该课程的第七讲“反思与翻案——战后日本社会”。在大家面前，他神采飞扬、风度翩翩，但现场的观众并不知道，此时步先生已病入膏肓。让我们万万没想到的是，这一堂课竟成了步先生的最后一次讲课，竟成了史家之绝唱。

这门课是他的牵挂。

2015 年是抗战胜利 70 周年，国图公开课计划开设一门抗战主题课程，并邀请步平先生做这门课程的主讲人。步先生虽然肩负着大量的学术与社会工作，但在听了课程的立意和形式后，肯定了我们的工作并接受了邀请。

作为我国抗战史研究领域的权威学者，步先生十分看重此次能面向公众讲授抗战历史知识、中日历史问题的机会，并指出：要想正确地理解中国人民的抗日战争，不仅要从战争时期讲起，还要从战前讲起，并一直讲到当下。随后，他反复斟酌，查阅了大量资料，并在一直以来的研究的基础上，和国图公开课的策划团队多次商议，最终慎重决定了课程大纲，并将课程题目定为《中国的抗日战争与日本的战后处理》。

步先生担任了很多课题和研究项目的负责人，学术活动繁多，2015 年又是“抗战年”，面对排满的日程表，他只能挤出时间来备课，并尽力协调日程安排，保证课程的如期录制。尽管这样，课程的内容质量和学术水准丝毫没有降低。步先生总是能利用翔实的史料、丰富的历史图片，清晰而深入浅出地阐述每讲的主题，并在交流互动中耐心详尽地回答现场观众的每个问题。步先生以他渊博的知识、儒雅的风度和亲切、平等的态度，征服了到场的每一位观众。

这已经不是步平先生第一次支持国图的工作了。步先生曾先后多次应邀来国图做讲座，并指导国图抗战史料建设的相关工作，担任国家图书馆出版社出版的《抗日战争史料丛编》的主编。

在担任国图公开课的主讲人之后，步先生得知我馆的中国记忆项目一直在进行抗战口述史料的采集与建设，便主动引荐民间学者，促成史料捐赠，还推荐中国记忆项目申报国家社科基金抗日战争研究专项工程的课题。2016 年是九一八事变 85 周年，中国记忆项目中心的同志们从 2015 年开始便着手整理抗联战士的口述史料，并汇编成书《我的抗联岁月——东北抗日联军口述史》，计划 2016 年出版。步先生愉快地接受了我们的请求，为本书作序。但遗憾的是，他没能看到这本书的出版。

步先生患病后，由于需要住院治疗，课程的录制中断了一段时间。但他始终惦记着这门课，即使在最后的日子里，他仍然惦念着他的工作，还努力抽出时间准备讲义，并一直希望能再次回到讲台。

在步老师去世的前一天，我们去看望了他。在他的目光里，我们看到了牵挂，也看到了坦然。牵挂的是史家未竟事业，坦然的是他为学术、为历史、为民族毫无保留的奉献与热爱。在步先生身上，我们看到了知识分子、中国史家高尚的人格：铁肩担当，胸怀坦荡，追求真理，淡泊名利。

“顾此耿耿在，仰视浮云白”，步先生离开的那天，雨后的天空格外的蓝。我想，也只有无愧于使命、无愧于责任的人，在离开的时候才能享受永恒的平静。

步平先生的公开课没有讲完，也不会讲完。步先生用他的如椽之笔，书写了中华民族从屈辱到尊严，从苦难到复兴的伟大历史。我们也将继续他的追求与抱负，将他的思想作为我们的基石，将他的品格作为我们的灯塔，矢志矢勇，奋发前行。

2016 年 8 月 17 日

（作者分别为国家图书馆社会教育部中国记忆组组长、副组长）

我与恩师步平先生

武向平

东渡初相见，厚意不记年。
白发织日月，深恩留世间。
新枝初长成，松高白鹤眠。
独立天国去，思忆泪不干。

（一）新潟与先生相识

2009年6月，我获得日本国际交流基金项目“中日满铁研究现状和比较”资助，赴新潟大学进行有关满铁资料的整理和研究。当年11月，新潟大学举行了关于满铁研究的国际学术研讨会，先生作为特约嘉宾参加了会议。我受芳井先生委托，负责先生和东北师大曲先生的接待工作。记得那是个新潟非常少有的晴朗的天，上午与芳井先生去机场接回曲先生之后，心里就一直盼着先生的到来。将近傍晚，先生从东京乘坐新干线来到了新潟。我和宋芳芳、陈祥一直在新大会馆等待。高大、温文尔雅，这是先生给我留下的第一印象，也是最难忘的印象。

那次会议，先生除了关于中日两国人民对战争的记忆的主旨发言外，还作为点评嘉宾对发言者进行现场点评。我当时发言的主题是关于长春满铁附属地的问题。当时先生问我知不知道满铁还留下了3000多册的剪报，他还告诉我这批满铁剪报只有一份，保存在近代史研究所，是当时满铁调查部将世界各地的报纸按照经济、政治、军事、外交、文化等分类剪辑而成。听了先生的讲述，当时就想一定要来所里看看这批宝贵的资料。

（二）有幸成为先生的学生

2010 年 4 月，回国还不到两周，我就向院里打报告要来近代史研究所做访问学者，但院里考虑到我是在职人员却需要长时间去北京学习，最终没有同意我的要求。后来，经过与院领导的多次沟通，领导最后同意我来近代史研究所做在职博士后。当时怀着无比激动的心情，给先生写了一封很长的信，希望先生能够做我的博士后导师，研究主题是满铁与国联调查团。先生在回信中告诉我，近代史研究所的每位进站博士后都要经过所里学术委员会的严格答辩，条件具备了才可进站。我反反复复把先生的回信读了数遍，暗下决心一定不能失去这次求学的机会。后来，几乎是一年时间，我把满铁资料馆有关的原始文献，以及从日本带回来的资料进行系统整理和研究，并结合日本亚洲历史资料中心的相关内容进行对比，完成了研究报告的框架构建。

2011 年 5 月，我接到所里发来的博士后面试通知。当时非常激动并紧张，同时也很担心自己求学的愿望不能实现。第一次坐了直达首都的火车，一夜无眠。第二天下午，我与众多的求学者一起面试。当轮到我阐述研究内容时，最初紧张得不敢看每位先生的眼睛，幸好提前一年做了大量的功课，最后使自己研究的题目和内容被诸位先生认可。在返回长春的途中，当我接到席老师发来的被录取的通知时，泪水模糊了视线。经过了两年多的努力，我终于幸运地成了先生的学生。

（三）我又有了一个家

如果说在东北师大 6 年的硕博学习，使我有了一双在学术的蓝天里飞翔的翅膀，那在近代史研究所博士后流动站的三年生活，则使这双翅膀更加坚强有力。

青年论坛，让我真正懂得什么才是培养大师的地方。人们常说，守着大师就是进步。在所里三年的学习，我不但得到了先生及诸位大师的教诲，更为幸运的是参加了所里 2012、2013 两届青年论坛。在我看来，那是近代史研究所几代传承下来的培养大师的法宝。每次会议结束，我都要写近万字的日志，记录论坛的心得，对比自己研究与所里年轻学者间的不足与差距。也正是通过青年论坛，我与所里的诸位大师有了近距离的接触，并与罗敏、志民、中军、永恒等青年学者有了交流和沟通，让我时常反思自己研究的不足。

这一切都得益于我做了先生的学生，有幸成为近代史研究所博士后流动站的一名学生。近代史研究所是我的家，我愿意常回家看看，聆听诸位大师的教诲，与青年学者探讨交流。

（四）严格的专业指导

2012 年 4 月，由于老家发生了变故，几乎是将近大半年我都没有顾得上看一页资料。眼看着离出站的时间不多了，经过激烈的思想斗争后，我向所里提出了延期一年的出站申请，并向先生提出是否可以把出站报告的字数减为 15 万字左右。当时，先生告诉我仅 15 万字不可能把出站报告写得很好，搜集的资料也不可能在报告中全面体现。最后先生还嘱咐我既然延期一年了，那就静下心来好好做吧。听了先生的教诲，心里很惭愧，当初那么执着地想来所里做博士后，怎么可以就轻易地放弃初衷呢。接下来的时间里，我没日没夜地梳理那些原始资料，又重新把报告的框架进行凝练。2013年底，完成了近26万字。2014年7月，顺利通过出站答辩。当一个人坐上返程的火车时，我心里长长地舒了一口气，因为我交了一份自己较为满意的答卷。在近代史研究所三年的学习时光，使我收获了一笔不可计算的财富，它将一直伴我在研究的道路上前行。

（五）先生给我留下的最后文字

出站答辩不到3个月，席老师发来了申报博士后文库的通知。我便向先生写信说明情况，先生告诉我可以一试。在先生的鼓励下，我向博管委员会提交了申请。2015年3月，我的研究报告入选中国社会科学院创新工程学术出版资助项目，入选第四批博士后文库。让我无法忘怀的是，在抗战胜利70周年，先生不但要忙于各种学术会议及写作，还在百忙之中为我细致修改书稿，并就研究中的问题进行批注。2015年6月23日，先生为书的出版作序。先生写道："作为博士后研究报告，这一成果不仅仅是提出了一个观察问题的角度，而围绕满铁与国联调查团，仍有大量的问题需要深入研究。希望武向平的这一研究能够引起学界的关注，从而使相关的研究更加深入。"我知道，这是先生又给了我新的目标，让我在已有的基础上继续研究。然而，让人痛心的是，那竟成了先生留给我的最后的文字。

（六）满铁研究殷殷嘱托

从2015年1月开始，我一直忙于满铁研究中心的筹建工作，期间多次给先生写信、打电话咨询有关事宜。先生反复强调一定要做好这批满铁资料的保护工作，数字化是发展的大趋势，也建议要建立一个专门研究机构来负责满铁资料的整理和研究。我心里知道，先生收我做他的学生，就是希望我能够好好地做好这批满铁资料的整理和研究工作。

2016 年 3 月初，我在电话中与先生沟通时，先生淡定地说了自己的病情。我当时一听，觉得这不是真的，因为先生给我的印象是非常健康的。撂下电话后，我马上给志民师兄打电话问是不是真的，当听到志民师兄说他已经知道很久了的时候，整个人都呆住了。

3 月 14 日，我坐了一晚上的夜车，第二天便匆匆赶到所里。将近中午，我与志民师兄、小马师妹，由席老师亲自驾车去了先生家里看他。先生依然温和地微笑着，除了清瘦许多外，并没有太多的变化。期间，先生还与小马师妹说 7 月份在杭州的会议他也要参加。我当时心里想，先生不会有太大的问题的。临行前，先生又嘱咐我一定做好满铁资料的整理和保护。我一直默默地点头。

接下来很长一段时间，我经常给志民师兄打电话，询问老师的病情。3 月，先生又给我发来两封信，给我打了一次电话，问我是否调查过包括美国、日本在内的满铁调查报告书大体有多少册。先生还告诉我满铁剪报即将由国家图书馆出版社正式出版，他受殷梦霞副社长的委托，为其写推荐信，并拜托我恳请解老也帮着写一封推荐信。我一面帮着先生查阅统计记录，一面与解老进行沟通，并将最确切的数字告诉先生。当时，我也劝先生多休息，不要再劳累了，先生总是笑着说很快就完成了。我知道，先生总有做不完的工作，先生总有未完的心愿。

接下来的一段时间里，每次与师兄通电话，得到的都是一次比一次不好的情况。我心里很着急，也不敢给先生打电话，只是心里默默地祈祷先生一定能够挺过这一关。8 月 13 日下午，师妹突然打来电话，告诉我先生已经处于深度昏迷状态。我赶紧托朋友买了去北京的火车票，但还没有等到启程，8 月 14 日清晨，师妹再次打来电话告知先生已经不在了。听了师妹的消息，我知道这一切都是真的，可这一切都似梦里。

屈指数来，先生已经走了大半年，给世人留下的是太多的惋惜与哀叹。作为先生的弟子，唯有把满铁资料整理和研究这项工作做好，才是对先生最大的回报。

弟子武向平 2017 年 4 月 20 日书于长春家中

（作者为吉林省社会科学院满铁研究中心常务副主任、研究员）

无尽悲伤、无限遗憾

——怀念我的导师步平先生

马晓娟

时至今日，我依然清晰地记得我的导师步平先生离开的那一夜，病房窗外忽然传来阵阵婉转又有些许悲凉的胡琴声，就仿佛上天知晓了守在床前的我们的不忍，为先生弹奏了这送行的一曲……然而时至今日，我依然不太相信步平先生已经离我而去。他爽朗的笑声、和气又透着学者所特有的认真的面容、他的慈爱、他的严厉、他的固执、他看到新鲜玩意儿时流露出的孩子气……不时跃现在我的脑海中，依然那么生动，仿佛就在眼前。

老师离去后，我一直没有动笔写悼念的文字，原因是实在不知从何写起。每每想到这位既是老师也如父亲的逝者，我唯有一双泪眼，对着屏幕，无语凝噎。

2006 年底，我作为中日两国政府项目中日共同历史研究的秘书跟随老师一起工作。那时的他虽然已经快到花甲之年，但仍然带着满腔的热情投入到这个在当时对院和所都有重要意义的课题中。那时，中外学者，几乎所有认识他的人都评价说步所长真年轻啊。他坚信这个课题会对中日关系起到积极作用，并且坚持在这项工作中，要超越政治与情感，要以学术的角度，客观研究中日间的历史问题。然而，在开展共同研究的过程中，他遇到各种各样的困难、阻力，有些是意料之外的。斡旋在各方之间，撰写一个一个的报告，甚至从一个健康的人到急出高血压，晕倒在办公室。我清晰地记得，他几次和日方交涉都很困难，一次在东京酒店的大堂，众目睽睽之下，对方勃然大怒，拂袖而去，他则只能苦笑对之，再想办法。“为国受辱”也不过如此了。最后，老师顶着巨大压力，平静、坦然地面对中外记者，公布共同研究的成果。他为坚持客观、学术的原则尽了最大的努力，问心无愧了。

很多人熟知老师是因为他是政府间中日共同历史研究的中方首席委员，其实他为中日民间的交流更是做了大量工作，耗费了无数心血。比如联络中日韩三国学者和市民团体，编写共同历史教材；每年举办讨论历史认识与东亚和平的中日韩三国论坛、组织三国青少年参加的历史体验夏令营；调查日本遗留在中国的化学武器；为民间团体就强制劳工和慰安妇问题起诉日本政府及企业提供帮助；组织中日医生间的交流，反思医生的战争责任；参加中国香港、加拿大等地反对日本右翼的民间组织的活动；以个人身份联络曾经参加中国抗战的日本老人，耐心地和他们交流；到各地为一般市民作免费的关于中日关系的讲座；临终前还拖着病体坚持给国图讲堂录制课程等等，数不胜数。他做的这些工作劳心劳力，缺少经费，又几乎得不到学术界的认可。有位前辈学者曾评价他说：“步所是个有理想的人，他能为了理想而工作，我虽然也有理想，但我做不到他那样。”

诚然，老师是理想主义者，但对待工作他又是那样的务实。他几乎把所有的时间和精力都放在了工作上。每次出差，永远是飞机一起飞或者火车一开动，他就拿出笔记本电脑开始忘我地敲打文字。每每会议之后，其他人外出散步，放松一下的时候，他总是自律地把自己关在房间，或整理一天的会议资料，或继续完成其他工作。

他对自己要求格外严格，除了工作，几乎没有娱乐。身上的衣服、鞋子，都是穿了多年的旧物，有时我们忍不住提醒他该换件新的了，他总是笑笑，依然如故。他对人却是特别宽容、和善，充满信任。有一次在机场，有人跟他说没钱买机票回不了家，他毫不犹豫就替人付了钱。虽然后来知道是被骗了，他也不懊恼，仅把此事当一笑谈。他在60岁考取驾照后，就经常自己开车上下班，并且经常捎带顺路的同事。有一次坐他的车，一辆大公交车想并道过来，我们都催促他快开不要让，可是他却减速让了过去，然后对我们说："我一般都会让公交车，因为人家一车的人肯定有比我着急的。"

老师追求理想，坚持原则，为人谦厚正直，不改初心；为学实事求是，不畏权势；为官平易近人，不求名利。老师在我心目中的高大，是文字概括不了的。对作为学生的我，他关心爱护，但有时也发火呵斥。于我来说这却是十分幸运的事，因为他在人前很少生气，更不会发火，而我是得到了女儿般的待遇了吧。我对老师的敬爱，对他离开的无尽遗憾、怀念，也是文字形容不了的。

老师，您劳累一生，在病床上仍为工作操心，为中日关系的前景担忧。这些年您四处奔波，没有时间陪伴家人，能寻得的与家人的合影寥寥无几。然而正直善良、坦荡如您，也难免不被理解。现在您终于可以安安静静地休息了，纵然我们是千万分地舍不得您，还是祝愿您一路走好。举行告别仪式那日，您的故乡罕见地降下瓢泼大雨。卞修跃先生的诗作得好："先生超然向西行，忍留朋辈放悲声。长天倾尽银河水，为君洗却路上尘。"

2017年4月

（作者为中国社会科学院近代史研究所助理研究员）

天地同悲送恩师

——步平先生送别仪式侧记

徐志民

2016 年 8 月 18 日晨，我怀着无比沉痛的心情，前往八宝山殡仪馆兰厅送别恩师步平先生。阴沉沉的天空乌云密布，淅沥沥的秋雨时缓时急，似乎是上天对史学界痛失柱石的悲伤与惋惜。雨水顺着地面冲积沟汩汩地流淌，似乎是大地对步平先生过早仙逝的悲鸣与呜咽。思着恩师对我这样愚钝的学生不吝教诲，对我提出任何幼稚问题都不厌其烦地解答；想着恩师对世事的豁达与纯真，教导我们勤奋苦干、低调为人；念着恩师对我这样的“上京者”在生活上的关心与照顾，尤其是我出差或事情紧急时，多次将女儿托付恩师与师母照料……往事历历，雨泪交织，悲痛不已。

一路泪眼蒙眬，一路思绪如飞，一路跌跌撞撞地走到兰厅大门前，尽管为时尚早、崩云屑雨，却已有不少人到了。中国外交部驻长崎前领事李文亮，早早地守候在兰厅大门口，悲伤地说要送“步平兄长”最后一程。我们整理挽联时，他在一旁也默默地捋顺挽联，表达对“步平兄长”的敬重。恩师生前曾工作 26 年之久的黑龙江省社会科学院的朱宇院长早早地来了，神情悲伤、凝重，送别自己的老领导、好朋友。年届 77 岁的中国社会科学院学部委员、中国史学会原会长、近代史研究所老所长张海鹏先生也早早来到兰厅，送别步平先生。这是学界同仁对恩师学术造诣、人品道德的敬重，对其不幸仙逝、宏志未酬的惋惜。中国社会科学院离退休干部工作局局长刘红，代表中国社会科学院领导，向为中国近代史学科建设和近代史研究所发展做出重要贡献的步平先生致以最后的送别。恩师分散于各地的学生，悉数提前到京，慰问师母，送别恩师。

兰厅门外聚集了越来越多的送行者。他们要共同为这位在中俄关系史、日本侵华史、抗日战争史、中日关系史等诸多领域做出重要贡献，为建立跨越国境的历史认识与促进东亚各国友好合作做出不懈努力的历史学家送上最后的祝福。恩师生病住院期间，近代史研究所的领导、同事与朋友纷纷探望，安慰鼓励，提供各种帮助，祝愿恩师战胜病魔，重回学术研究第一线。全国各地的学界同仁、外交官员、出版编辑、传媒记者等，多次探望恩师病情，期望他早日康复。毛里和子、吉田丰子等日本学者亲赴北京慰问恩师，一些日韩学者还纷纷致信慰问。这位同事眼中谦和、低调、诚恳、认真的领导，这位学者眼中知识渊博、客观理性、平易近人的良师益友，这位兄弟眼中有情有义、儒雅谦逊的大哥还是走了。噩耗传来，痛哉哀哉！日本三大报之一的《朝日新闻》当日予以报道，在日本学界、政界、外交界引起震动。早稻田大学教授毛里和子认为步平先生是“连接中国与日本研究者的桥梁”，他的离世不仅对日中学术交流，而且使日中关系全局都“感到一缕落寞与彷徨”。8 月 15 日，日本外务大臣岸田文雄发来唁电，指出步平先生为增进日中两国在历史问题上的相互理解做出了“巨大贡献”，缅怀其“丰功伟绩”。日本学者、官员、外交人士与中国各界人士一样早早来到兰厅门外静候。

兰厅内的贵宾休息室，中日韩三国来宾分别慰问极度悲痛的师母。中国社会科学院近代史研究所党委书记周溯源、所长王建朗、副所长金以林等，代表单位高度评价恩师对近代史研究所建设与发展做出的积极贡献，对其不幸逝世表示惋惜，向家属致以诚挚慰问。日本驻华大使横井裕称步平先生为“尊敬的前辈”，为其高尚的人格与品德，以及莫大的魅力和远见卓识所感动，认为他在日中关系史研究方面留下了不朽功绩，为促进中日两国国民的相互理解、日中关系发展做出了不懈努力。日中共同历史研究日方首席委员北冈伸一，回顾了与步平先生一起开展日中共同历史研究往事，称“如若没有步平先生的巨大贡献，或许就不会有双方逾越困难达成最终报告书之结果。这一富有意义的成果，必将成为今后日中共同历史研究的基础，以及肩负两国未来的下一代人的航标”，祈愿步平先生冥福安息。韩国亚洲和平与历史教育连带原常任运营委员长梁美康、常任代表安秉佑，以及韩国成均馆大学教授金志勋，非常感念恩师为中日韩三国每年轮流举办“历史认识与东亚和平”论坛，以及共同编写历史教学辅助教材所作出的努力，对其逝世深表悲痛与惋惜，“坚信步平先生的理论主张、学术成果和经验，将会为开创东亚辉煌的未来发挥积极的引领作用”。

恩师淡泊名利的人格、勇于承担的风格、大度包容的性格与长期致力于东亚历史“和解”和友好合作的努力，赢得了海内外各界朋友的信赖与支持，具有广泛的社会影响力。学生们深受恩师教诲与影响，尊之“为学师表，做人楷模”。出版传媒界的朋友，敬之“学术巍峨比山尊，为人谦逊师圣人”，体现其人品高洁、道德文章。北京大学历史学系教授徐勇惊闻恩师仙逝，痛呼“学界折一柱梁，个人去一挚友”。8 月 16 日，日本华人教授会 30 余名教授，联名发来唁电，对恩师辞世“万分悲痛”，指出：“步平先生是中日关系史领域知名学者，为推动该领域的学术发展做出了重要贡献。他又是中日共同历史研究的中方负责人，在坚持尊重历史史实的基础上为澄清历史的真实，坚持和宣传中方历史见解，推动官方和民间学术交流，做出了巨大贡献。”京都大学人文科学研究所石川祯浩教授悲痛地说：“步先生的离世不仅是中国近代史学界的损失”，而且使“我们失去了一位至诚的、深知日本的同事”。东京大学史料编纂所、明治大学、创价大学、日中友好协会、NPO731 细菌战资料中心、日本殖民地教育研究会、ABC 企划委员会、NPO 中归联和平纪念馆、笹川和平财团、日本财团等组织或个人，纷纷发来唁电或挽联，对步平先生逝世深表哀悼。中国外交部部长助理孔铉佑指出：“步平同志……长期致力于中日民间外交和学术交流，特别是担任中日共同历史研究中方首席委员期间，为中日关系改善和发展做出了积极贡献。”

哲人其萎，天不假年，绛帐空悬，哀乐低回。恩师面色从容，静躺在鲜花翠柏丛中，身上覆盖着鲜红的中国共产党党旗，枕边放着先生最后出版的一部著作《靖国神社七问》，周围是家属至亲、弟子门生、各个单位（机构）与个人敬送的花圈、挽联。其中，“沉痛悼念步平同志”一联：“温厚刚毅，智虑忠纯，堪为学人作楷模；壮志未酬，驾鹤早征，痛哉史林失柱石。”颇为准确地概括了恩师的一生。300 多位中外各界人士心情沉痛、面容悲伤、哽咽涕泣，他们缓步来到恩师遗体前，肃立、鞠躬，依次瞻仰恩师遗容，然后与恩师亲属逐一握手慰问。他们中有恩师的高中同学、知青战友、大学同学、学界同仁、同事朋友、政府官员、军人战士、学生弟子、外国友人。其中，日本友人南村志郎、南村惠理子夫妇已年过八旬，不顾年迈体弱，坚持到八宝山为这位中国老友“送行”，且口中喃喃自语，泪流满面，令人动容。恩师的日本学生斋藤一晴，原计划携新婚夫人拜见老师，却不料这一见竟是在老师的送别仪式上，不禁失声痛哭。社会科学文献出版社总编辑杨群，饱含悲泪送别先生后，不忍如此诀别，又与恩师的中国弟子们再次送别。一次次送别，一次次涕泪交流。

送别仪式结束后，从各地匆匆赶来的送别者依旧络绎不绝，学生们聚集在灵堂外更是久久不愿离开。难道恩师就这样永远地离开了？真是不敢相信。多想再送恩师一程啊！再待一会儿吧，再待一会儿吧……或许恩师正在“望乡台”看着我们呢？我们几个学生神情木然地喃喃着，泪水禁不住又模糊了视线。我们似乎看到了恩师慈祥的笑容，似乎听到了恩师的谆谆教诲，甚至感觉那么真切——有继续开展中日民间共同历史研究的部署，有继续举办“历史认识与东亚和平”论坛的筹划，有中日韩三国学者续编历史教学辅助教材的建议，有撰写恩师与日本友人交往故事的设想，有促进中日两国国民相互理解和东亚各国友好合作的历史责任……还有很多很多恩师未竟的事业。弟子不才，唯愿沿着恩师开辟的道路奋勇前进。忽闻雷声低沉，抬眼望去，却只见风雨潇潇，草木如泣，恩师去矣，恩哉痛哉！

附录：

8 月 18 日怀念恩师步平先生

风雨潇潇云锁眉，
草木含泪人更悲。
仙师驾鹤远游去，
几番梦里故人回。

2016 年 8 月 18 日

（作者为中国社会科学院近代史研究所副研究员）

纪念文章

中外学者

他影响了中国人的“日本观”

——步平先生学术情怀

马勇

2016 年 8 月 18 日上午，秋雨萧瑟，绵绵不停，平日里拥挤不堪的八宝山公墓在雨中显得格外安静、空旷、肃穆。只有近代史所及其相关单位数百人来到这里，送敬爱的步平先生最后一程。

《博览群书》获知步平先生不幸辞世的消息后，约我就步先生的学术贡献写篇短文。步先生是我的老领导，但个人交往并不太多，主要是研究领域相距稍远，因而谈步先生的学术我并不是合适作者，我愿意就个人理解谈点认识，以寄托我的哀思。

步平 1948 年生于北京，名门之后，具有很好的知识背景。1967 年，随着时代大潮，离开北京，前往北大荒。1973 年进入哈尔滨师范学院历史系读书。1978 年进入黑龙江哲学社会科学研究所从事历史学研究，长时期担任行政领导职务，直至黑龙江省社会科学院副院长。2004 年，步平从黑龙江社会科学院副院长任上调任中国社会科学院近代史所副所长，很快转任所长，兼党委书记。2011 年卸任。

我认识步所长的准确时间记不得了，但肯定在 2004 年前。记得那时他带着黑龙江社科院边疆史地团队的几位朋友来北京办事，应该是在社会科学院边疆史地中心开会，或其他公干。偶然的机会，我们在报房胡同一个当年生意很好的小餐馆相遇，一大桌朋友聊了很久，但那时根本想不到后来会成为同事。

步平以外来背景出任近代史所所长，迅即用自己的坦诚、能力赢得了同人的信任。在他主持所务几年间，近代史所大致风平浪静，各得其所，研究所整体实力也有很大提升。

就个人涵养而言，步所长温文尔雅，和颜悦色，从来没有见到他发火，甚至蹙眉。与其交谈，不论公私，他总是静静专注听着对方，然后坦率表达看法，提出中肯意见。在过去十几年，我与步所长交往算不上密切，但因工作等各方面关系，也曾有过数度聊天。记得几年前我们在台中一起参加一个会议，由于会议住处很封闭，晚上我们有几次谈到很晚。谈的什么事情已经不记得了，但留下的记忆是愉快、舒适，是交心，是坦诚。在步平去世后的这段时间，一些同事、朋友已发表很多这方面的回忆，较一致的是，都被步平所长的人格魅力所感染，也都或多或少受到过步平所长的帮助。

在东北工作时期，步平长时期从事边疆史地、中俄关系、中日关系，尤其是日本化学战、毒气战研究，其成果见识，无人出其右。他在这些领域中的作品，如《日本侵华战争时期的化学武器》《毒气战》等，有书证，有实地考察报告，资料翔实，论证严密，均属经典之作，影响巨大。

在调入近代史研究所前后，步平的研究重点转向东亚诸国历史叙事重构、日本教科书问题，特别是他推动、主持的中日共同历史研究，对中日关系改善，对重构现代理性，对中国社会健康发展都具有潜移默化的积极作用。步平先生在这些方面的具体贡献已有参与共同研究项目的专家作了介绍，而我感到最有启发的，则是步平先生不断重申的历史观，以及他的研究、著述、言说中所体现的现代理性。

根据步平的看法，日本在近代历史上确实对中国犯有“侵略”罪行，日本社会也确实存在否认战争罪行、鼓吹军国主义复活的言论。但是，步平通过对历史事实的研究，特别是通过对日本社会现状的观察，一再告诫国人一定要注意日本在过去几十年的发展变化，在日本，否认战争罪行、鼓吹军国主义，否认南京大屠杀，以及极端右翼的诸种思潮，有，但属于可以理解的非常少的少数，并不构成日本社会主流。日本社会绝大多数人对日本几十年前对中国犯下的战争罪行并没有否认，特别是经过几十年民主化改造、现代转型，日本社会主流对战争的反省，对亚洲和平、世界和平的期待，都有值得肯定的地方。中国人如果看不到日本社会的主流，将枝节作主流，最终耽搁的一定是中国而不是日本。步平谆谆告诫各位关心中日关系的朋友，第一不能将现在的日本人等同于几十年前的“日本鬼子”。今天的日本与70年前的日本已有根本区别，如果我们中国人不能看到这个区别，那么很多事就不好办了。第二，所谓“中日必有一战”主要应该是经济上的竞争，中国应该利用几十年增长的基础更上一层楼，让中国经济真正成为东亚经济增长的引擎。同时，中国必须汲取历史上的经验教训推动改革。中国现在已经是大国，如果还抱着复仇心态、弱国心态，那就很危险，因为民族主义是一把双刃剑，民族主义既是一个国家外交的民意基础，但也很容易演变成绑架政府、加速战争的非理性力量。一个强大、理性、现代的中国，是亚洲乃至世界和平的保障。中国已经逐步强大，又是联合国五常之一，负有大国责任，也有很多必须履行的国际义务。所以，中国人在意识深处不能老盯着自己的一亩三分地，要有大眼光、大视野，要放眼全球，看清人类的未来。

在谈及日本历史教科书时，在过去十几年，我无数次听步平强调的一个核心观点，是我们一直强力反对的扶桑社教科书，在日本教育体系中并不占主流。一方面因为日本是一个多元社会，政府既不能垄断历史书写，也不能干预历史书写，并没有全国统一的历史教材，文部省虽然有权审定教材，但教材的编写主要靠竞争。我们老批评日本的右派教材，为什么忽略日本还有更多的，甚至是大量的进步教材呢？右派教材，否认战争历史教材，在日本这样的多元社会不可能完全绝迹。扶桑社 2001 年出版的那本教科书确实有否认“侵略”的言论，具有极右倾向，但是这本教材在日本全国实际采用率只有 0.039%。换言之，这本教科书的发行量、使用者，在日本全国不过 600 本。日本社会主流，根据《读卖新闻》《朝日新闻》调查，70% 以上日本人都认可日本曾经“侵略”中国的历史事实。以 1997 年的日本史教科书为例，在 23 种高中历史教科书和 7 种初中历史教科书中，几乎全部都介绍了南京大屠杀、慰安妇等内容。我们中国人不应该用陈旧的眼光，用有色眼镜去看日本，不仅要看到日本总有个别民族主义、种族主义狂人等叫嚣、乱语，更要看到日本社会的理性、友好，看到日本的历史教科书实际上处于一个不断“改善”的过程，而不是“改恶”。步平不厌其烦一再告诫国人在中国经济快速成长的同时，重构我们的历史观，要在尊重历史事实前提下，重建开放、包容的大国心态，一定要走出“大国小民”精神误区。中国不仅要成为世界上的经济强国，而且要随着经济增长，为亚洲、为全球提供健康的精神、文明。

靖国神社问题，也是步平长时期的研究重点。他对靖国神社由来、演变，在日本社会的功能，都有清晰的学理分析，具有充足的学术依据，更详细的说明见于他的《阴魂萦绕的祭场：靖国神社与日本的军国主义》一书。

在步平生命的最后十几年，他的主要精力用于东亚三国历史、中日共同历史研究上，在策划、组织方面投入了外人无法想象的精力、时间。从大历史视角观察，步平推动、介入的这项工作必将造福于东亚、亚洲，乃至世界。就人类历史、中国历史、亚洲历史而言，共同的历史言说，相互接受、理解的历史叙事，是和解的前提。推动共同历史研究，就是在理清历史事实基础上寻找共同的可以相互接受的认识。对于暂时无法取得共识的历史问题，步平一直主张由历史学家进行研究，弄清事实，让事实说话。步平深知中日关系敏感脆弱，因而他一再强调在谈论中日共同历史时，一定要注意区分政治、感情、学术三个层面。这三个层面犹如三个彼此交叉而又不重合的圆，互为联动，互相牵制促进。学术层面如果获得实质性进展，将许多历史问题讲清楚，就一定会对政治判断、民众感情给予积极影响。政治层面，如果政治家遵守诚信，尊重学术研究，尊重学者意见，不随便讲话，不信口开河，那么也一定有助于社会层面的互信，有助于培养中日两国永远不再战的民意基础，为东亚和平提供长远保障。

步平40年阅读思考，行政、科研双肩挑，在繁忙的行政事务之余，透支生命写下了大量极具影响力的作品。几年前，步平从领导岗位退了下来，开始学术生涯的巅峰期、收获季，进入一个写作黄金时期，集体的、个人的作品都进入一个出版高峰。然而一场突如其来的恶疾夺去了他宝贵的生命。68岁，对于历史学科的学者来说，委实太年轻。这本是一个开花的季节，却提前凋零。天不假年，步平先生匆匆走了，壮志未酬，留下无限遗憾。

附记：这篇短文是作者应《博览群书》要求写的“急就章”，刊发于该刊2016年第10期。

（作者为中国社会科学院近代史所研究员）

步平先生点滴杂忆

王奇生

和步平先生相识，大约是2002年在南京大学召开的一次民国史学术研讨会上。只记得他当时评论我的论文，具体的情形已记不起来了。

2004年7月，步先生调入中国社科院近代史研究所出任所领导。在此之前，消息已经传出。当时所内同仁对即将到任的新领导大体抵制者多，拥护者少。抵制的原因主要不是个人恩怨与利益考量。当时所里多数人并不认识步平先生，对他的研究及为人所知有限，主要是身为“国家队”的优越感，不大瞧得起来自地方社科院的人。记得所里一位老先生说，步平来就任，无异于将自己置于火炉上烤。其实不仅近代史所的人，当时所外同行听到步平先生将任近代史所所长的消息也多表诧异。如今回想，步平先生当时在这样一种氛围中就任，是需要相当勇气的，工作开展之不易也不难想象。

出乎意料的是，步平先生就任一年多之后，所里同仁渐渐觉得这位所领导为人亲和，处事公正，并且有担当，也不乏决断力，不拉帮结派，能听取各方意见，加之用人得当，所里行政、科研工作推展顺利，他很快得到全所多数的拥戴。这一变化在外人看来也许不容易，但步平先生似非刻意为之，一切更像顺其自然，却达到了润物细无声的效果。

步先生任内，曾一度想让我担任台湾史研究室主任。考虑到专业兴趣，我没有接受，有点辜负了步先生。和步先生合作最愉快的有两事：一是参与他主持的中、日、韩三国学者共同编写东亚近现代史的第二期计划。虽然最终成果不过是上下册的《跨越国境的东亚近现代史》，但三国学者持续 6 年、多达 14 次会议的交流互动，个人的收获其实远比最终的集体成果大得多。中国团队由汪朝光、金以林、李细珠、荣维木、马晓娟和本人参与，步平先生牵头，轮流在三国开会研讨，每次研讨都要三种语言转译。就效率而论，最终的产出，与时间精力的投入相比，实在有些不划算，但三国学者坐在一起对话，从最初的激烈交锋，到最终达成初步共识，过程充满争议，却相互让对方了解了各自的看法与思考，并从他者的视角反思自己的立场，是非常难得的体验。出乎意料的是，三国学者的看法，分歧最大的往往不是中、日学者之间，而是日、韩学者之间与中、韩学者之间。尤其当日、韩学者闹得不可开交时，性情平和的步平先生往往充当“和事佬”的角色。但步平先生又是一个坚持原则的人，很多历史问题的分歧，他都会尽量解释，争取让对方接受。虽然会上讨论时，三国学者之间有时会争得脸红耳赤，但讨论结束后的餐会总是在小酌中充满欢快气氛。每次研讨，三国学者均要事先备酒。中国团队中，步平先生酒量不大，而维木则逢酒必醺。

2008 年，牛大勇先生邀我加盟北大。身为所长的步平先生一再挽留。当我向他详加解释以后，他最终惠允。我离开近代史所后，步先生一如既往地待我。他申请到中国社会科学院的重大项目《中华民族抗日战争史》，再次拉我参加。我也很乐意与他再次合作，承担了其中一卷《抗战时期的国共军队》。课题的进展十分顺利，为课题事我和他常有交流，最终完成 50 多万字的初稿。写到这里，想查阅一下我和步先生的最后一次通信，发现正是关于抗战书稿交稿事：

步所：

附件是第四卷的最后定稿。此次统稿花了近一个月的时间，自认为统得比较认真。但注释部分可能还有少数格式不够规范的地方。征引资料、人名索引、序言，稍晚数日奉上。

本卷虽有多位学生参与写作，但多是结合他们的博士、硕士论文，最后文稿感觉还比较满意。因学界的相关研究成果不多，大部乃查阅原始档案写成（尤其是国军部分，主体是陈默的博士论文，他用了4年时间全力投入，在台北查档半年，在二史馆查档前后3个多月），故我敢说本卷原创性高，绝非拼凑之作。另外，查台湾吕芳上先生主编的抗战史，有关军队的内容甚少。故本卷也应是咱们这一套书中有特色的一卷。

本卷封面署名：陈默、王奇生、谢敏等著，另在内封的显著位置详细注明每一章的作者，既尊重每一位作者的劳动，亦示文责自负也。

全书各卷，最好有单独的卷名，如同《中国近代通史》，本卷暂定为：《战时军队》，不知可否？

敬请审阅，不合要求之处，请指正。

奇生

发送时间：2015年9月30日 1:39

奇生：

书稿收到了，谢谢！我还没有来得及看，先复信给你，以免担心。

我也对这一卷抱有极大的期待，的确从框架和内容都具有创新的性质，此前的相关研究并不多。另外，从这一角度切入，也许可躲开一些人用习惯的标准在两党之间评价贡献的思维模式，当然也希望能够弥补第二卷的不足。

关于署名，那就依你的意见，感谢。

各卷名称，我们的确在思考中，待全部文稿集中后，马上确定。

祝节日愉快！

步平

回复时间：2015 年 9 月 30 日 18:06

最后一次见步先生是 2016 年 5 月 18 日。听说步先生得病的消息后，和朝光、思彦、杨群相约去看望。当时步先生的精神状态不错。大概因为步先生外表并无异态，大家前往步先生住处不远的一家餐馆小聚，闲聊，说笑话，气氛十分轻松，几乎忘记是来看望步先生的。

遗憾的是，步平先生离世前，未能看到八卷本抗战书稿的出版。

2017 年 6 月 20 日

（作者为北京大学历史学系教授）

永远的同行者

——怀念步平先生

王建朗

转眼间，步平先生离开我们已经一年了。近代史研究所的同事筹划在周年祭的时候出本集子，寄托我们的怀念。作为近代史所与他共事最多的朋友，静下心来回忆过往，一时间竟有无数的细节涌上心头，想要说的故事很多，想要说的话也很多。一篇短文几乎要写成全面画像的长文，最终又都一一舍去了。这里，就说几点我的感受和印象中比较深刻的事情。

他是真正的学者

人生的轨迹难以预测，相逢或错过，常常是一个个偶然因素的叠加。2004 年的一纸调令，改变了步平先生的人生轨迹，他由此登上了一个更大的更能发挥自己才能的舞台，我们也有了十余年的相识相知。若非如此，我们或许也只是某些会议上匆匆一遇的过客；但又若非他是一真学者，是一可交之人，我们或虽相识恐也无相知之缘。

步平是由黑龙江社会科学院调入近代史研究所的。如何尽快融入近代史所，把握近代史所的脉动，从而引领近代史所继续前进，对任何一个新来者来说，都不是一个可以轻松应对的挑战。每个单位都有自己的传统，这种非一朝一夕所养成的传统有时说不清道不明，需要去细心体会。近代史所是一个有着优良传统和鲜明特色的研究所。作为一个其前身可以追溯至延安时期的老所，一个群集着众多近代史研究专家的大所，它有着自己的自信，也有着自己的坚持。要融入这样一个集体，有时很困难，有时很简单。或者说，对有些人来说，很困难，对有些人来说，又很简单。有的人尽管已在近代史所工作多年，但仍似一局外人，不得其门而入，而有的人则很快融入这个集体，乐在其中。

步平是后一种人，他很快地融进了近代史所。因为，他本质上是一个学者，是一个乐于科研并充分尊重学者与学术自由的学者，而不是我们在一些学术单位也不时看到的官僚或学者型官僚。他不会过多地去追求学术以外的东西，不会违心地去迎合自己不喜欢的东西。在学术研究上，他坚持科学性和真实性，讨厌任何的哗众取宠。严谨扎实与开放自由是近代史所学风的两个基本方面，步平先生的学者特质决定了他对这一学风的认同，使他能够很顺利地融进近代史所，获得同事们的肯定与支持。

在步平担任近代史所负责人之初，曾有一些人担心，他的任职可能会对近代史所的对日学术交流产生不利影响。因为步平既往的研究专注于日本侵华时期的化学战，着力于揭露日本的战争罪行，不太了解他的一些人想当然地认为，他属于对日强硬派，可能不利于与日本学界的交流。事实证明，这一担心是多余的。步平在专业上致力于揭露日本的战争罪行，但他又同时热心推动中日学术交流，热心推进当代的中日友好关系。这或许为一些人所不能理解，然而，这恰恰是一个了解战争残酷性的人，一个了解日本当代社会的人的理性选择。历史旧账该清算得清算，历史认识必须端正，容不得马虎，但今天的中日关系还是要努力维持友好发展的局面。这是一个具有世界眼光的真学者的胸怀。

在步平个人的学术研究中，他坚持一个史学家应有的准则，反对那些没有根据的夸大。他认为，那些局部研究中缺乏依据的夸大，恰恰会对整个研究帮倒忙，使其失去可信度。因此，无论是在日本化学战的研究中，还是在其他问题的研究中，他都主张言之有据的研究。步平的宽阔胸怀使他赢得了不少真诚的日本朋友。他去世之后，众多曾与他有过交往的日本朋友发来唁电，由衷地表示对他的敬意。

说起来，步平先生的这种胸怀，倒是与本所的几位前任所长颇为相似。如已故所长刘大年先生、步平先生的前任张海鹏先生，他们对日本历史上的战争罪行，对日本现今的错误历史认识，都是旗帜鲜明地大力抨击，但他们又都热心推动中日学术交流，他们的坦率和真诚也使他们结识了不少真诚的日本朋友。同样，在抗日战争研究中，他们也都很注重研究的科学性。刘大年先生在 20 世纪 90 年代初便强调，必须把抗战史学科建成一门科学，主张客观评价国民党的抗战作为。张海鹏先生也一直主张，抗日战争实际存在着两个领导中心。这些开风气之先的主张，一定程度上影响了学界及社会。可见，步平的理念与他的前任们是如此自觉地一脉相承。

他是智慧的领导者

7 年的所长生涯，步平所承担的工作大小无数，难以一一道来。如果限举一例，那一定非得谈谈中日共同历史研究了。可以说，这是 7 年中步平先生最为看重的一件工作，也是历时最久、耗费心力最巨的一项工作。

2006 年底，为打开中日关系的僵局，为澄清与缩小中日在历史认识问题上的分歧，中日两国政府决定由两国史学界共同开展中日历史研究。中国外交部将中方委员会的组织任务交给了中国社科院。记得在院国际合作局讨论中方委员会人选时，考虑到中日学者间需要进行频繁对话，我提议首席委员应由专家学者担任，不必延请高级领导挂名，以免遇事要再三请示，步平所长就是一个合适的人选。这一提议获得了院方和外交部的首肯。最终，以北京地区的 10 名学者组成了中方委员会，以方便需要频繁举行的磋商。其中，中国社会科学院 6 人（近代史所 3 人，世界史所、日本所、美国所各 1 人），北京大学 4 人，步平担任首席委员，近代史所承担中方委员会秘书处的工作。在进入到研究阶段后，为充分吸收各地学者的专长和智慧，中日双方在 10 名委员之外各自聘请了若干学者参与某一特定专题的讨论与执笔撰写。

中日共同历史研究持续了三年之久。这一工作的重要性毋庸多言，它的委托背景与未来将要接受的检验及可能产生的影响，在每一个参与者心中都是十分明了的。作为首席委员的步平，则更是感到责任重大。这三年中，共同研究被步平视为一项头等重要的工作，全力以赴地投入其中。我自始至终参与了中日共同研究，这一工作实际上也是我们 7 年共事中交集最多的一项工作。因为研究所的日常工作分工明确，基于信任和效率，他很少过问我主抓的事情，他主抓的事情我也很少参与，而中日共同研究则是少有的我们共同参与的一项工作。我们一起讨论工作预案，一起讨论可能出现分歧的学术问题。中日共同研究虽然定位于学术讨论，参与者也都是各有专长的学者，但由于这一工作的官方委托背景，它实际反映的不是学者个人的观点，而是一国学界的观点。未来共同研究报告书将接受两国学界与社会的检验。因此，它与一般的学术讨论不能等同视之。我的感觉是，用“如履薄冰”这样的言辞来形容步平的心情是绝不为过的。在中日学者进行面对面讨论的会议期间，我们在会外的磋商常常延续至深夜。

中日共同研究首先讨论确定了若干个拟研究专题及围绕着这些专题应该出现的关键词，然后由双方学者围绕同一专题各自撰写一篇文章，相互进行评论修改再评论再修改，直至达到双方觉得大致可以接受的程度。由于双方在史观上的差异，也由于一些历史资料的缺乏或不可再现，可想而知，讨论并不轻松。

所幸，尽管双方学者在讨论中非常坦率，尽情表达自己的观点，但双方都想使这一研究取得进展、获得阶段性成功的意愿则是共同的。能否在充分讨论的基础上形成一定的共识，这对双方来说都是一个极大的考验，需要参与者尤其是首席委员显示出高度的学术智慧和政治智慧。在我看来，中日共同研究取得了成功，最终形成的共同研究报告书展现了在中日学者之间可能达成的最大程度的共识。报告书指出了日本对华战争的侵略性，也指出了南京大屠杀等暴行的存在。同时，报告书也避免对一些无法定论的问题硬行结论，以免陷入纠缠不清的境地。如关于《田中奏折》，鉴于这个奏折的产生、流出与内容确有许多难以解释的部分，我在中方报告中主张不必再坚持对这个奏折的真伪作出判断，而是指出日本此后的扩张路线恰恰呈现出与奏折路线相同的状态即可。步平完全赞成我的这一写法。共同研究中，这样的例子不在少数。可以说，中日共同历史研究能够取得成功，除了全体参与者的群策群力外，作为首席委员的步平审时度势精心谋划，功不可没。

他是一个纯粹的人

步平先生为人平和谦让，相忍为公，是有目共睹的。研究所除了鲜亮的一面外，也还有一个单位所难以避免的琐碎的俗务，它需要你付出耐心，承受误解。比如说，专业人员的职称评审就不是一件轻松的事。近代史所这样的老所，职称积压很严重，一些优秀的中青年研究人员的职称常常需要等待很长的时间才能解决，一些人难免会在心中产生不满。其实，研究所早已形成了一套规范的评审制度，职称晋升与否由各学科资深学者组成的职称评定委员会投票决定，所长也只是十几票中的一票而已。总体而言，若干年下来的投票结果是公正的，很少有令人意外的结果。然而，还是免不了有落选者觉得委屈，甚至感觉不公。因此，每次投票之后，步平总是会亲自与落选者谈话，耐心地做思想工作。对比之下，我就很惭愧了，我不太愿意面对落选者失望的目光。

步平的耐心我是深有体会的。在研究所的日常工作中，我们不时要接听一些诉说各种情况的有时过于唠叨的电话。通常，我接这样的电话一般不能忍受超过 20 分钟，太长时我便会忍不住直白地提醒对方。但待我跟步平通气时，他常常告诉我，他接听的电话已经超过一个小时了。我知道，这里的耐心和细心不只是个性，它更多体现的是一种宽容、一种奉献，我自愧不如。

步平待人满腔热忱，以其真诚换来真诚，换来彼此的信任。我与他是在 2004 年同时走上近代史所领导岗位的。步平从黑龙江社科院副院长的任上调到所里，担任主持工作的副所长（第一年中所长一职暂时空缺），而我则是从中外关系研究室主任提任副所长。无论是在资历上还是在年龄上，他都是我的兄长，他也始终给我以兄长般的关照。那几年中，我分工负责研究所的科研管理、外事、研究生、学会等工作，工作量比较大，面对的事情比较多。步平始终给我绝对的信任和坚定的支持，鼓励我放手做事。回想起来，那几年的工作做得最为开心。虽然繁忙，但感觉轻松，我不需要去太多地面对学术与学术管理之外的问题，不需要去面对上上下下那些琐碎而烦心的事情，因为我的头顶上有他这样一棵大树在支撑着。他既承担了责任，也承担了我不想面对的琐碎，使我得以专注地做着想做的事。

我与步平共事7年，前6年我以副所长的身份协助他工作，最后1年则是以党委书记之职与他共同承担责任。7年之中，我不记得我们曾经有过什么分歧，哪怕是工作上的分歧也是很少见的。两人的判断总是一致的，不需要太多的讨论或说明，就能明白彼此的意思。这样愉快的工作关系，不仅是基于相互信任，大概也还因为我与他本质上就是同一类人，不需要再有多余的沟通。

回想起来，我和步平先生工作接触很多，但纯粹的私人交往却很少。我们大概是从来没有单独吃过饭，我很少知道他的家庭情况或其他情况。我想，他也是很少知道我的其他情况的。我们有若干相像的特质，无论这些特质是否值得称道，但或许就是这些共同的特质自然形成了不需经营的信任。

作为研究所领导，步平从不利用自己的权力来谋取个人利益，而是常常主动放弃个人利益。那些年中，逢到评优评奖等事情时，他总是谦让他人，从不申报。印象中，他唯一参加申报的，大概就是参评博士生导师，且是以君子风度参与此事。步平原来所在的黑龙江社科院那时未设历史学博士点，他自然无缘获评博导。他参评博导的那年，一起申报的还有几位在学界颇有影响的同事。面对这样一个竞争局面，步平主动表示，他来所时间不长，年龄上又稍微越过“原则上不超过 56 周岁”的要求（文件中“原则上”上的用词通常意味着不是绝对要求，是可以视特殊情况而突破的），因此，他决定不参与两个正选名额的竞争。如大家认为他可以列为需要争取的额外的递补名额，他愿意考虑。步平的主动表态，令同事们深为感叹。但最终的结果是，他失去了此次也由此永远地失去了在近代史所担任博导的机会。作为当时担任近代史系主任的我，此事一直深以为憾。

如果把人生比作一趟旅行，把近代史所比作一列永不停歇的列车的话，每个来到近代史所的人都只不过是这趟列车上或长或短的过客。无论我们是在何时登上这一列车，但我们终究要在某个站点告别下车。在这有限的行程中，有人给车厢的同行者带来欢乐和愉快，有人给列车的行进增添新的动力，也有人只是一个纯粹的过客而已。而步平先生，虽然在这趟列车上驻留的时间不算太长，但他的名字与贡献是注定要被铭刻在列车上的。

我很幸运，我搭上了近代史所这趟列车；我很幸运，我与步平先生共同度过了一段愉快的旅程。虽然他已经离我们而去，但在我的心中，在许多同事的心中，他依然在与我们同行！

2017 年 5 月

（作者为中国社会科学院近代史研究所所长、研究员）

步平老师，天国安好！

史桂芳

时间如白驹过隙，转眼间步平老师离开我们一年了。忘不了去年 8 月 14 日那个清晨，睡眼蒙胧中收到来自日本朋友的微信：步平老师凌晨 2 点 40 分逝世。我惊愕不已。尽管前一天晚上，就有步老师进入深度昏迷状态的信息，但是，我不愿意相信步老师走得这么快，一再追问日本朋友是真的吗？怎么没有听到北京这边的消息？日本朋友十分肯定地说，是真的，现在步老师在太平间。7 点多钟，陆续有朋友在不同的微信群转发步老师逝世的消息，我才不得不相信步老师真的与我们天人永隔了，泪水夺眶而出，结识步老师十余年来的点点滴滴浮现在脑海。

第一次与步老师相见是 2002 年 3 月在南京召开的中日韩第一届历史认知与东亚和平论坛上。步平老师时任黑龙江省社会科学院副院长，同行的有黑龙江社科院王希亮研究员、车霁虹副研究员等。步老师给我的最初印象是平易近人，没有一点儿架子。王希亮老师、车霁虹老师都称他为步院长，我毫不见外地一起称他为步院长。对这种半开玩笑的称呼，步老师没有任何嗔怪，总是报之友善的一笑。这次会议上商定：由于日本文部省审定严重歪曲历史的扶桑版教科书合格，中日韩三国学者要承担起历史责任，正本清源，共同编写历史教科书，驳斥和回击日本右翼学者的观点。三国共同编写历史教科书的工作，后来由步老师负责组织协调。2005 年三国共同编写的历史教科书出版后，在国内外引起了强烈的反响。

后来步老师调入中国社会科学院近代史研究所工作，我与他的交集就多了起来。2005 年 9 月初，中国社会科学院、中共中央党校、教育部等七部门在京西宾馆联合举办“纪念中国人民抗日战争暨世界反法西斯战争胜利 60 周年”学术研讨会，我有幸参加了这次会议，并与步老师分在一个组。步老师是这个组的召集人，负责小组讨论和大会交流。会议期间，步老师临时受邀到电视台做节目，来不及写大会交流总结，便委托由我代写，并仔细交代了撰写总结思路和注意事项。步老师从电视台回来已经很晚了，我把写好的小组总结交给他。翌日一大早，步老师就把修改好的总结给我，并说由我代表他做大会交流发言。步老师认真严谨的工作态度，让与我同住一屋的北京党史研究室陈静赞叹不已。七部门的会议是当年召开的纪念抗日战争胜利的会议中层次最高的，我觉得各组做交流总结的都是德高望重、颇具学术影响力的大腕，自己人微言轻，还是步老师发言更合适。步老师却说，总结是你写的，你去发言最合适了。其实，总结是步老师连夜加班修改的，他却把这样难得的机会让给了我。这虽是一件小事，却体现了步老师平和、低调、诚恳的为人与严肃认真的工作态度。

步老师担任近代史所所长后，还兼任中国抗日战争史学会执行会长、会长，无论是在中国抗日战争史学会学术年会上，还是其他学术讨论会上，我总是从步老师的发言中，受到启发和教益。记不清与步老师一起参加过多少次学术讨论会了，2015 年 10 月底在冲绳召开的中日韩第 14 届历史认知与东亚和平论坛，是与步老师最后一次参加学术讨论会。也许是研究抗日战争史的缘分，与步老师初次见面在该论坛肇始之时，又在步老师参加的最后一届论坛上聆听到他关于中日关系的见解与期待。步老师，论坛从无到有，影响力不断扩大，未来研究还需要您掌舵呢，您怎么舍得走呢？冲绳会议上，步平老师破例带上了夫人、女儿，这是不是冥冥之中，一向繁忙的步老师要给家人的最后一点补偿呢？

2016 年初得知步平老师病了，赶紧给他电话。他说在医院住了两个月，基本稳定了，现在正在家里调养。我说要到家里看望他。步老师先是表示你很忙，不要花费那么多时间大老远地探望了。我再三表示一定要去，步老师说，你来我非常高兴，不要买东西。继而把家里地址告诉我，还告知具体的乘车方式。因为步老师要去医院治疗，还有一些会议，约了几次，直到 3 月 23 日才终于成行。那天步平老师的气色很好，他说目前治疗效果很好，下一步要用美国进口的一种药物，恢复的希望很大。步老师没有过多地谈他的病，而是谈起抗日战争研究的新计划，对抗日战争研究中的一些倾向表示忧虑，并把新著《日本靖国神社七问》送给我。步老师还愉快地回忆起在哈尔滨师范大学求学时与游寿先生学习的时光，给我看游寿先生的题字。我恰巧 2015 年去哈尔滨师范大学博物馆看过游寿先生的收藏，对步老师的话题多了一层亲切。那天的谈话轻松愉快，看得出来步老师对战胜疾病充满信心。我劝步老师要多休息，不能太累，并把徐晓、海鹰写的《抗癌：第一时间的抉择》推荐给步老师，希望能为他的康复提供一些参考。步老师兴致勃勃地带我看他家院子里种的郁金香，高兴地说，过一段时间会开得更好，可以再来看。临近中午，步老师留我吃饭，我觉得他今天说话很多，一定累了，婉言谢绝了他的好意。步老师说顺便散散步，一直把我送到车站。4 月下旬，在清华大学开会，又见到步平老师，感觉他气色还好，依然笑容满面地与大家打招呼，让大家放心。我下午有课，未及细聊。

没想到这竟然是与步老师的最后一面。

五六月份是学校最忙碌的时节，原打算放暑假再去探望步老师，不料意外摔伤，脚部骨折，打上石膏无法行走。期间，我多次给步老师发微信问候，他没有像往常那样立即回复。我感到诧异，询问步老师女儿小谮，得到步老师病情比较稳定的回复，才略感安心。我本想拆掉石膏能够下地行走后再去探望步老师。不意天妒英才，步平老师竟然这么快就驾鹤西去。

步平老师的品德、学识、为人，在学界有口皆碑，他既是一位知识渊博的学者，也是一位平易近人的师长，难得的良师益友。愿步老师在天国安好！

2017 年 7 月

（作者为首都师范大学历史学院教授）

可亲的长者，可敬的领导
——纪念步平先生

任智勇

余生也晚，毕业后进入近代史所时，步平先生已是所长兼书记。素不善与领导交往的我，自也少有机会与他有私人交谊。回想起与他不多的几次来往，心中仍多有感激。

第一次交往发生在入所半年后的青年学术论坛上。（按：青年学术论坛是本所每年年底举办，由 40 岁以下青年学者发表论文的学术研讨会）会议上，我发表了一篇关于清政府如何赔偿第二次鸦片战争赔款的论文。其中，对清政府的赔款手段没有给予极低的评价。孰料，一位评论者忽然开始指责我的立场。虽然自认此前也见识过一些场面，但对于这种政治性的批评，我还是有些发懵。在我手忙脚乱地准备自我辩解时，作为会议主持者的步平所长却先一步接过了话头，不仅明确肯定我的论文没有立场问题，而且表明态度：不要将学术问题政治化。于是，我平稳地完成了自己在近代史所的第一次学术亮相。回想起来，此前的我未曾与步所长有过任何公私交流，而我的师长也与他罕有交集。他对我的这次维护应该是出于公心，出于他自己对学术的认知。这，让我这个初入研究所的晚学后辈对本所有了更多的认同，也更愿在自己以后的岁月中去努力维护这种所风。

第二次交往则说起来有些可笑。当时，所里去革命老区考察，途中经过一段悬崖时需要坐索道。排队坐缆车时，因为另一同事和我一样有恐高症，于是调换位置后我不期和步所长坐到了一起。离开缆车站，看着下面越来越远的地面和树梢，我开始紧紧地闭上了眼和嘴。可能是看到了我的紧张，步所长开始讲述自己少年时代爬高塔的恐高经历，并总结说：向上看容易忘掉离地的高远，使自己紧张的心情得到一定的放松。恐高据说是一种复杂的心理构成，他人的劝解未必会有太多的效果。步所长的劝解也同样没能改善我的恐高，但至少缓解了我的尴尬，同时也令我为他主动劝解小辈而有所感动。

后来，我从侪辈的口中得知了更多关于他的正面消息：住在通州的他会“公车私用”——用他所长的专车搭载本所同仁上下班；身为儿科大夫的步所长女儿也会为本所同事的孩子提供咨询和帮助；他曾为从上级部门争取更多科研经费而喝至吐血；他曾多次提出研究所的科研考核不可量化，更不可追求数量。

在一个成年人的认知世界里，每一个人都会有多个面相。而从我这个普通科研人员有限的接触中，步平先生是一个可敬的领导、可亲的长者。

2011 年，步平所长离任后，我曾想请他吃饭，以示感激，但他很忙，虽然几次在食堂匆匆相遇，却一直没有机会说出口。到去年得知他患病后，也曾想去探望他，却因为各种原因一拖再拖，直到 8 月 14 日获知他去世的消息。我知道，自己已没有机会当面表达谢意，只能在这个深夜提笔写下这段文字以为纪念，以一个在他不经意间受其恩泽的小子的名义。

撰稿于 2016 年 8 月 15 日清晨，修改于 2017 年 4 月 11 日夜

（作者为中国社会科学院近代史所副研究员）

潇潇风雨忆步平

苏智良

2016 年 8 月 14 日清晨，我登上高铁前往南京，去参加抗战重大专题研究课题“慰安妇”研究的开题报告会。我还在想，如果步平兄身体健康的话，一定会请他来南京担任组长。2013 年我主持的“慰安妇资料整理与研究”国家重大项目开题时，步平兄应邀来上海担任了专家组组长。正想着，高铁已徐徐驶入南京南站，这时，忽见微信群中竟传来噩耗：步平先生于当日凌晨逝世。我不敢相信，扼腕痛惜！尚只有 68 岁的步平先生，难道就这样永远地离我们而去了？

那天，在利济巷慰安所旧址陈列馆的评审会场上，几乎所有的学者发言时，都特别向遽归道山的步平先生表示沉痛哀悼。在场的专家有王建朗、张宪文、张生、张连红、曹必宏、经盛鸿等，以及刘萍、陈丽菲和吴俊范，还有《抗日战争研究》编辑部的编辑。

回到上海后，我在悲情中写下挽联，寄发中国社会科学院近代史研究所治丧委员会。

析毒气战、治沦陷史、批右翼教科书，论著即是利器，伟绩丰功垂千古；

结中日缘、续民间情、掌中日共同史，交锋原为和平，情操丹心照汗青。

——上海师范大学学术委员会主任苏智良
携人文学院全体同仁敬挽

如今，江南又到了梅雨季节。风雨声中忆故人，这些年与步平兄一起从事抗战史和战争遗留问题的种种片断，逐一浮在眼前。

第一次见步平兄的时间和场面，几乎已经忘记了，也许是 1995 年纪念抗日战争胜利 50 周年的研讨会，也许是 1998 年在哈尔滨中日关系史国际研讨会的会场，抑或更早。中年的步平兄，架着厚厚的眼镜片，满脸的真诚、开朗、厚道，非常有亲和力。从此开始了我们之间的交往。

2001 年 4 月 3 日，日本文部科学省对“新历史教科书编纂会”编写的歪曲历史事实的教科书做出审查合格的审定意见，激起了包括中国、韩国在内的亚洲及世界各国舆论的谴责，日本国内也围绕教科书的采用，展开了激烈的辩论与斗争。

为制止右翼教科书进入日本的教室，韩日两国的市民团体随即决定在东京举行紧急会议。主办方希望我能出席并再邀请一位中国学者参加，我立即想到了步平兄。电话打通后，步平兄马上答应了。6 月 10 日，“不允许歪曲历史教科书亚洲团结紧急会议”在早稻田开幕，中国大陆和中国台湾、韩国、菲律宾、印尼、马来西亚和日本等国家或地区的 250 人出席了会议。记得由于经费的关系，会场上没有同声翻译，步平代表中方直接用日语演讲，谴责日本政府通过右翼历史教科书，呼吁日本国民起而抵制。晚上我们一起参加了会议宣言、行动纲领初稿的讨论，其中提到：要求日本政府必须根据中国、韩国政府的修改要求诚实进行修改。

11 日傍晚，会议主办方举行和平包围文部科学省的行动，有 700 人参加，可谓浩浩荡荡。会议代表和市民们来到霞关，手挽着手将文部科学省团团围住，只留正门一个出口，其中最多的是穿戴着高丽服饰的韩国人或旅日韩侨。那天日本右翼出动了数十辆宣传车，在相隔百米的周边疯狂叫嚣，警察们则在中间维持秩序，防止冲突。事后我俩遇到新华社驻东京记者，记者说那晚他非常想在现场采访我和步平先生，但在茫茫 700 人中要找到我们两个中国人，实在是很困难的事。只有两个中国人参加，也表明了我们参与国际市民活动的尴尬现状。

为阻止日本历史教科书的右转，我们应该做点什么，步平兄的想法与我不谋而合，感到应该尽快出版介绍日本历史教科书风波的论著，以便让我国政府和国民了解真相，并准备迎接中日关系的多事之秋。于是，我用两个月的时间写出了《日本历史教科书事件的真相》，由人民出版社 2001 年 9 月出版。步平兄也与同事们主编了《日本教科书问题评析》（社会科学文献出版社 2002 年出版），他约我写了“慰安妇”问题的文字等并担任该书的副主编。这一系列国际间的活动与斗争，最后使得扶桑社的右翼历史教科书只有 600 册进入了学校，这些学校还只是东京都的残疾人学校。

2002 年 3 月，首届历史认知与东亚和平论坛在初春的石头城南京举行，朱成山兄主办了会议。会议决定，中韩日三国合作撰写《东亚三国的近现代史》读本。于是，数十位学者共同参加了编写，3 年中 10 次会议，前后在南京、东京、首尔、北京、京都、济州岛、马鞍山等地举行。这一编写过程，增进了我们之间的友谊。中方的主要参与者是步平、荣维木、王希亮、张连红、朱成山、李宗远和我们上海师大的团队（陈丽菲、蔡亮、高凡夫等）。该项目起步时，步平兄还在黑龙江社科院副院长任上，一年多后他调至北京中国社会科学院近代史研究所担任副所长（后担任所长），所以自然而然成为中方团队的领队。

每次会议都有紧张的工作程序和交锋。记得其中去济州岛的那次，逗留时间最长。事先维木兄倡议，每人带两瓶酒去。酒，自然是白酒。因为韩国禁止50度以上烈性酒制售，所以，韩国朋友也非常期待中国友人的与会，以及带来的茅台、西凤、五粮液。我印象中，荣维木、朱成山、王希亮构成白酒铁三角，俵义文、笠原十九司、李信澈等韩日学者多好酒而不胜酒力。步平兄酒风甚好，他不太喝酒，往往是因为晚上还得工作；非要干杯时，他皱着眉头也能干上几杯。我则因酒精过敏，喝一口就会红到脖子根，常是酒桌上被嘲笑的对象。此后，带着上好的白酒与会，成为中国学者去韩国、日本的规定动作，杜康增进了三国学人间的友谊。

《东亚三国的近现代史》于2005年夏秋在中韩日三国出版。记得有一次在东京举行协调出版的会议，会前步平兄来电说，他去不了了，希望我能代表中方参加。我奉命当即办好手续飞赴东京。会上当讨论到各国印刷数量时，日方高文研出版社的社长连连叫苦，说日本的现状如此，印刷数量不可能很多。接着韩国代表豪情万丈，表示要动员总统出来为本书站台，目标是发行100万册，大家不禁鼓掌而呼。轮到我发言，不能泄大家的气，我先说了一句“中国有13亿人口”，大家的掌声更响了。其实中国能发行多少册，我并没有任何把握，但我表态，中国应该印刷最多。后来果然，在杨群兄的领导下，社科文献出版社在10天之中印刷5次，发行量超过10万册。最终中文本印刷数量最多，并获得当年度中国社科类图书畅销奖。这些成绩的取得，与步平兄的运筹、协调和掌舵是密不可分的。

这样的国际会议和活动，常常日程安排非常紧张，中午吃便当甚至咽个饭团了事，然后下午接着开会。作为负责人的步平兄，还要协调三国间的事务，时常工作到半夜以后，第二天又以饱满的热情出现在众人面前。这样长期的辛劳与勤奋，损害了他的健康。

我们的日军“慰安妇”调查与研究，得到步平兄的大力支持。最初以研究化学战擅长的步平兄，对日军“慰安妇”问题比较陌生，且日本学者在山西的“慰安妇”问题专著中提出山西没有“慰安妇”，有的只是“日军性暴力受害者”的概念，引起了一些混淆，甚至有人说，中国是否有日军“慰安妇”，都值得研究。步平兄曾多次与我及丽菲交流，当得到我们的肯定回答后，他才了解了真相，并对我们的研究和概念全力支持。2003 年，上海师大主办日本侵略亚洲战争责任问题国际学术研讨会，步平兄拨冗出席并作主题演讲。2013 年，他再次到上海主持“慰安妇资料整理与研究”国家重大项目开题会，充分肯定了我国学术界、上海师大中国“慰安妇”问题研究中心“慰安妇”制度受害者幸存者调查、文献整理与翻译、日军军事性奴隶制度研究的意义。

此后，我们又在一起参加了不少重大学术活动。如 2007 年南京大屠杀遇难同胞纪念馆扩建工程竣工仪式暨学术研讨会、2008 年 11 月在北京举行的第 7 届历史认知与东亚和平论坛。2010 年近代史所主办的建所 60 周年暨第三届近代中国与世界学术研讨会，是在北京西山举行的盛会，自然美景与人文遗迹交相辉映，故交新友畅谈学术的场景，至今仍回味无穷。应张宪文教授之邀，2012 年我俩再到南京城，参与宪文教授主编的《南京大屠杀全史》书稿评审工作。2015 年 9 月 2 日，我们在北京共同出席纪念抗战及二战 70 周年国际研讨会，以及会后第二天的天安门广场阅兵。

2014 年 3 月，我国决定以“南京大屠杀资料”及“慰安妇档案”申请世界记忆遗产名录。申遗过程中，日本右翼学者致函联合国教科文组织，散布谬论，混淆视听，企图影响评选进程。作为“慰安妇档案”申遗的首席专家，我也约请中国学者写信，支持我们的申遗。当我电话联系时，步平兄爽朗地答应写信支持此事。在我的电脑中，还存有一封步平兄署名的信函。他在信中强烈呼吁联合国教科文组织总干事等官员、世界记忆名录评审专家，“主持正义、排除干扰，做出客观公正、经得起历史和人类良知检验的判断和结论”。

2006 年中日两国官方启动两国共同历史研究项目，并宣布步平兄担任中方首席专家。那时，日本右翼的反华叫嚣，保守政治势力的抬头，日本教科书的“改恶”，中日两国尖锐的舆论对立，一切表明，在中日两国走向不信、对立的时刻，这是吃力不讨好的工作，期间压力之大，不足为外人道。但步平兄义不容辞地担当起这一大任。这六七年，此事耗折了他太多的心血。我曾经在步平兄逝世后痛定思痛，多次对丽菲说起，假如步平兄不担任此项工作，断不会如此英年早逝。步平兄曾专门向我说明，为了开展工作方便，中方专家均选在京工作的。我自然表示完全理解，并愿意不计形式地参与、支持，期间还曾应他邀请去北京出席内部的研讨会议。

步平兄长我 8 岁，我以兄长之礼待之。他是一位低调、儒雅、谦逊、诚挚的好学长。出席 2010 年 10 月的加拿大史维会年会，是这么多年交往中我们之间接触时间最长的一次。我们先是到达埃德蒙顿，一起出席演讲会，然后由当地史维会的朋友驱车，带着我们去观赏冰川公园。美丽的雪山，湛蓝的湖水，斑斓的秋叶，一路赏心悦目，心旷神怡，还遇见了大型野生动物，游玩交谈得非常开心。

埃德蒙顿的晚上，清冷寂静，透明度极高的天空，星河璀璨。在这难得清闲的夜晚，与步平兄的漫步与交谈，增进了友谊。我们有着相似的经历，“文革”中，他作为北京知青到黑龙江，我是上海知青去了江西务农，后来先后进入大学踏上专业道路。社会底层的磨炼，使得我们这代人接地气、有担当。我以为，步平兄有更高贵难得的品质，他淡泊名利。在学界，我们往往经营于申报项目、发表论文、争取奖项等体制内的指标。很多学人对同事的评价标准，也唯论文是瞻。而步平兄20年来不遗余力地参与中日民间友好活动，包括与日本右翼的斗争，付出了大量的精力与时间；这些没有短期效果的活动，或无法进入考核评估体系的成果与行为，往往被精明的学人所回避。埃德蒙顿月光下的交心话题，我颇有同感，因为这些年也有至交的友人劝我，多写几篇“传世之作”，少参与那些不为学界入眼、没有显效、费力费钱非学术的民间活动。步平兄是我国近代史学界的掌门人，这方面对他的诱惑和压力，更多更大。但是十余年来，他用自己的生命，坚守了自己的担当和价值观。

我们从埃德蒙顿再到多伦多，在多伦多大学参加史维会的双年会，此间留下十余张珍贵的合影。此情此景此话语尚历历在目，声声在耳，恍如昨日。步平兄啊！不意你竟孤身一人，离我们而去！

2014 年春节，初一刚过，我就接到邀请，作为专家组成员，到长春参与关东军档案的鉴定工作。记得飞抵长春的那天是零下24 度，对于我这个南方人来说，还从未遇见过这样极冷的天气。我们住在吉林省委大院一墙之隔的松苑宾馆，那里曾是关东军司令官本庄繁的官邸。在这样的历史场所参与鉴别关东军档案，显得格外有意义。到长春后，才知道专家组负责人是蒋立峰先生和步平先生，成员还有南开的杨栋梁兄、日本所的崔世广先生、外交官王泰平先生、吉大的王胜今副校长等。白天我们到吉林省档案馆工作，穿上白大褂，戴着口罩（不少档案遭到关东军的火烧水浸，有霉菌等）。我们朝夕相处，连续工作了一周。在鉴定会上，坦诚的步平兄除了充分肯定这些档案的价值外，也指出了部分档案已在广西师大出版社出版的史料集中刊布，不是新的发现。这种实事求是、襟怀坦荡的作风，令人肃然起敬。

平心而论，步平兄的精深理论大作写得不见得很多，奖也拿得很少。但他牺牲自我，不蝇蝇于得奖，积极参与中日民间友好活动，促进中日东亚社会的和平文化事业，却是我所知道的中国学人中最多的。他是一位真正爱国的、有脊梁的知识分子，民间外交的践行者。他呼吁“建立东亚共同史观”并身体力行，直到弥留之际，他还跟身边的亲人和朋友们说：“你们拿个意见，中日关系。”

步平，毫无疑问是一位身怀担当意识、使命感的一流学者。他的铁肩道义，他的品德风范，铸成了他的人格魅力，堪称楷模，为我辈和后人所景仰。

如今，斯人已去，天人永隔。我们这些还在抗战和中日关系领域作业的人，唯有继续奋进，才无愧于“步平的朋友与同道”之称呼。

2017 年 6 月

（作者为上海师范大学中国慰安妇问题研究中心主任、教授）

追忆抗战馆的老朋友步平先生

李宗远

踏莎行・悼步平先生

满腹经纶，墨传千古。中日关系千篇著。
四海学者同叹惜，奈何先生陨落路！
琼宇含悲，学界呜呜。会长已赴天堂处。
音容笑貌仍犹在，兰香傲骨心头驻！

斯人已去，长歌当哭！

步平先生虽离开我们已经一年了，但惋惜和悲痛之情始终在心中萦绕。十余年来，抗战馆和步平先生结下了深厚的情谊。他是抗战馆的老朋友，为抗战馆的发展建设和人才培养提供了大量的支持和帮助；他是中国抗日战争史学会的两任会长，推动了抗战史研究领域的繁荣发展。由于经常来抗战馆参加活动，全馆一百多名职工几乎没有不知道步平先生的，他也可以亲切地随口叫出很多抗战馆职工、干部的名字，熟识程度可见一斑。

岁星一周，为一纪。蓄力一纪，可以远矣。步平先生与抗战馆的不解之缘要从他第一次到抗战馆参加学术活动说起。2004 年 7 月，步平先生由黑龙江社科院调入中国社科院近代史所任副所长。一个月之后的 8 月 15 日，他就出席了在抗战馆举行的由中国抗日战争史学会和中国人民抗日战争纪念馆共同主办的“纪念抗战胜利 59 周年座谈会”。步平先生同与会学者在会上共同倡导：“要利用抗战馆这一全面反映抗日战争历史的重要的爱国主义教育场所，加强对青少年的国史、国情教育。”这既说明了学界充分认识到纪念馆在开展青少年爱国主义教育方面的重要性，也体现出了对抗战馆地位重要性的认可和期望，也正是从这一天开始，步平先生和抗战馆一起同心协力走过了风风雨雨的十二载路程。

步平先生是中国近代史、抗日战争史、中日关系史领域的专家，是国内较早关注中日历史认识问题、靖国神社问题、历史教科书问题、中日历史遗留问题的学者，被誉为推动中日民间交流和相互理解的使者。步平先生十分关注抗战馆举办的各种展览，并不遗余力地参与展览内容的审校工作。2007 年 9 月 27 日，“友谊铸春秋——纪念中日邦交正常化 35 周年”专题展览在抗战馆开幕。步平先生出席，并在随后举行的座谈会上对中日关系现状和未来的走向发表了看法，高度赞扬了举办该展览对增进中日两国人民友谊和情感的推动作用。2013 年抗战馆在美国纽约、新泽西举办“侵华日军细菌战化学战罪行展”，步平先生多次审读展览大纲，并亲自绘制了侵华日军细菌部队系统图。

步平先生是有心人。在一次赴日本参加学术活动时，他偶然得知一个由日本民间市民团体自发收集资料制作的反映二战时期日军对妇女性暴力犯罪的图片展在日本展出。这些有良知的日本民间人士用了 6 年的时间，走访居住在中国山西省盂县农村中的日军性暴力的女性受害者，收集犯有性暴力罪行日军士兵的证言，以此来表达日本人民对战争的反思。步平先生为之动容，认为这些内容对促进中日之间相互理解有很大帮助。于是，为了让更多中国人能了解到日本这群有良知的市民的义举，经步平先生牵线搭桥，多方努力协调，2011 年 8 月 14 日该展览在抗战馆正式开展。在开幕式的致辞中，他指出："战后60多年的经验证明，真正做到面向未来的相互理解，并不是那么容易的事情，使中日两国人民站在同一立场上理解'以史为鉴，面向未来'，还需要做出长期的努力，而这一展览在北京开幕，可以说是促进中日之间相互理解的成功之举。"该展览的推出在国内外引起了巨大的社会反响，这也是抗战馆第一次举办日本人反思战争的展览。

在推动抗战馆爱国主义基地建设的过程中，步平先生身先士卒、率先垂范。2008年5月24日，在世界博物馆日活动期间，抗战馆为了进一步提升和发挥爱国主义教育基地的作用，特意邀请步平先生在抗战馆为观众做了一场题为"建立面向未来的历史认识——关于中日历史问题的思考"的讲座。课后，观众反响强烈。步平先生建议，可以在抗战馆长期开设一个以解读和分析抗战热点问题、普及抗战文物知识、传承和弘扬中华民族精神为主的公益性讲座。在经过一段时间的策划和准备之后，"民族精神大讲堂"的方案最终出台。步平先生得知后，非常高兴，并提出愿做"引出美玉的第一块砖"。2009年3月21日，步平以"抗战精神在新时代的继承与发扬"为题，开启了大讲堂的首场讲座。在大讲堂取得"开门红"后，越来越多的知名学者走进了大讲堂。大讲堂又走进机关、社区、部队、学校，2014年被授予"首都市民优秀学习品牌"。截至目前，"民族精神大讲堂"已累计举办百余场，受教育干部群众十多万人。

海峡两岸抗战史学术研讨会是2007年起由抗战馆、中国抗日战争史学会、台湾中正文教基金会共同发起组织的，旨在推进海峡两岸抗战史学术研究交流的学术会议。十年来，步平先生不遗余力地推动海峡两岸抗战史共同研究，使两年一届的海峡两岸抗战史学术研讨会成为国内外知名的学术交流品牌，是两岸学者煮酒论史的

“快活林”。然而，2015 年 11 月，就在第五届海峡两岸抗战史学术研讨会召开的前夕，步平先生积劳成疾，在临行前病倒了。尽管身在病床，步平先生的心却飞到了台湾。他在病床上连夜奋笔疾书，写下了几千字的开幕式致辞，表达了对研讨会成功举办的祝贺和对两岸学者共同书写抗战史的美好期望。

11 月 27 日，第五届海峡两岸抗战史学术研讨会在台北圆山饭店举行开幕式，罗存康副馆长代读了步平会长的致辞。步平先生高度评价“第五届会议在台北召开，是特别有意义的大事”，遗憾的是“最近由于身体的原因，不得不入院检查治疗”，对缺席此次研讨会“深感遗憾”。但他依然鼓励与会者“只要诚实面对历史，就能拉近两岸人民的距离，打造共同的历史记忆”。在致辞的结尾处，步平先生说“两年后，我们在北京等待大家”。

会后，两岸学者一致认为从第一届到第五届海峡两岸抗战史学术研讨会，交流越来越深入、越来越广泛，对历史问题的分歧越来越少，认识逐渐趋同，评价第五届研讨会是历届研讨会中最为成功的一次。

可是，我们在第六届海峡两岸抗战史学术研讨会上再也看不到步平先生了。但是，他所倡导的通过举办两岸研讨会“推进两岸关系的发展，促进中国的发展与统一”的思想将一直被我们传承下去。

步平先生对抗战馆的学术研究工作也提供了巨大的支持和帮助。2011 年 7 月步平先生受聘成为抗战馆学术委员会委员，多次为抗战馆编研部的员工做学术报告，指导开展学术研究的门道。他还积极推荐抗战馆的青年研究人员参加中日韩三国共同举办的历史认知与东亚和平论坛，拓宽学术研究视野。此外，2013 年至 2014 年，步平先生还以极大的热情参与了抗战馆抗战纪录片的选题、策划、学术指导等工作。讨论会经常是从早到晚。步平先生对工作质量要求很高，总是在大家感觉茫然的时候能够提出巧妙的构思和设想。

2015年为纪念中国人民抗日战争暨世界反法西斯战争胜利70周年，由中国人民抗日战争纪念馆、中国抗日战争史学会联合台湾地区的学者共同编写出版了“抗日战争与中华民族复兴”丛书20卷。该丛书以“抗日战争与中华民族复兴”这一内容为研究主旨，从抗日战争的多个专题入手，以事件为经、史料为纬，多维度探寻中华民族伟大复兴的线索。丛书的总主编步平先生，大到丛书大纲的制定，小到丛书20个分册的排序，都事必躬亲。他还亲自撰写了丛书的扛鼎之作《中日历史问题与中日关系》，还为丛书撰写了高质量的总序。中国抗日战争史学会名誉会长何理先生评价该丛书的作者团队时说：“这是实力派的老中青作者队伍，从他们以往的学术成果看，完成课题写作有可靠的良好保障。”由于作者队伍与丛书分册选题的精良，该丛书得到了国家出版基金的大力支持，被列为2015年国家出版基金资助项目。南京大学中华民国史研究中心资深荣誉教授张宪文评价该丛书：“‘抗日战争与中华民族复兴’丛书，不仅将促进和推动两岸学术界对抗战史全方位的研究深度和广度，还有利于提升海内外中国人的民族自尊心和自豪感，促进海峡两岸同胞乃至全球华人的交流和团结，更为中华民族的复兴大业作出积极的贡献。”

步平先生担任中国抗日战争史学会会长的十年是史学会乘风破浪、学术活动不断繁荣的十年。当时光的指针拨回到十年前，2006年3月31日，在中国人民抗日战争纪念馆——中国抗日战争史学会秘书处所在地，史学会迎来新一届的理事会的换届选举工作。在各级领导的千叮万嘱下，在众多会员殷切期盼下，在担负重振学会的重任下，时任中国社会科学院近代史所所长的步平走马上任，担任第四届理事会执行会长之职。在他的带领下，史学会开启了一条重振之路，并一路辛苦地奔跑着。

接手史学会工作之初，步平就强调，一个学术研究类型为主的学会，成功与否最关键一点就是学术影响力。秉持这个重要理念，步平决定实施“学术工程”。为了进一步扩大海内外抗战史的学术影响力，史学会联合抗战馆先后成功举办了五届海峡两岸抗日战争史学术研讨会、纪念中国人民抗日胜利 65 周年学术研讨会、纪念中国人民抗日战争暨世界反法西斯战争胜利 68 周年座谈会、学习习近平总书记在纪念全民族抗战爆发 77 周年主题活动上的讲话精神座谈会等一系列影响力大、学术水平高的学术研讨会。学术研讨会的成功举办，不仅扩大了学会的学术影响力，而且还大范围地正面宣传了学会，使众多学者纷纷慕名而来加入学会，学会规模日益壮大。

学会的影响力与日俱增，会员数量也日益增多，有关学会行之有效的管理也成为重要问题。步平会长一直非常重视这个问题，尤其是 2011 年 1 月担任学会会长后，他多次组织常务理事会、会长办公会、秘书处办公会。

2016 年是步平担任史学会会长的第十个年头，也是史学会的换届选举之年。然而，就在这关键时刻传来步平会长病情不断恶化的消息。3 月初，我们专程到通州去探望步平先生，并征求他对新一届学会换届的意见。本来身体虚弱的他打起精神，谈了很多关于史学会今后发展的问题，推荐了一批有学术能力、有责任担当、有影响力的学者加入，以壮大学会。

我们安慰步平先生，请他放下工作，争取早日康复。他笑着说，如果这次能够闯过难关，自己还有一个心愿，就是希望到抗战馆去做一名志愿者，到展厅近距离地和观众交流，谈一谈自己对中日关系、抗日战争的认识，推进中日关系友好发展。

2016年8月14日上午，噩耗传来。惊闻步平先生与世长辞，心情除了沉重还是沉重。18日，苍天悲悯，翠柏呜咽，步平先生的送别仪式在北京八宝山殡仪馆兰厅举行，抗战馆几十名职工自发前往送别。每个人的眼中都噙着泪花，叹息步平先生英年早逝，学界巨星陨落。

步平先生走了，他真的太累了，这或许是上天的眷顾，他终于可以好好休息了，在郁金花盛开的地方……

2017年5月8日

（作者为中国人民抗日战争纪念馆馆长、中国抗日战争史学会执行会长）

逝去的背影

——怀念步平老师

汪朝光

2016 年 8 月 14 日是个星期天，这天上午，我正在威海全国世界史中青年学者论坛的讨论会场，忽然收到一位朋友发来的短信，告知“步平老师今天早晨走了”。震惊之余，还不敢相信这是真的，便赶紧给另一位这几天一直在照应病中的步老师的朋友发短信询问，私心里还不愿相信这是事实，用的词句是“听说步老师病情危重，是吗？”但是，朋友的回答残酷而真实，步平老师确实在当天凌晨逝世了！这真是个让人难过而悲伤的消息，我不由回想起过去若干年来与步平老师的种种交往……

第一次见到步平老师是在 2003 年的 8 月。他当时在黑龙江社会科学院担任副院长，与近代史所合作主办“中俄关系的历史与现实”学术讨论会。从刚刚受到“非典”重创的京城，来到夏日气候宜人、蓝天白云下的哈尔滨，大家的心情都不错。当接我们的大巴车停在省社科院的住地时，一位身材高大的男子迎上前来，向我们京城来的学者们自我介绍说：我是步平。在这之前，我只知道步老师是中日关系史研究的知名专家，但并未见过面，这是我和他的第一次相见。随后几天的会议，不时能够体会到步老师的周到安排，听到他的朗声笑语，给参加会议的学者们留下很好的印象。我本以为他是东北本地人，聊起来才知道他是地道的北京人，“文革”时以知青身份到黑龙江，经过多年兵团农场的磨炼，后来在当地读大学，参加工作，也是知青一代中经过艰苦历练而成才成名的学者代表之一。

与步平老师有更多的交往是在他到近代史所任职以后。2004年7月，步老师就任近代史所副所长，主持所务（转年任所长）。刚好在步老师到近代史所任职的几天以后，我当时工作所在的民国史研究室要在宁夏银川召开“1920年代的中国”学术讨论会，也算是个有点规模的学术活动，我便请他去参加并在开幕式上致辞，正好也可以新的身份与大家见个面。他表示可以去参加，与近代史学界的新朋旧友见见面，但是是去学习的，就不必说什么了。他这样说时挺诚恳而并无做作之意。我说，不说什么也不好吧，毕竟您是代表所方去的。最后他答应在闭幕式上说几句，这也成了他作为近代史所新任掌门人在学界的首次亮相。他在会上是这样说的，我从地方来到北京，需要向大家学习的东西很多，近代史研究需要发展，近代史研究所的事业也需要大家支持，希望大家携手共进。他的讲话，坦诚平和，既无官气，亦无学究气。为人坦诚宽厚，说话直白平易，是步平老师给我和许多学界同仁留下的共同印象。在以后的学术领导工作中，这样的印象越加强烈而深刻。

后来我和步平老师的接触便多了起来，尤其是在2006年以后，步平老师邀请我参加他和日本、韩国学者共同从事的东亚中日韩三国历史的民间共同研究，有了不少机会参加步老师主持的工作会议和三国学者的讨论。步老师以中日历史问题研究而闻名于学界，在主持这项民间共同研究的同时，他还担任了当时由中日政府决定进行的中日共同历史研究的中方委员会主任委员。中日历史问题，牵涉到历史和现实的各个方面，以及两国民众的历史记忆和情感，不仅需要有深厚的学术功力，而且需要有到位的现实把握。步平老师在这两方面都做得很出色，可谓不辱使命、不负众望，很好地完成了这项实际上挺不容易的工作。

我没有参加中日共同历史研究，但是，我在参加步老师主持的中日韩民间共同历史研究的过程中，近距离地观察到步老师的学术见识和行为做派，对他最为心仪的有二点。一是他娴熟的日语表达能力。步老师并非专业学习日语出身，也没有长期留学日本的经历，完全是靠自学，听广播、看电视、多交流，凭毅力长期不懈地坚持，终于可以娴熟自如地用日语与日本学者毫无障碍地交流。联想起自己学了好多年的英语，学习条件不亚于步老师，但仍然是结结巴巴，不能自如地运用，比起来真的很惭愧。二是他谦和而坚定的立场态度。中日韩三国学者在一起开会讨论，观点总有不同之处，甚而有时对一些问题争得不可开交，而步老师总是能够把握全局，态度很谦和，娓娓道来，但立场很坚定，绝无游移，并且总是从充分占有资料和深入研究问题的学理角度出发，实事求是，以理服人，使得日韩学者最终多半能够理解和接受他的看法，这也充分表现出步老师的学术修养和学术水准。在中日历史问题研究中，步平老师特别强调在共同的历史事实的基础上，建立对于历史的共同认识，这样的认识并不为一国一方所独有，而是可以超越国境，为人类所共有，体现了他的宏大思考、宽阔眼界、以理服人，也衬托出那些刻意抹杀历史事实、歪曲历史认识者的偏狭无理。2011 年 3 月，我和步平老师同在夏威夷参加美国亚洲学会年会，他在有关中日历史问题研究的专场讨论中再次强调，我们应该在共有的客观历史事实的基础上，建立起共同的历史认识，从而做到以史为鉴，有益于亚洲和世界的和平事业。这样的看法也为参加会议的美国和其他国家的学界同行所称道。

步平老师整整长我十岁，我在和他的接触中，时时可以体会到他既为领导也如同兄长一般的关心和爱护，也是位可以倾心交谈的朋友。记得他曾鼓励我多和外国学者交流，让自己的研究更为人所知；也记得他曾批评我有时不太注意说话的方式方法，虽为无心之失，但也有改进的必要。我在担任近代史所的领导工作之初，是步老师的下属，从步老师那里学到不少治所的思路和方法，尤其是他敢于担当、敢于负责的为人处事之道，确实是值得我学习的方面。2011 年步老师退下来后，仍然关心近代史所的工作，对我的工作也是支持有加。历史有传承，历史研究同样有传承。步平老师虽非近代史所出身，但他主持近代史所所务的 7 年，承上启下，对近代史所和近代史学科的发展，从研究规划到具体执行，从图书档案建设到行政管理工作，都做出了他所能够做出的贡献，为所内外和学界同仁所广泛认可和高度称赞，并有其可圈可点之处。步平老师还特别喜好学习，在近代史所工作期间，凡有学术活动，无论与他的研究是否相关，只要他有空就都去听，并且认真记笔记，勤于提问题。这也是步平老师能够取得那些学术成就的原因之一吧，而且也可以给成天为烦琐事务所困的我们这些所谓“学官”如何治所、如何向学以很好的启示。

2015 年初冬，忽然听说步平老师染病、身体不适住院的消息，起初我还不认为有大的问题，因为他得的病应该不算特别凶险，想他可以度过这一关。我到医院看望步平老师时，仍然能听到他爽朗的话语和笑声，自信可以抗击病魔，并和我们讨论抗战研究和中日关系研究的若干问题，我也为之而十分欣慰。步老师还主持八卷本抗战史的重大课题，我也参加了其中一卷的写作，只是因为杂务繁多，兼以个性懒散，迟迟未完成。在医院看望他时，他叮嘱我尽快完成，并和我讨论了其中的若干问题。自 2015 年抗战胜利 70 周年纪念以来，抗战历史和中日关系史研究为各方所重视，若干重大课题陆续起步落实，正是步老师可以大显身手的好时机。我衷心祈盼他能够恢复健康，继续学术生涯，发挥抗战历史和中日关系史研究领军人的重要作用。

但是，也可谓天不遂人愿，病魔往往在不经意之间显出其残酷的面向。步平老师的诊治过程似乎并不十分顺遂。2016 年 5 月末，我和几位朋友去通州步老师家中看望，大家在一起聊天聚餐，共话学术，共勉人生，度过了一段愉快的时光。不过，在与步老师分手时，可以感觉到，他原先高大的身影已经有些佝偻，矫健的步伐已经略显蹒跚。些许心酸心痛的感觉随之浮上心头，曾经身强体健如步老师者也难免在病魔的侵蚀下显露出生命脆弱的一面。当我们和他告别时，他逐渐消失在我们视线之外的背影，不成想就成了我对步平老师最后的生之印象……

步平老师，愿您在天国安息！

2017 年 4 月改于世界历史研究所

（作者为中国社会科学院世界历史研究所副所长、研究员）

永远的怀念

宋志勇

步平先生离开我们已经一年了，但至今仍然不相信他走了，他的音容笑貌好像依然在眼前。他是著作等身的著名学者和身兼多项学术要职的学界领导，是抗日战争研究的领军人物，却没有架子，没有俗套，无论对谁都那么和蔼可亲，展现出他特有的人格魅力。我是他学生辈的人，但跟他交往没有任何顾虑和畏惧，亦师亦友二十年，无法忘怀他对我的帮助和扶持。

去年 8 月 14 日，在从外地回津的火车上得悉了步平先生去世的消息，悲痛不已。18 日，我从天津赶到八宝山参加步平先生的遗体告别仪式，跟他做最后的道别。当天大雨倾盆，数百名他的同事、师友、政府官员、日韩朋友冒雨泪送这位伟大的历史学家、社会活动家、民间外交家，场面非常感人。还有许多人被大雨所阻，在前往告别仪式的路上，遥向八宝山泪别送行。步平先生如此受人爱戴，充分表明了他人格的伟大、情操的高尚。

因东京审判研究而结识

初次见到步平先生大概是在 1991 年春天的东京。那时步平先生在黑龙江社科院任职，到东京参加有关日军化学战的学术活动，而我从南开大学公派到立教大学留学，指导教授是粟屋宪太郎先生，是研究日本化学毒气战的著名专家，与步平先生研究领域相近，彼此很熟。粟屋教授带我参加了那次小的聚会，我跟步先生见了面，但仅仅打了个招呼，未及细谈，印象并不深，此后也没有进一步联系。

再次跟步平先生见面是 15 年后，源于 2006 年开始的中日共同历史研究。众所周知，中日共同历史研究是中日具有官方背景的历史研究活动，中方参加的只有中国社科院和北大的一些学者。但后来中日双方又邀请了一些学者作为合作研究者（所谓“部外执笔者”），开展专题研究，加入到该研究中。我当时可能因为做了一些东京审判的研究，而中方又对东京审判比较重视，便获中方首席委员步平先生的邀请，从 2007 年开始参加了中日共同历史研究的一些活动，并负责东京审判部分的执笔，从此跟步平先生的接触就多了起来。东京审判是对日本近代以来对外侵略特别是对华侵略历史的彻底揭露和严正审判，也是对日本历史认识的重要约束，在近现代中日关系史上具有重要意义。步平先生对这一点非常重视，也很有研究，极力主张在中日共同历史研究中重点讨论这一问题。虽然这一问题在中日间非常敏感，双方认识差距很大，是个非常棘手的问题，但步平先生不回避、不退让，积极组织对这一问题的讨论。在这个问题上，步平先生的态度很明确，实事求是，精心研究，客观评价，既不接受日方对东京审判的一些不正确的观点，也不作为东京审判的胜利者将自己的观点强加于人。他精心组织，认真准备，专门召集国内专家对这一问题进行分析研讨，还特别邀请了一些法学家参加，使我方在这一问题上准备充分，在中日讨论这一问题时应对自如。在大约两年的时间里，我跟步平先生学到了不少东西，受益匪浅。尤其是他坚定的爱国立场和严谨的科学态度，给我留下了深刻的印象。

后来，我们几乎每年都有机会见面，有时是在国内，有时是在国外。步平先生还应邀担任了我们南开大学日本研究院的客座教授，先后两次百忙之中来做讲座。特别是 2015 年，正值抗战胜利 70 周年，7 月 13 日他在极为繁忙的日程中挤出时间，给我们举办的“纪念抗战胜利 70 周年大讲堂”做了最后一次讲座。而 8 月下旬，我们一起赴朝鲜访问，参加中朝纪念二战胜利 70 周年的学术研讨会。9 月 2—3 日，我们又一起参加了在北京举行的纪念抗战胜利 70 周年国际学术研讨会和纪念大阅兵。10 月下旬，我们又一起参加了在东京举行的“中国的日本研究”的学术研讨会。这是我和步先生在一起时间最集中、最长的一年，也成了我最难忘怀的美好时光。怎么也想不到，不到一年时间，他就离我们而去。

认真负责，勇于担当

在跟步平先生相处的日子里，他于公于私，对我帮助很多。他对工作认真负责、敢于担当的精神，给我留下了深刻印象。这其中他勇于担当，支持、帮助《东京审判・战争责任・战后责任》一书的翻译出版的事，更是让我对他肃然起敬。

《东京审判・战争责任・战后责任》是日本著名国际法学家、东京大学教授大沼保昭 1985 年写的一本很有影响的著作（当时的书名叫《从东京审判到战后责任的思想》）。它将东京审判与日本的战后责任结合起来，具有很高的学术价值和现实意义，在日本广受欢迎，多次修订再版。20 世纪 90 年代后期，当该书第四版修订出版后，大沼保昭教授委托跟中国交往密切的爱知大学教授、著名日本现代史专家江口圭一先生，联系该书在中国翻译出版，让更多的中国人了解日本对东京审判的研究情况和他对战争责任的观点。江口教授跟我们南开大学日本研究院交流很多，还是我们院的客座教授，他便和院里商量，希望由我来翻译该书。我对该书很感兴趣，江口教授又是我尊敬的师长，便答应下来并全力投入翻译。

但是，当我耗心费力将该书翻译完后，没想到出版遇到了大问题。几家出版社表示该问题太敏感，不愿意出。有的出版社要求作者对原书作颠覆性的修改，才答应出，但这有违大沼教授的初衷。虽然大沼教授对原著做了最大限度的修改，但书稿改来改去，出版社换了这家换那家，拖来拖去两年多，就是出不了。我和大沼教授都干着急，没有办法。参加中日共同历史研究后，我跟步平先生熟了，就跟他说起此事。步平先生了解情况后，马上就让我把译稿传给他，并多次跟我交流了对该书的意见，认为该书是一部有价值的学术著作，值得在中国翻译出版。他不像其他出版社那样怕事、逃避责任，而是积极向中日历史研究中心和社科文献出版社推荐该书，该书最终于 2009 年由社科文献出版社出版。步平先生还怀着历史责任感和政治责任感，特意写了近万字的“读后”作为对该书的推荐，指出该书是探讨日本历史认识上“有思想深度的著作”，认为大沼教授关于日本“战后责任”观点的提出和分析，“确实切中了日本关于战争责任历史认识问题的要害”，希望“本书的翻译出版能够促进中日间的相互了解与理解”。该书出版后，在学术界和社会上都获得很好的反响和正面评价。步平先生跟大沼保昭教授并不认识，但他勇于负责、敢于担当的精神令大沼教授非常感动，后来他到清华大学讲学时，一定要我带他到近代史所向步平先生致谢。这也算得上中日学术交流的一段佳话。

实事求是的楷模

步平先生在历史研究特别是抗日战争史研究中一再强调实事求是，一切让史料证据说话。在中日共同历史研究中，他也是本着这一精神领导中方的研究，也让日本学者心服口服、无话可说，获得了他们的尊重。但当今社会，浮夸风屡禁不绝，甚至蔓延到了历史研究中。步平先生对此深恶痛绝，坚决抵制。前一段时间，许多在普通的图书馆或旧书店随处可见的普通日本侵华资料，被冠以“最新发现”“最新挖掘”“重大发现”的字样，不时出现在媒体甚至是国家级主流媒体上，有的甚至进行炒作。对此，步平先生作为日本侵华史研究最有影响力的专家，从不应声附和，而是实事求是，客观评价。即使对日本的侵华罪行研究，他也不搞得理不讲事实，而是极为重视实证研究，让事实说话。前些年，某资料馆声称新挖掘出日本侵华新史料，经媒体报道，成为一大新闻。但步平先生对该档案的情况非常熟悉，他们所说的绝大部分档案不是什么“新发现”，早就被媒体报道，甚至出版了系列资料集。对于这种历史资料收集和研究上的浮夸风，步平先生并没有事不关己，视而不见，而是敢于冒政治上的风险，讲真话，讲事实，受到学界同仁的敬重。他实事求是、为历史负责，是我终生学习的榜样。

有人评价说步平先生影响了中国人的“日本观”，这很客观。他敢于讲真话、讲事实，向中国人民介绍了一个真实的日本和真实的日本历史，体现了一个历史学家的责任和担当。但这一评价还不全面，因为他还影响了日本人的“中国观”。他利用一切机会，向日本人民介绍了一个真实的中国和真实的中国历史，使他们摆脱了日本政府和媒体对中国和中日关系以及中日历史问题的误导，树立起了客观正确的“中国观”。这是步平先生对中日关系和中日历史问题研究的最大贡献，中日两国人民应该牢记不忘。

步平先生把一生献给了抗日战争和中日历史问题研究、中日关系的改善和中日民族的和解事业，令我们敬佩。我们后人应该继承步平先生遗志，和日本的有识之士携起手来，共同努力，进一步深化中日历史问题和民族和解的研究，为中日关系的改善和东亚的和平稳定，积极贡献自己的力量，以告慰步平先生的在天之灵。

2017 年 6 月 6 日

（作者为南开大学日本研究院教授）

回忆步平老师

张生

2016年8月4日，参加完军事科学院抗战工程专项开题会议，去北京同仁医院看望了步平老师。步老师刚刚二次手术，电话里步师母通报说张生要来看一眼，步老师说张生来吧。差不多上午11点才到，步老师刚从ICU出来，躺在病榻上，身上插满了管子。看见我来，赶紧招呼我坐下。我说天天坐，站会儿吧。站在病榻前仔细打量，才半年不见，步老师已经病骨支离，颧骨凸出，眼睛也没了精神。絮絮叨叨说了几句闲话，步老师说起从ICU出来的情形："一辆红色救护车把我运过来的。"步师母说就是用手术床推过来的。我们意识到步老师已经出现了幻觉，不再多说。我说："过些天开中外关系史会议，再过来看，那时步老师该可以下床活动了。"步老师要挪一下腿，护工和步师母帮他轻轻摆好了，他问："挪过了吗？"步师母说挪过啦。"那就好。"步老师说，然后叫我坐沙发上。

告辞出来，步师母泪流满面，说已经转移到胸椎。因为肿瘤压迫疼痛得厉害，所以动了手术。上了车，告诉连红兄，步老师怕是难过这一关了。但想到中外关系史会议8月20日就开，心想再见一面是没问题的。没想到，14日2:40分，步老师就因为肾衰竭、呼吸障碍等并发症仙逝了。

初见步平老师，应该是在2002年第一届历史认知与东亚和平论坛上。我刚从新闻界回归学术界，几乎不认识什么人。张连红教授叫我去参会，拜见一下知名学者。晚上喝得晕晕乎乎的，站在南京国际会议中心的大堂里，拜见了步老师。很快，在南京召开了中华民国史青年学者讨论会，步先生也参加了，并安排接受了当地媒体的采访，谈中日关系。那时，连红兄运作引进步平老师，我想到可能在南京共事，格外亲切。

本世纪第一个 10 年中，杭州师范大学袁成毅教授曾经主办了多次抗日战争史会议，步老师参加了其中几次。这中间，步老师调到中国社科院近代史研究所担任领导，主持中国抗日战争史学会，我跟他的接触多了起来。北京、上海、杭州、哈尔滨等地，都跟老师有过交集。承步老师不弃，多次邀请我发表浅见，其中两岸抗日战争史研讨会和中日韩三国和平论坛是参加最多的。然而惭愧，我不记得是否曾经跟老师一起漫步苏堤，讨论学术，请教人生智慧。只有一次，不知在何处，曾经问步老师如何处理好行政工作和学术研究的关系，蒙步老师给了很多教益。

2015 年 10 月，步老师亲自带我们去那霸参加第 14 届历史认知与东亚和平论坛。在那次会上，我看到了步师母和步先生女公子。平时忙，没有时间陪家人，会后，步老师特地陪太太、女儿游览了两三天。12 月，与台湾方面合开的抗日战争史讨论会如期召开了，步老师却没有来，只有书面发言。知情人说步老师身体出了状况。

2016 年 1 月初，近代史研究所召开中华民国史高峰论坛，开会前，我去同仁医院看望了步老师。步老师刚刚开始治疗不久，精神蛮好。他说前列腺癌，转移到骨头，觉得疼了，才去检查，有点晚了，但很有信心，并向我介绍了治疗方案。我说，我妹妹的老公公和我阿姨，都是晚期，但经过治疗，已经痊愈，要相信现代医学的能力，何况步老师的女公子就是医生。步老师表示同意，问了我《钓鱼岛问题文献集》的编纂情况。我说在审稿，他提醒我台湾方面有不少资料，一定要收全。然后又谈到“抗战工程”，说了许多具体的情形。连红兄第二天也去看望了步老师，我们都认为步老师情况不错。

2016年的春天，十分忙碌。南大历史学院主办了四五个学术会议，同时进行学科评估，一直没有去北京看望步老师。好在有微信，把步老师拉到群里，就是想看看他的状况。步老师不大发言，但慨然应允担任《钓鱼岛问题文献集》的学术指导，不厌其烦地告诉我，村田忠禧的书中日方档案的翻译曾经再三斟酌，质量很高，提醒我翻译相关资料时要认真借鉴。又告诉我，台方有些资料值得推敲。在生命的最后一刻，步老师还在一如既往地提携我、支持我。

8月13日夜，心浮气躁，睡得很不踏实。一早起来，看到了高士华兄发来的噩耗。跟步老师交往14年的一幕一幕立即浮现在眼前：

一年，步老师和荣维木、杨群兄路过南京，张宪文老师宴客。席间宾主言欢，不觉忘记了时间，还有半个小时火车就要开。我送三位先生去火车站。那时南京火车站正在维修，从检票口到月台要十来分钟。荣维木先生拖住他钓来的鱼，几乎跑虚脱。后来见到步老师，每每提起，老师大笑不已。

又一年，步老师拿到国家社科基金，召集课题组成员王希亮、荣维木、袁成毅、张连红诸兄和我去北京，大家讨论完提纲，在蟹岛农家四合院的热水池里畅谈学术，讲故事，唱歌……连红兄和我分担南京大屠杀一章，本来说一年完成的，拖了蛮久，每次见到步老师，惭愧不已，步老师只是笑笑。最后，我跟连红兄立下军令状，不完成不到北京，终于在两年前后勉力完成。

在我的记忆里，步老师来南大讲学过两次，每次都来去匆匆。第一次是来讲南京大屠杀的，步老师提出，南京大屠杀有三个层面：作为历史事件的南京大屠杀，作为法律案的南京大屠杀和中国国民认知中的南京大屠杀。这三个层面交互作用，互相影响。后来在拙著《南京大屠杀研究（上下册）》出版时，承步老师同意，作为本书的序言面世。

第二次是谈战后处理与中日关系的。步老师很多著名的论断在这次报告中都有发挥，比如日本社会右倾化确实损害中日关系，但今天的日本人不是 70 年前的“日本鬼子”。讲到中国学界某些不良现象，步老师很生气，反复指出要有推己及人的国际化视野。

步老师人品高洁，学界有口皆碑。对我这样的后学，有求必应，回头想来，他长年的忙碌疲惫，也有我这样的家伙造成的因素。记得 2006 年初，我要竞聘博士生导师，想请步老师写个推荐信。电话打过去，他刚刚从上一班飞机下来，马上就要上另一班飞机去出差。步老师没有推辞，安排得妥妥的。中华民国史研究中心作为教育部百所人文社科重点基地之一，申报、评估等等颇为繁杂，也时不时烦扰到步老师。如今斯人已去，自己也年近半百，想到一直以“贵人”身份出现在自己生命里的步老师，真如《诗》云：“昔我往矣，杨柳依依；今我来思，雨雪霏霏。”

“生命像一条河流，会流经很多地方，遇见很多人，很多人也会踏进这条河流。希望彼此珍惜善待，庶几无愧。”跟友人谈起步老师的时候，我想到了这句话。步老师年青时候从热闹繁华的北京插队到北大荒，强烈的命运反差并没有改变他朴素醇厚的天性。他在哈尔滨的漫长岁月里厚积薄发，在中日关系史和中日历史遗留问题研究中成就突出。他站在北京的学术高地上，春风化雨，领袖群伦，奖掖后进。宅心仁厚的他，是中国学术史上一条“风景这边独好”的河流，余生而何幸，得亲近而掬之！

愿步老师往生极乐，鲜花满地。

2016 年 8 月 16 日

（作者为南京大学历史学院院长、教授）

步平先生逝世

张弘

2016 年 8 月 14 日，中国社会科学院近代史研究所前所长步平病逝，享年 68 岁。一个致力于中日韩三国近现代史研究和交流的学者，就这样匆匆离去。他参与撰写的《两岸新编中国近代史·民国卷》(社会科学文献出版社)刚刚面世，而他主持的《中华民族抗日战争史》尚未出版。此前，他组织中日韩三国学者撰写的《东亚三国的近现代史》，推动中日学者撰写的《中日共同历史研究报告》(上、下)，翻译引进的《日中关系四十年：1972—2012》等著作，已经成为东亚学者合作交流的丰碑，而他自己完成的著作《中日历史问题与中日关系》《跨越战后》等等，将继续启迪着人们对于中日关系的思考。

对中日战争历史的认知，一直是困扰中日两国关系的核心问题。尽管中日战争已经结束 70 多年，但日本社会部分人士否认侵略，让中日两国的友好发展道路崎岖坎坷。正是由于这场战争的认识分歧，使得靖国神社的问题犹如笼罩两国关系的幽灵。而极少数逃脱战争罪责的战犯不思悔改，更是让中国人在情感上深受伤害。对此，步平有着深刻的认知。他曾表示，目前我们所说的历史问题，其实表现在政治判断、学术研究和民众感情这三个层面，现在这三个层面相互交错，让历史问题变得尤为复杂。我们需要理顺这三个层面的关系。中日共同历史研究项目研究的目的首先是解决学术层面的问题，从而为政治判断和民众感情提供正确的依据。虽然对于战争民众是有着记忆依据的，但毕竟视角有限而且已事隔多年，这就需要学者通过研究把历史比较完整和准确地呈现给大众。

为此，中日双方各10名学者组成共同历史研究委员会，分为古代与中世纪史、近现代史两个组，开展了共同研究，形成两卷本的《中日共同历史研究报告》。此举的目的在于通过学者间的冷静研究，首先从学术上理清历史事实，缓解围绕历史问题的对立情绪，促进两国友好交流。这次共同研究，两国学者共同确定了研究题目，在重要问题上进行充分讨论，在吸收部分对方意见的基础上多次修改，形成各自的论文。虽然是“各自表述”，但因为研究题目是共同确定的，两国学者能够在同一题目下围绕关键问题展开研究和讨论，不回避分歧。双方学者在各自的论文中都明确指出，自1931年开始到1945年的中日间的战争是日本对中国的侵略战争，阐述了侵略战争给中国人民造成的巨大的伤害与损失，表达了谴责侵略战争和维护和平的愿望。同时，日本学者也在相关研究成果中明确承认了日本军国主义对中国的侵略和给中国人民造成的巨大伤害。日军的种种非法行为给大量中国平民带来了深刻的战争伤痕，认为那是新的中日关系的绊脚石。他们的论文还认为：近年关于细菌战、遗弃化学武器、强制征用劳工、对妇女的暴行等问题的诉讼，都是战争带给中国人民深刻伤痕的表现。可以说，就历史研究而言，双方的合作向前迈出了一大步。有了双方合作的这一基础成果，中日两国民众对于这段历史的认知裂缝，也就可以逐渐缩小。

在《两岸新编中国近代史・民国卷》中，步平负责撰写的是抗战史部分。首先，他提供了一个宏观的历史背景，从日本国门被打开的“黑船事件”写起，然后经过明治维新，通过日俄战争取得俄国在中国东北南部的权益，再到大陆政策的制定。然后，对中国逐步侵略。在展开抗战画卷宏阔场景的同时，他提供了很多的抗战细节：九一八事变发生后，张学良指示东北军“绝对不抵抗”，导致损失惨重。但是团长王铁汉下令还击后撤出北大营。马占山等人组成义勇军，英勇抗敌。九一八事变让蒋介石大感意外，视为中华民族的奇耻大辱，一边求国际解决，一边积极准备抗战。早在西安事变之前，国民党已经发动了长城抗战，蒋介石亲自发起了绥远抗战。南京大屠杀到底被杀害了多少人，一直是中日历史学者争论的焦点。步平引用了战后在南京进行的中国国防部军事法庭审判中认定的数据：被集体屠杀的人数达 19 万之多，被零星屠杀 15 万人，被害总数共 30 余万人。他强调，抗战使得英美主动废除了不平等条约，中国收回了东北和台湾，成为联合国创始成员国和常任理事国，重新确立了世界大国的地位。在不到 5 万字的篇幅内，步平呈现了丰富的内容。可以想见，他生前策划、主持的多卷本抗战史面世，必将引发更大的反响。

本文刊载于《北京晚报》2016 年 8 月 19 日

（作者为凤凰网主笔）

谦谦君子，学人典范

——怀念步平先生

张连红

去年8月14日，步平先生因病突然离开了我们。光阴似箭，转眼已近一年了，但每次学界朋友们开会见面，我们都会不约而同追思步平先生。

步平先生是一位谦谦君子，平易近人，初一见面，便让人如沐春风。我第一次认识步平先生是在2000年3月底在上海师范大学苏智良教授主持召开的首届中国“慰安妇”问题国际学术研讨会上，当时他是黑龙江省社会科学院副院长。他在会上发表的报告是《“慰安妇”问题与日本的战争责任认识》，引用的第一手资料都是日文，给我留下特别深刻的印象。当时我们学校成立南京大屠杀研究中心才一年多，研究刚刚起步，在研究过程中深感缺少懂日语的研究人员。当天晚上，我到他的房间拜访，向他介绍了我们研究中心的运行情况。令我十分兴奋和无比感动的是，步先生不仅对我们研究中心成立后的研究工作进展及未来计划给予了较高的评价，而且极为诚恳地表示愿意调到我们学校任教，共同推动南京大屠杀这一课题的研究。当时步平先生是省管厅级干部，但其钟情学术，愿意放弃行政级别到我校担任研究中心的教授，令我肃然起敬！

回校后，我立即向系、校领导做了汇报。当时校长是著名法学理论家公丕祥，在他的大力支持下，我们很快启动了引进步平先生的相关工作。经过多次沟通协调后，学校人事部门给黑龙江社科院发了商调工作函。但十分遗憾，当时黑龙江省委相关领导坚决不同意步先生提出的调动要求，步先生未能如愿来到南京。现在回想起来，如果当初步先生能顺利加盟我们南京大屠杀研究中心，中心的发展会是一番怎样令人憧憬的情景？不过虽然步先生最终未能南下，但我们之间建立了深厚的友谊，其后学术联系不断，特别是2004年7月步平先生调到近代史研究所工作后，我几乎每次到北京参加学术会议时，都要与步先生深入长谈，研究中心的发展也更是不断得到步先生的精心指导和大力支持。

步先生平易近人，厚于待人，不仅于我，在学界也是有口皆碑。在同步先生相识之初，曾听到黑龙江社科院历史所一位同仁介绍说，经常有一些外地年轻人慕名拜访步先生。有一次步先生从外地出差回哈尔滨，直接从飞机场到一位年轻人下榻的宾馆，来见这位从未谋面的年轻人。王选女士在没有被评上感动中国人物之前，知道她的人也不多。有一次她到哈尔滨去拜见步先生时，步先生请她到家中一起吃晚饭。当天他们围绕细菌战索赔问题一起讨论到凌晨。王选老师的嗓门较大，声音响亮而且频率快，邻居们误以为是步先生夫妇发生争吵了。步先生夫妇平常很少发生争论，听说邻居们第二天都来关心询问真相。在近代史所，也经常听到一些年轻同仁提及步先生请他们到家中小聚，或者请他们搭乘他自己开的车。有一次在北京开会，我也享受过这一特殊待遇。当天我要乘晚上的飞机回南京，步先生则主动提出开车送我到机场，此事让我一直深怀愧意。步先生也深得媒体界记者的好评，对于记者的采访，他基本上做到了每求必应，如果白天没有时间接受采访，晚上也会抽出时间通过邮件回答记者的提问。为了配合拍纪录片的需要，他甚至会抽出宝贵时间来专程协助电视台“演出”。他曾对我说，他不厌其烦地接受记者采访，是希望媒体能够广泛传播学界理性的声音。步先生任近史所所长后，公务十分繁忙，但其仍不忘初心，不改本色，待人至真至诚，令人感佩！

“高山仰止，景行行止。”步先生不仅人格光彩照人，其理性的学术精神也一直潜移默化地影响着我。近二十年来，中日关系异常敏感脆弱，极左民族主义论调在网络上大行其道，步先生则一直强调要从政治、学术和民众三个层面分析理解中日关系的过去、现在和未来。他特别关心我所进行的南京大屠杀研究，时常给我发来他搜集的相关资料，介绍日本学界最新研究动态，鼓励我从第一手史料出发，围绕南京大屠杀的争论点进行客观理性的研究。在南京大屠杀研究方面，由于我们之间有许多共识，因此，步先生也多次邀请我参加由他主持的各种研究项目，由我负责撰写南京大屠杀以及日军暴行等方面的内容，如2005年出版的中日韩三国共同教科书《东亚三国的近现代史》、2014年出版的《中日共同历史研究报告》和2015年出版的《中日历史问题与中日关系》等。在参加这些项目研究的过程中，步先生极富学术理性，但在涉及原则问题上也决不让步。我印象中最深的一次是在参加中日共同历史研究时，中日双方代表讨论南京大屠杀原因，日方代表提供的文本中坚持称中方也应承担南京大屠杀的次要责任。我在发言中强调在南京大屠杀中日军是侵略者、加害者，如果日军不侵略中国南京，根本不可能发生南京大屠杀，其责任完全在日方。如果在检讨南京大屠杀原因时，日方也讨论受害国的责任，则会模糊事件发生的根本原因，让读者产生为侵华日军开脱战争责任的误导。在日方首席代表北冈伸一先生发言后，步先生立即支持我的观点，并对北冈的意见进行了有力的反驳。

步先生在日本学界和市民团体中也有很好的人缘，大凡听过步先生演讲后的日本人都能深刻反省过去的历史，并积极参与到中日和平运动中去。我记得在 2001 年前后，步先生应日本新潟大学古厩忠夫教授的邀请，前往该校围绕战争遗留问题中的日本化学武器的专题讲过一学期的课。在课程结束后，全班 20 余位同学都纷纷给步先生写课后感，几乎每一位同学都表示深受感动。当时，步先生曾将同学们的课后感寄给我参考。现摘录其中一位川崎良夫同学的读后感：

> ……这次讲义给我印象最深的是毒气武器的遗弃问题，现在在中国东北的地下和江河里还有没发现的毒气武器，那么东北的人民生活在多么危险的环境中？那些被伤害的人得不到日本政府的赔偿，真是很遗憾，我对日本政府很生气。为了日中的历史认识和互相理解，这些历史问题一定要尽早解决。世界性的互相屠杀的战争再也不要发生了，而全世界认识历史，互相理解是第一步。如果没有互相理解，永远的和平是不可能的。日本政府如果是要促进和平的话，就尽早处理好遗弃的化学武器。
>
> 这次讲义，老师使用了幻灯片、CD-ROM 进行详细的讲解，使我知道了许多以前从来没有听说过的战争的问题，真是一次好的学习机会。我感到为了世界和平而学习历史是多么重要。我将来要进一步学习中国东北的历史。
>
> 这次集中讲义所学到的东西我永远不会忘，深深感谢老师。

这位川崎同学的话很具有代表性，但十多年过去了，日本社会对中日战争的历史认识仍未走出历史怪圈，而曾经给日本左翼人士带去希望的步先生却不幸英年早逝了！日本都留文科大学荣誉教授笠原十九司先生在去年 10 月来南京交流时，他曾对我说，步平先生是他最尊敬的中国学者，步先生的去世使日本左翼和平团体失去了在中国最好的朋友！

在我的记忆里，有太多步先生的故事，他的音容笑貌会永留我的脑海中！

在我的心目中，步先生永远是一个完美的人、一位谦谦君子！是我终身学习的典范！

虽不能至，然心向往之。

2017 年 5 月 9 日

（作者为南京师范大学南京大屠杀研究中心主任、教授）

怀念

金以林

初次见到步平先生，是 1991 年在沈阳召开的九一八事变 60 周年国际学术研讨会上，最深的印象是步先生脸上长了一颗像毛主席一样的痣，只是位置不同。那时我还只是一名刚刚大学毕业不久的本科生，第一次参加学术会议，也没有机会同步先生交谈。以后的十多年间总是不停地听到或看到步先生的研究成果，却没有再见过面。

2003 年底，我从新加坡学成归国，重回研究所服务。那时，我们的老所长将要退休，传闻中的继任者之一就有步先生。当时所里的同仁们大都不以为然，甚至有人对我说："近代史所到底是要和国际接轨，还是同黑龙江接轨？"其实，本所同仁们和我一样，都对步先生了解不多，大家更希望所里能产生一位熟悉的同事来当所长吧。

再次见到步先生，是 2004 年 7 月。作为民国史研究室的秘书，我正协助汪朝光、王奇生两位主任在银川承办"1920 年代的中国"国际学术研讨会。此时，步先生已被正式任命为本所副所长（主持工作）。开幕式前一天的欢迎晚宴上，步先生作为所领导向与会的海内外嘉宾致辞。这是我第一次有机会和步先生交流。谦和、没有架子，是大多数同仁的共识。但此后一年多，我因无需坐班，每周只去所里一天，几乎见不到步先生。

2005年12月的一天，步先生突然给我打电话，这是我们第一次通话，也是步先生第一次主动找我。他在电话中询问我是否有意承担科研处的工作。而我此前两周刚到复旦大学注册在职博士后研究，就一口回绝了。但一个月后，我还是阴错阳差地转岗到了科研处。

科研处对于所领导来讲，就像军队中的参谋部。从此，我全力以赴协助所领导落实研究所的各项科研组织工作，以往悠闲的日子一去不复返了。而步先生在工作中则给予我无限的信任和支持，放手让我做。研究所内部的科研组织及与学界的交往都还好办，最辛苦的是对社科院职能局的工作。作为一名管理岗的新手，我常常自说自话，用现在的一句时髦话讲，就是没有“规矩”。但步先生总是不以为忤，让我尽情地发挥。每当我同院部各职能处室交涉无效时，就会“强迫”步先生出面，告诉他有N件事要他同科研局长沟通，还有N件事要同外事局长面谈。步先生也总是很随意地回一句：“你安排时间见面吧。”不管多忙，他总会抽出时间“听”我安排，为我撑腰、扫尾。2006年底，根据中日两国领导人的指示，由两国政府主导的中日共同历史研究项目上马，步先生作为中方首席委员率队与日方学者对话。在组建中方团队时，他任命我为“中方事务局长”。“事务局”是日语直译的名称，也就是“秘书处”。从此，不论是项目预算，还是会务安排，步先生完全放手交给我这个一句日语也不会说的人继续自说自话地干。那时，我看中了刚从日本留学回国、在社科文献出版社工作的马晓娟，最初是借调她到秘书处工作，后来就一心要挖她来当我的助手。社科文献出版社的领导很生气，我去请安认错也无效，只能再找步先生亲自出面向社长赔罪。最终，我还是如愿以偿了。

本所老所长刘大年先生自20世纪60年代开创了本所，也开创了新中国史学界同日本学界的广泛交往，赢得了无数的学界佳话。这一传统得到了此后历任所长的继承。步先生继任所长后，不仅延续了这一传统，还进一步发扬光大，拓展了与日本各界的交往。我在科研处长任内五年，协助步先生参与两国政府组织的共同历史研究、中日韩三国民间教科书编写等项目，十余次陪同步先生赴日本访问。他不仅带我造访了日本各大学的近代史学者，还同社会各界广泛接触。我曾随步先生到东京郊外的原日共宣传部长家中访问，我们与一群老日共盘腿坐在榻榻米上一起喝日本清酒，一起唱国际歌；参观“中归联”后人举办的展览，为他们提供资料；协助日本友人在中国举办日本社会反省战争的展览。期间，步先生曾请他们为本所收集研究日本的文献，很快就征集到千余册的图书。步先生马上又带我找到日本基金会的友人协商运输。日本友人为步先生推动中日友好的执着精神所感动，主动表示愿承担全部运费。日本参议院副议长冈田春夫先生的公子，也将其细心保留的二十余箱冈田先生 20 世纪 60 年代参与中日交涉的资料，包括与毛主席、周总理的会谈记录，与中国领导人的往来信函等珍贵文献全部捐赠给本所。日本右派不承认在战争期间使用过化学武器，令两国政府在处理战后遗留化学武器的谈判无法顺利进行。步先生依靠他在日本的广泛人脉，很快从战时日本化武生产商遗留在各地的档案中复制了大量原始图纸和照片，并经初步研究和整理后交给中国军方，作为有力证据，令日本政府在处理齐齐哈尔遗留化武的谈判中无法抵赖，为中国受害者赢得了赔偿。步先生还长期参与中国公民向日本政府、企业进行的民间索赔工作。正因上述卓著的成就，引起日本右翼的反对。一次我和步先生在日本旅行，看到一家右派主办的期刊封面上刊登的大字标题：“步平：中国知识界的反日灯塔”。我还兴奋地对步先生说，这个评价可真是高大上啊！

和步先生相处久了，我就越来越敢同步先生没大没小，也时常感受到步先生可爱的另一面。我和科研处的几个年轻人在工作之余同样是没大没小，他们时常会无理要求我请客。有几次，中饭前正被他们要挟时，我就会故意在楼道中大声说笑，引来步先生，自然下一步就是拉着先生一起去吃饭，我并随上一句“谁官大谁请客呀！”这样的饭局，我们一起吃过无数次，几乎无一例外是由步先生买单。

2008年前后的某一天，步先生考取了驾驶执照后找我说：“我新买了一辆车，今天提车，你和我一起去吧，到时帮我开回家。”司机杨师傅先开车送我们办完全部手续，再到西五环附近的4S店取车，我就让步先生开车，我坐在副驾驶位上当教练。杨师傅开车跟在后面。步先生家住在东五环外，全程40余公里，一路畅通。我不停地说：“加油！加油！”随着速度的加快，我能感受到步先生已开始全身紧张了。我又时不时地下令：“左手抬起来甩甩”“右手抬起来甩甩”“左腿晃两下，不要绷得太紧了”。透过反光镜，我看到后面没车时，就又命令道：“看反光镜，打左转灯，并线，不许减速！”“打右转灯，并线，加油！”一路上步先生都像小学生一样服从命令听指挥。最快时，车速超过百公里每小时。顺利到家下车后，后面跟着的杨师傅大骂道：“小金，你不要命啦！步所第一天开车，就超过百公里。出了事谁负责？”步先生马上客气地答复：“我负责，我负责。”“您负得了责吗？”杨师傅补了一句。步先生想了片刻，答道：“这我还真是负不了责。”而此时站在一旁的我一言不发，得意地坏笑。经过这次超常训练，步先生很快就自驾车上班了，还对我说，幸亏第一次开车有你当教练，有了速度感，才能很快掌握。从此，本所许多家住通州的年轻同事，就时常搭乘“步师傅”的车上下班了。

步先生平时着装非常随便，记得他有一件浅色格子夹克衫穿了有十年，不舍得淘汰。但他在办公室会始终放着一套西装，只要有外宾来访，马上换装。时间长了，这套西装干洗烫平后会有局部发亮，我就提醒步先生说："该换一套正装啦。"没两天，步先生就利用中午休息的时间到王府井买了一套新西装。记得一次我们到台北开会，期间主办方邀请我们到"立法院"与王金平座谈，步先生就找个借口拉我外出。以往和步先生出差，我们从不逛商场，大多只是逛书店。那天，因为没有其他安排，他第一次拉我到附件的一家服装店闲逛，请我当参谋。我就建议不必多买正装，可以添置两套休闲装，生活工作都要随意点嘛。然后，我就按自己的眼光，不断地让步先生反复试装。他也像小孩子一样任我摆布，最终选了两套满意而归。

但在工作中，我从未看到步先生随意过。特别是在中日共同历史研究过程中，步先生时刻提醒我，外事无小事。不随意，并不是只讲政治，冷酷无情。在同国外各界交流中，他始终坚持政治原则，绝不轻言妥协；更尊重各国民众的情感，处处换位思考；而在学术领域探讨问题时，则摆事实、讲道理，一切以学术标准为出发点。步先生的这种精神，赢得了大多数日本、韩国学者的尊重。步先生参与的中日韩三国民间教科书编写和三国民间历史论坛，持续十余年。发起者都是三国的民间团体，大家平等相待。但在工作中，逐渐形成了以步先生为首的局面。每当日韩学者发生冲突时，双方都会不约而同地找到步先生来调解。而中日、中韩之间的交流，由于有步先生坐镇，几乎不会引起冲突。

去年春节，我到步先生家里探望。聊天中，我还和步太太你一句、我一句地"指责"他：要多注意休息，养病为主，工作为辅。一时说得步先生有些难为情，性格一向温和的他又不好冲我发火，只好涨红了脸对太太急道：“你别再老说我了，我已经够听话啦！”那孩子一般委曲、可爱的面容，一直留在我的记忆中。愿步先生在天堂，永远随心所欲。

2017 年 5 月 4 日

（作者为中国社会科学院近代史研究所副所长、研究员）

亦师亦友难忘怀

袁成毅

我与步平先生从相识到相知已有十几年，步平先生之于我，亦师亦友，是良师更是益友。

我们相识于 2004 年，当时步平先生还在黑龙江社会科学院任职。那年我在杭州张罗筹办了一个中日战争遗留问题的学术研讨会，由于条件所限，会议一律不安排接送，作为“厅官”的步平先生只身打车赴会，毫无怨言。他平易近人的处事风格给我留下了非常深刻的印象，由此开始也结下我们间的学术情谊。

步平先生调到中国社科院近代史研究所后，我萌生了去近代史所作访问学者的念头。承蒙他的关心，2005 年春，我如愿在近史所作了三个月的短期访问学者，其间得到步平先生和所里其他领导、师友无微不至的关心和照顾。当年正好是抗战胜利 60 周年，近史所经常举办一些有关中日关系或抗战史的学术研讨活动。步平先生自己也主持了多次中日韩三国学者共同研究的小型学术会议，参与这些活动的过程使我获益良多。访学结束之际，按所里的规定，我作了一个关于战后蒋介石对日以德报怨政策的报告，其间得到步平先生的不少指点。继我访学之后，我任教的杭州师范大学近现代史专业又有好几位同事到近代史所访学或从事博士后研究，他们也同样得到步平先生的关照与指导。缘于此，杭师大近现代史专业的同仁对步平先生当然也就满怀敬意，对近代史所也就产生了一种特别的亲近感。在接下来的十几年间，杭师大差不多每年都与近代史所各研究室、杂志社联合举办学术会议。在这个过程中，步平先生对杭师大近现代史专业给予了更多的指导，他成了我们大家共同的良师和益友。

作为一名从事抗日战争史研究的后学，我也非常荣幸地参与了步平先生的一些研究项目。2010 年他主持中国社科院重点科研项目“中华民族抗日战争全史”，承步平先生不弃，我承担了其中的部分任务。2011 年步平先生主持国家社科基金项目“中日历史问题与中日关系”，我在其中又承担了战争赔偿这一章的任务。在开展课题研究的过程中，对步平先生勤勉的治学精神和平和、理性的治学态度有了更深入的了解。受他的启发，我的抗战史研究视野不断得到拓展，既注重从近代中日关系的脉络中看中国的抗战，也注重将战争、战争遗留问题与现实中日关系等加以多方面的审视。

2015 年是纪念抗战胜利 70 周年的“大年”，我有幸参加了由中共中央党史研究室、中国社会科学院和中国人民解放军军事科学院共同主办的“纪念中国人民抗日战争暨世界反法西斯战争胜利 70 周年国际学术研讨会”和阅兵盛典。在阅兵典礼之前，我和步平先生一起在天安门前散步、留影，相谈甚欢。同年 11 月，步平先生来杭州讲学，连续为浙江大学和杭州师范大学师生做了两场报告。当时我感到他显得非常憔悴，只以为是连续作报告所致，殊不知他是带病工作，这一年他实在是太忙碌了。他从杭州回京后不久，我便得到他断断续续住医院的消息，于是便经常打电话，向他了解病情。他要我放心，说换过几个治疗方案，总的情况还不错。2016 年 7 月 16 日，我专程到北京看他和荣维木老师，不过由于事先没有预约，他回短信说正接受多种复杂的治疗，要我不必去医院。我回复说那就下次再聚，他充满自信地回复道："下次聚！"

可惜呀，永远没有下次再聚的机会了。8 月 13 日下午，我收到同事转来的《抗日战争研究》主编高士华的微信："心情沉重，今天开始，步平先生呼吸困难，用了呼吸机！希望步平老师渡过难关，早日康复！"我顿时感到莫名的无望和无奈。果不其然，8 月 14 日早晨，我收到同事的短信："步先生走了！"

作为良师益友的步平先生走了，但他实在走得太早。唯愿步平先生一路走好！

2016 年 8 月 18 日

（作者为杭州师范大学教授）

愿您之所往，郁金香盛放

——送别步平所长

徐秀丽

去年冬天，步平所长突然病倒，曾先后两次往同仁医院探望。

第一次探望是在经过一段时间治疗的新年元旦，我和我先生一起带一捧鲜花前往。从病房的窗口看进去，步所长正在做伸展运动，这一下子消除了探病时不知如何措辞的尴尬。相见之下，言笑晏晏，几无病容病态。我先生与步所长是初见，因敬佩他的为人为学，主动陪我前往。我们聊得海阔天空，最后说到郁金香。我说每年春天看到步所长“晒”出来的郁金香，很是羡慕，自己很想种，恐怕种不好。步所长说，郁金香得在前一年 11 月下种，而且种子很重要，并说，如果需要，可以代购种子。我说，等下一个播种季节到来，再来讨教。

3 月 28 日，步所长“晒”出“小区的春天”，有盛放的迎春花、桃花、杏花，还有初放的几朵红色郁金香。4 月 1 日，他家的郁金香盛开，五彩缤纷，美不胜收，引来微信好友一大波点赞。步所长的附言是:“北京春天的脚步太急，我们的郁金香比荷兰的提前绽放。还是缓一缓好啊。”今年的春天，脚步特别急吗？也许是吧，我不记得了。

在此前后，听到的消息一直是他康复良好，并开始恢复学术活动。他也曾微信告知详情，让我们放心。

7 月下旬，却传来步所长再次入院治疗的消息，而且据说谢绝探视。

8 月 9 日，刚从内蒙古休假归来，就收到同事刘丽的微信，让我回京后“去看看步所吧，他的情况不大好”。刘丽为人特别细心周到，听她这么说，我知道情况不是一般的严重。再问另一位特别细心周到的同事黄春生处长，他也说“要看最好尽早去看望”。虽然我 12 号将到承德开会，而 16 号周二是我们的“返所日”，从近代史到同仁医院很方便，我还是决定处理完手头工作马上去看步所长。

11 号是个周四，北京机动车尾号 4 限行，拥堵更甚。下午 1 点，我从回龙观家里出发，在西三旗花卉市场买了一小篮鲜花，想着 3 点钟探视时间一到，就可以出现在步所长的病房。未曾想等我到同仁医院，已在 4 点之后。

因为有充分的思想准备，见到步所长之后反倒有所放松。他的喘气声急促，无法起坐，无法自主进食，说话也比较含混，但神志清醒，跟我聊了几句天，说我不该这么晚了还进城看他，言谈间仍一如既往地展露笑脸，身体也不见特别消瘦。他几次说到自己“糊涂了”，并说终于想起“糊涂”是因为用了麻药的缘故。显然，他对自己解答了这个疑问很满意。我心里感慨：真是学者本色，什么事情都要寻找一个为什么。

不一会，春生处长来。步夫人跟我们说，当天的情况的确比较好，前两天发烧，迷糊中还曾问她“对中日关系怎么看”。

春生说：“步所，您还记得您找我谈话，请我喝咖啡，让我不要怕困难的事吗？”步所长说“记得”。春生说：“您现在也不要怕困难，一定要好起来。”

我说：“步所长，马上又到种郁金香的季节了，我们等您来指导啊。”步所长说“好”。

离别时，心中抑制不住地哀痛。我想，步所长恐怕难以再看到明年春天的郁金香了，恐怕不能再解答心中的诸多疑问了，但我无法预料，他的生命只剩下不到三天，这一次，就是永别。

还好，我没有等到下周二才去看望他。

还好，我用鲜花送了步所长最后一程。这个什么时候都真诚待人，什么时候都助人为乐，什么时候都豁达乐观，什么时候都勇于承担，什么时候都没有丝毫官气俗气的至真至纯之人，鲜花是最相配的礼物。

愿您所往之地，四季如春，郁金香盛放。

2016 年 8 月 14 日

（作者为中国社会科学院近代史研究所《近代史研究》主编、研究员）

君子坦荡荡

——祭悼步平先生

徐勇

认识步平先生迄今 20 余年，起初的会面大概是 1995 年前后，当时在北京有多个日本教科书及钓鱼岛问题的会议。印象尤为深刻的，是在北京大学图书馆那次。按当时的规矩，步平已经提供有文字稿件，但他还在会场使用 PPT，做出了十分形象生动的报告。那时供职北大不久的我，没有、也不会使用电脑，相当一部分老师也都是电脑盲。

电脑的印象，在后来的交往中被再次强化。2000 年后，有一次我参加台北“中央研究院”的会议，晚上回宿舍，不知怎的电脑出了故障，左右调试不得要领。改天再弄吧，又有邮件需处理。我只得不顾时间已经很晚了，敲开步平先生的门求助。故障排除后，已经是半夜了。他出到门口回头补上一句:“要再出问题，可以用我这台。”

步平早年就职于黑龙江社会科学院，担任了繁重的研究与行政职务。正如精通电子新科技一样，他对日语的精研和掌握，也完全是在繁忙的工作中拼下来的。据他回忆，上学期间学过俄语，支撑了他的东北史及中俄关系史研究。需要学日语之时，他已经是接近 40 岁的人了。他听广播、放录音、下大力气啃读日文资料原著，多年下来，能够流畅地书写信件，自如地与日本专家交谈。

借助日文的拼打，步平写出了一批很有影响力的中日历史问题论著，包括日本对东北地区的殖民统治、在华日军化学战的资料汇编与研究专著，以及靖国神社问题等等。这些以第一手日文资料为基础的著作，大多迄今仍是国内的创新性前沿成果。

步平的学术研究具有显著的时代特性。20 世纪 70 年代中日两国建交，缔结和平友好条约，迎来两国近代史上友好的黄金时段。但进入 80 年代后期，日本右翼翻案势力发展迅速，在历史教科书、南京大屠杀等问题之外，还有慰安妇、劳工、细菌战、化学战诸多战争遗留问题，严重冲击两国关系。当时国内在该领域研究薄弱，步平使用少见的第一手日文资料，填补了国内学术空白，更可以直接解答两国关系诸多历史与现实外交问题。

新世纪初，步平调入中国社科院近代史所担任领导，工作范围更加扩大，在出任中日韩三国历史教科书（民间）中方主要联系人的基础上，出任了中日两国政府协定的中日共同历史研究委员会中方首席代表。

中日共同历史研究从 2006 年底开始，经由两国政府确定，各派十名学者组成中日共同历史研究委员会。我也受聘为委员，在其后的工作中，对步平的学术思想与方法有了更深入的了解。至 2009 年 12 月，研究工作暂告一段落，2014 年两国公开出版共同研究报告书。这一部报告书当然存在值得修订的内容，但是由两国官方认同、两种文字表述，明确了战争加害者的责任，总结了受害者的历史教训，确实具有国际性的里程碑意义。

报告书所确认的政治认识，首先是两国关于战争性质的判断问题。日本民众既有战争被害的侧面，同时还有战争加害的基本面。如果淡化战争加害的一面，只强调战争被害，中国人民的感情自然是过不去的。在学术层面，古代中日人与物的交流，包括文化的流向，是从强势中国流向弱势日本，但也需确认日本文化逐渐形成自身的特质。

报告书的推出绝非一帆风顺。当时一些日方委员要求重新定义侵略概念，说日本方面只有30%的人认为是侵略。这遭到中方代表的反驳。经过讨论，作为报告书最大的成果，报告书开篇即确定“侵略”为核心用语，排除了所谓少部分人同意用“侵略”一词的怪论，此点对于最终完成报告书意义巨大。期间，日方首席代表北冈伸一先生也同意，日本的学者至少有70%承认对中国战争的侵略性质。去年的70周年安倍谈话，北冈先生又在日本做了公开发言，希望安倍谈话要明确对中国战争的侵略性质。

报告书还梳理了近代以来日本的对华关系，主要是其侵略战争史实，阐释了日本侵略政策的必然性和若干事件偶然性的关系。确认包括日本明治维新以来，无论是九一八事变还是七七事变，都不是偶然的，日本是一步一步地走向并扩大侵略战争的。

针对共同研究中的双方分歧甚至对立，作为中方首席代表，步平强调要把握好实证研究和价值判断两者的关系。相对来说，日方学者强调细节实证，他们的细节资料把握比较充分。中方学者容易先有判断，实证资料方面需要再提高。步平要求在诸多历史事件的研究与解决中要把握好学术方法。如南京大屠杀数字问题，报告书认为，对南京大屠杀数字的实证性研究，目前还需要继续推进。但是，南京大屠杀作为一种反人道残暴罪行，确凿无疑，应当作为日本的战争暴行加以批判。这样的结论，针对气焰嚣张的日本右翼，应该是共同研究的一个成功突破。步平强调，中方有的社会媒体不是很了解学术研究的规范，总觉得非要拿出一个数字不可，而日方右翼则有意纠缠于数字，其实这不应该是简单的数字概念问题。

步平学术与社会贡献是多方面的。他长期担任学术行政领导职务，对中日双方，以及韩国等多国学界的协调与交流，对国内学界动向的组织与联络，做出了杰出贡献。据我所知，步平泛舟学海近40年，往来日本近两百次，对日方近代史主流派（含中偏右）的大部分学人几乎都结识。近现代史、特别是中日关系史现实性强，研究者众多，必须关注双方研究动向与成果。我曾建议，是否考虑整理一部他自己的回忆性的对日方学人、各机构的见闻与感受，他说有这样的打算。

除了上述明确的建树，步平还有一些开拓性的、可以写出大著作但尚未写出的“无字碑”。通州琉球人墓碑问题，即为其例。据步平回忆，因为家住通州，一个偶然机会发现了琉球人王大业的残碑。其时我正在思考钓鱼岛历史问题，通过电话向步平请教，当即收到他拍摄的照片。不久，冲绳大学的又吉甚清教授到访，步平亲自陪同，驱车去张家湾原琉球人墓地。在三教庙内的院坝边缘，我首次见到了已经断裂的石碑，这大概是目前仅存的琉球人碑。关于墓地，是步平联系当地村干部和一些村民，指认在一片苞米地和民居之间，是为墓地原址。又吉先生当时在地里独步，随即双膝跪下，合掌额前。待又吉先生完成心灵的功课，我们再登车，去国子监琉球学馆等处考察。

为推广介绍新发现琉球人墓碑的情况，步平毫无保留，不顾个人劳累，赠送他所知道的相关史料。对待完全没有名分的年轻研究者也是如此。那一年暑期，一位正在研究琉球问题的在日留学学生回到国内，想看看遗址。不会开车，也不太认路的我，为省事咨询步平如何出行，步平却完全应承下来。当我们从地铁口走出，即有步平亲自驾车等候。几经奔波，我们再度看到了被通州区博物馆收藏的、被叠放起来的王大业碑。

后来，该留学生写过一些考察的文章。又吉先生回国后，发表了有关石碑的照片，并做出王大业生平以及琉球人墓地遗址的考订。日本《冲绳时报》评价说，这是对通州琉球人墓地与遗碑的首次成功考察。

如上琉球人墓碑田野考察，还有通州博物馆的收藏，可以说步平先生是最主要的发现者、研究的开拓者。而今，作为上千年中、琉、日关系的历史学术课题，琉球人及其在华墓地问题，已经引起了学术界和社会各界的共同关注。日本的《冲绳时报》曾发表过对步平先生的采访，并配上了一幅记者拍摄的照片。步平告诉我，那是他和他夫人最满意的照片。我曾建议他写一篇琉球人或其墓碑的考古文章。今年 5 月，在北京大学召开第二届琉球问题国际会议，步平已经不能写文章了，但是特意写了一封很有感情的致大会的信件，回顾了他和琉球学界的交往以及对琉球研究的期望。未曾料及，这一封信，就是步平有关琉球以及中、琉、日关系的最后一篇文字了。

战后 71 年，特别是改革开放 30 余年来，中日关系进入一段高度变幻的迷离时段。可以说，一部步平学术史，也是中日关系的学术研究与交流的缩写。而今斯人已去，循其学术路径，继续拓宽中日之间的学术研究与交流，无论如何也需要交付学界年轻一代了。

步平的重大而广泛的学术与工作建树，植根于中日近代关系史的特殊性，以及当代国家关系的复杂走向。有其事必有其人，得其人而成其功。然就个人而言，首先需要“君子坦荡荡”（《论语·述而》），即程子所解：“君子循理，故常舒泰”（《论语集注》）。换言之，欲求格物、致知，务必正心、诚意，加以个人的教养、能力与方法，方能有所成就。

和步平先生相识，应该说我们个人生活之间的往来不算太多，但20余年来的学术交流，参加步平先生主持的中日共同历史研究等活动，我一直深得他多方关照与帮助，包括在境外打出租车是他抢先付费，还有他近期重病期间的工作支持。步平先生的精研向学、守信待人、忘我工作、广阔见识、笃实魄力，以及其资料、理论与方法积累，山高仰止，难以尽述。

步平身材伟岸，不抽烟，会议聚餐酒杯沾唇而已，终能把握学术人生机遇，坦荡敦厚，凝聚同事与朋友的合力，成就一番功业，确有大将古风。

实际上，步平本在“耳顺”到“从心所欲”的成熟年龄，继续担当大任，做出更多贡献，正当其时。谁知，2016年8月14日，步平先生仙逝。哲人其萎，天不假年。学界折一柱梁，个人去一挚友，痛哉哀哉！步平兄走好！

2016年8月16日拜祭

（作者为北京大学历史学系教授）

追忆步平教授

黄克武

我研究近代中国思想史时常常感觉到一个人的名字与他的一生有很密切的关联。严复的“复”出自《周易》，取其“复其见天地之心”；胡适的“适”与社会达尔文主义的“适者生存”有关，不过也显示他一生在思想上不走极端的重要特征。步平先生的名字也让我有类似的感受，联想到“一碗水端平”而一路顺畅。人们遇到冲突、矛盾或敏感议题，有的“摆平”，有人“抹平”，还有人“铲平”，而这些手法都不如“端平”来得高明。步平先生就有这个本领。我觉得步平先生“平衡感”很好，他不但善于理解他人，不回避差异，也能用很清晰的观念说明己身立场。这是他能处理那么复杂的“中日共同历史研究”的关键因素。

说到我与步平先生的关系，必须要追溯北京近史所与台北近史所的兄弟情谊。我与中国社科院近代史研究所师友的结识大约是从1995年开始，那一年我与杨天石先生应巴斯蒂教授之邀到法国去开会。来年秋天，我又随张朋园先生到北京近史所访问。当时张海鹏先生为所长，耿云志先生是副所长，我开始与所内的师友辈较为熟识。2001年我去北大与清华访问了两个月，认识了吕文浩等年轻一辈的朋友。此后每隔一阵子我会去北京开会或搜集资料。我认识步平先生是他在2004年开始担任所长之后。从2004年至2011年在他担任所长期间，北京近史所与台北近史所关系愈来愈密切。

以往两所成员都是非正式地交往，2008 年在步平与陈永发两位所长任内，双方正式签订互访协议，有效期五年（后来又续约）。台北近史所每年邀访两位北京近史所同仁来台访问两周，由本所负担来回机票与生活费。本所同仁则有四位可去访问，由北京近史所负责落地招待，住在东厂胡同该所的招待所或北京社科博源宾馆。北京近史所还特地在台北租了一间房子，供赴台同仁使用。2009 年 8 月开始，我担任台北近史所所长，负责接待北京近史所的师友。在这一段期间步平先生偶尔也来台北开会，来台之时也一定到本所拜会或演讲。

在步平先生担任所长期间有几件印象比较深刻的事，第一件是 2010 年 5 月 22—23 日中国社会科学院近代史研究所庆祝成立 60 周年，在北京香山饭店举办第三届“近代中国与世界”国际学术研讨会。在开幕式中狭间直树、巴斯蒂、陈春声、蒋方智怡与我致词，祝贺近史所一甲子。在闭幕词中张海鹏先生也特别提到两岸近史所学术交流的佳话。

其次则是 2011 年开始推动两岸合编中国近代史。这一个计划前后共进行了 5 年，至 2016 年才正式出版。这一套书后来由我与王建朗先生合编，出版后荣登“2016 年度中国人文学术十大热点”。书中的抗日战争一章即由步平先生担纲，这是书中十分核心的一部分。他融合了海内外有关研究，对中华民族抗日战争的伟大史诗做了全面而中肯的描述。

在两岸合编中国近代史计划结束之后，步平先生（当时担任抗战史学会的会长）又提出“两岸合写抗战史”的计划，这也呼应了 2015 年 11 月“马习会”中“共享史料，共写史书”的提议。为此他写了好几封电子邮件给我，希望我能以台湾中国近代史学会理事长的身份推动此一合作。在信中他表示希望能以 5 年的时间推动两岸有关抗战史的学术交流，两岸学者可以考虑共同挖掘抗战史料、建立数据库，以及共同举办学术研讨会，出版类似海峡两岸合编中国近代史的学术著作等。2016 年 4 月 14—15 日，台湾学界召开了“互动与新局：30 年来两岸近代史学交流的回顾与展望讨论会”。在会中我特别报告了步平先生的提议与规划，并与会友们讨论海峡两岸合作的推展。这时也听说该次会议本来也邀请了步平先生参加，可惜他因健康的缘故无法成行。5 月我到上海华东师大讲学，25 日晚间高士华兄来电，表示步平先生想和我通电话。隔日下午我与步平先生在电话之中聊了很长的时间，我们再度讨论了推动抗战史的一些活动细节，他也邀请我去北京玩几天。步平先生讲话时精神很好，听不出已罹患重疾。我还一直祝福他早日恢复健康。可惜 5 月底我时间上无法安排，没有去成北京，十分遗憾。这是我与步平先生最后一次谈话。8 月中旬惊闻先生辞世。未来我希望海峡两岸能继续推动抗战史的合作计划，实现“马习会”的提议，也完成步平先生未了的心愿。先生如地下有知，应会含笑九泉。

2017 年 4 月 24 日

（作者为台湾“中央研究院”近代史研究所前所长、特聘研究员）

敢将私谊哭斯人

——悼念步平先生

程兆奇

去年6月5日晚，步平先生请参加第二天抗战研究工程学术委员会的外地委员吃饭。南方的几位，除了复旦的吴景平、南大的陈谦平、南师大的张连红等先生，较意外的还有似乎比我更不做抗战史研究的中大的桑兵先生。那天步先生气色不错，大家七嘴八舌，他也时而插话。席间不知谁起的头，谈起目前癌症研究的进展。步先生忽然说："不要谈这个话题了！"让人有点意外，因步先生从来都是温文有礼，不愿拂他人之意的。回想起来，当时步先生的实际情况比表面应该严重得多。因步先生2013年底已办理了调入交大的全部手续，所以分手时他还特地说了痊愈后一定会来。当时我口中虽说十分期待，心里其实清楚他离京来沪的可能已经不大。第二天开会，他发完言，向大家抱歉身体不适提前退会。种种迹象显示，他的病并未像稍前说的那样已经渡过难关。尽管如此，那么快离世还是十分出人意料！当时在微信中看到不少他的同事好友的追怀文章，自觉与步先生关系既未达到"亲密"的程度，也从未互送过一罐茶、一瓶酒，没有一般意义上的所谓"私交"，所以虽然消息传来，不禁潸然泪下，还是觉得不宜喧宾夺主，急于作文悼念。近日承蒙高士华先生邀约，为周年纪念集撰稿，总算有了追思的适当机会。

想到近年去近代史所，为了避免堵车，方便去南站搭乘高铁，几乎每次步先生都会在东四地铁站边上的隆福广场内的饭店请饭送行，一同的常常有杜继东（承骏）等先生，但最多的是士华先生，所以也借此机会对士华先生表示感谢。

我和步先生认识较晚，初次见面是2000年在南师大的南京大屠杀讨论会上。交往渐多是在他去北京之后。

中日共同历史研究开始后，我去北京参加第一次咨询会。会前步先生电话来约时说，考虑到舟车劳顿，这次委员全部在北京遴选，但有关日军暴行特别是南京大屠杀等中日双方分歧较大的问题，还是要集思广益，请各地相关学者一起参加。那天会议由荣维木先生主持，议程中讨论的第一个问题就是南京大屠杀。维木先生让我首先发言。我说我是敲边鼓的，南京大屠杀研究南京学者是主力军，还是请南京学者先谈。于是朱成山先生首先发言，接着发言的是张连红先生，我也谈了我的不合时宜的想法。中午《近代史研究》编辑部的徐秀丽、谢维、杜继东等先生请吃饭，我没有参加会议聚餐，因此下午稍迟才赶到会场。到后看到讨论的话题仍是南京大屠杀。那天会议原定有七个议题，每个问题都非轻易可解，但半天过后仍在讨论南京大屠杀，可见此事确是难中之难。南京大屠杀的问题包括许多方面，那天聚焦的主要是死亡规模。步先生之前曾说“上面”开了“不预设立场”的绿灯。但面对这样的局面，他似也颇感为难。因此说：“这样吧，我们就以东京审判20余万、南京审判30余万作为我们的结论吧。”我说这样的“好处”是避免朝野承受力的冲击，坏处是等于知难而退，将来回顾会觉得什么事也没做。（南京大屠杀是性质问题，不是算术问题，人人会说，但如坚持数字，便不能不证自明。这一问题在此不详述。）

回忆步平先生时之所以要记下这一幕，主要是想借以说明步先生贡献的特点。步先生去世后，看到近代史所网站刊出日本外相岸田文雄的唁电，称“步平前所长作为日中共同历史研究项目中方组长，为增进日中两国在有关历史上的相互理解做出了巨大贡献”。岸田在中国网民的心目中是一个与安倍晋三首相抱持同样历史观的“右翼外相”，唁电当然可以视作“礼仪”，但如果没有中日共同历史研究的成果，岸田外相便很难有吊唁的理由。对于两国历史，尤其是近代日本侵华与伴随着侵华的暴行，两国的认知相差很大。既要达成共识，哪怕是最低的共识，又要坚守中国的底线，不仅需要足够的意志，同时需要足够的韧性，可谓十二分不易。共同研究的压力还不仅来自两国间的分歧，本国内部的异议有时会带来更大的干扰。日本右翼的深文周纳自不必说，右翼以外的挑剔也不在少数，如日本财团会长笹川阳平就称，学者参与这样的官方研究，让他想到的就是“曲学阿世”。中国国内同样，步先生说，共同研究的消息传出后，立即有网民警告不要落入日本的圈套。在这样的重重牵制下，顺利完成这一艰巨任务，“学术”已不是努力的全部方面，甚至已不是主要方面。步先生的特别长处就是他的通权达变的“弹性”。“弹性”不能说与学术无关，但主要得之于他对人间事的复杂有深刻的体会。我听说他主政近代史所后，领导班子十分和谐。我绝不敢说唯有步先生才能主持中日共同历史研究，但主持这一众口难调、注定是吃力不讨好的工作，步先生一定比许多优秀学者更为驾轻就熟，更能愉快胜任。

步先生的“弹性”，并不是一味退让。写到这里我想起一件虽不相干，但多少能说明步先生原则的例子。我曾写过一篇有关中共上海情报科李德生案的长文，文章的主体内容是复原上海情报科的史实。最后有一节谈“节”的“余论”，是借“上海情报科”的“酒”浇“节”这一心中的块垒，这一“余论”实际是之所以写该文的“本论”。文章投给《近代史研究》后，不久收到了退稿通知。编辑部负责人来电说：审稿人很认真，写了二页纸的意见，详谈了不宜刊出的理由，并说不是稿件的质量问题。我随即将文章转给了他刊，此事也早已抛置了脑后。大约过了一年，有一次开会的间隙，步先生说：“李德生那篇文章是我审的。主张不用，是因为那时正在开展‘先进性教育’，你的文章落脚点是对‘变节’的‘同情理解’，刊出不合时宜。《近代史研究》如果没让我审，我可以视而不见，让我审，我没办法同意。”作为匿名审稿人，步先生其实完全不必向我说明。此事很可以看出步先生的诚恳与原则。

院系调整后，上海交大在相当长的一段时间是一个工科学校，20 世纪 80 年代起开始建立文科，2000 年后学校倾注较大的力度支持文科，甚至打出了发展“全科型综合性大学”的口号。当然，因为底子薄，实际不可能向北大、复旦那样的文科老大帝国看齐，只能本着所谓“有所为有所不为”的方针，努力在一些新的领域形成特色。东京审判研究中心即是学校希望发展的一个重点。2011 年中心建立前，教育部袁贵仁部长见面时表示，对中心的建设教育部也会给予支持。次年我随张杰校长与当时分管文科的郑成良副校长去教育部汇报中心等工作，希望中心能列入新一轮教育部基地的候选名单。当时还是社科司副司长的张东刚表示为难，但杜玉波副部长（党组副书记，应该是常务副部长吧）表示“个人觉得”“应该支持”。2013 年着手申报准备时，我们即拟以步平先生作为主任，我则作为所谓“首席专家”充数。这里有一个插曲。前一年秋天的某日，张校长忽然来电话，说有急事，最好尽快见一面。我们约在徐汇老校区“总办公厅”（民国建房时镶嵌在门楣上的奇怪名字）他的小办公室见面，那天下着秋天少有的大雨。见面后张校长开门见山，说有人写材料去教育部，从政治上告我，问怎么回事？我简单谈了我的判断。他说：“好，学校要申报教育部基地，你作为负责人要避免被人诬告。明天马书记要找你谈，你向她说明一下情况，学校可以心中有数。”（第二天因马书记临时有事去京开会，由常务副书记苏明和我谈话。此事与本文无关，按下不表。）申报的事教育部一直没有确切信息，直到下一年才传出新增70个基地的较具体消息。由于自觉人微言轻，多少也是为免莫名其妙的纠缠，我向学校建议，应请步平先生来担任基地主任。同时考虑到国内总体研究不足，若想通过基地申报，最好还能引进当今东京审判研究领域成果最丰硕的日本学者粟屋宪太郎先生（国内第一位以东京审判为博士论文的宋志勇先生的老师）。学校接受了这一建议。为示慎重，不久张校长还专程赴京与步先生见面。以后因教育部新增基地的计划取消，此事不了了之。但引进步先生仍按原来的设想进行，在2013年底完成了调入的手续。当时步先生说，因抗战70周年十分忙碌，要2015年底才能正式到校。

步先生去世后，学校在唁电中特别说道：步平是上海交通大学的“良师益友”，他的逝世“是上海交通大学的损失”。这些看似套话的语句，其实是我们发自肺腑的心声。从东京审判研究中心成立之时起，步先生参加了中心的几乎所有重要学术活动，给予了我们多方面的重要帮助。在此只举一例。2013年学校紧锣密鼓准备申报教育部基地，当时我和学校的几个主要文科学院的院长，参加了分管文科的副校长徐飞（不久调往西南交大任校长）带队的取经团，先后去南大、北大、人大、北师大等文科强校及中国政法大学等文科专科学校调研。回来后徐飞说：按各校经验和教育部的分值，与重要学术机构合作为不可缺的指标，希望我们也能与重要学术机构签订合作协议。合作研究，谈何容易？好在当务之急只是有名无实的协议，不必劳驾外单位大动干戈，但换一个角度说，“有名无实”其实更为尴尬。最初我们觉得两个单位问题也许不大。一是人大法学院，因我们的学术委员会主任程天权先生当时是人大的书记（签字仪式之前卸任，时年已 68 岁）；二是南大的中华民国史研究中心，因这些年我们与张宪文先生交往频繁，宪文先生的门生我们也都很熟。告知学校后，学校希望再签两家，并问社科院近代史所或法学所有无可能。我和王建朗先生不算陌生，但总觉得此类事难以启齿。步先生已退休，也不便让他为难。最后我还是给步先生去电说了此事。他的回答很爽快：“没关系，我去和所里商量一下吧。”没过几天，他来电话，说：“已经说好，可以签约。建朗太忙，走不开。小金会来。”又说：“这样吧，你们那里还有资源，抗战史学会也一起签个合作协议吧。”后来签约仪式时，金以林先生与步先生分别代表近代史所与抗战史学会也签了协议。

人类社会的许多活动，狭隘地看多半没有意义，比如不算小事的中日共同历史研究，有些人从学术的角度认为看不出有何贡献，但仅就它为因“历史问题”陷入僵局的中日两国关系解套——把历史问题还给历史学家——而言，它的贡献就已十分重大。国家大事如此，签约这样的小事也如此。所以，我想如果天下多一些像步先生那样温文尔雅、善解人意、助人为乐的人，我们的世界一定会更加祥和，至少一定会减少无谓的消耗、冲突。

准备交稿前，忽又想到还有些想说的话，但又想到稿约的意思是不要太长，就再说两句吧。

步先生在调往近代史所前，曾有南行去南师大之想。他说他就是想摆脱事务性工作，教书作文，做一个自由的教师。办理调入交大的手续时他也再三向校领导和我们表示，需要出力的事他会尽力，但来交大就是做一个教师，不兼任何研究机构的行政职务。步先生去世后，一次与张连红先生通话，大家都痛惜步先生的早逝。连红先生说："当时我们学校已发了商调函，要是那时真的来了，他不会那么累，说不定就不会病倒。"我的博士后乔志勇（现在暨南大学任教）得知步先生的噩耗后说："当时陪着步老师办入职手续，要去很多部门，盖很多章，交大闵行校区又大，学院、行政楼、食堂，都不近，但步老师看起来特别显年轻，精神也很好。走不少路也完全不显疲倦。太意外了！"我有时想，不要说2003年去南师大，即使2013年来交大，没有2014、2015两年的大忙，步先生一定不至于那么快离去……至今思之，犹令人扼腕痛惜，深感怅然！

2017年4月30日

（作者为上海交通大学东京审判研究中心主任、教授）

清明时节忆步所

臧运祜

2016 年 8 月 18 日一个秋雨滂沱的上午，我和朋友们一起去八宝山送别了步平先生以后，沉痛的心情久久难安，总想写点什么。感谢近代史研究所同仁们的张罗，使我可以在这个阴晴交替的清明时节，撰文追思这位尊敬的长者和朋友。

相　识

步平先生长我近 20 岁。在他进入中国社会科学院近代史所之前，我对他几乎一无所知。记得 2001 年的初冬，我刚在北京大学历史系工作的时候，系领导吩咐我去做会务工作。在北大图书馆的会议室里，学校约请了几位国内专家学者，就日本政府修改历史教科书的问题发表学术意见。短暂的会议间隙，我见到了时任黑龙江社会科学院副院长、高个子的步平先生，因为他很客气地递给了我一张名片。

我因曾于 1995—1998 年间在近代史所攻读博士研究生，毕业以后，对所里的事情自然多一份关注。2004 年暑期，张海鹏所长到届之后，听说中国社科院从黑龙江远调步平先生，到近代史所接替职务，但暂任第一副所长作为过渡。为此，我曾在所里听说过不少风言风语，心想他必定也是够步履维艰的了。

2005 年 7 月 7 日，我校召开了纪念抗战的小型研讨会。在自由讨论的环节，我就刚刚拜读过的中日韩三国合写的《东亚三国的近现代史》一书，发表了意见，指出了其中在史实与论述上的几处硬伤，但着重就三国共同历史研究的必要性和意义等问题提出了异议。当初也就是一说为快，更没想到会引起与会者的在意。但显然是听者有心，也不知哪位参会同仁的转告，就在第二天的下午，步平先生亲自给我家里打来电话，专门就此问题与我进行了沟通和交流。我感到很诧异，自己其实对共同历史研究也没有什么看法，倒是第一次意外地获得了步所对这个问题的高见。

也就在那年的 8 月 15—16 日，近代史所与日本所合作，在北京九华山庄举办纪念中国抗战与世界反法西斯战争胜利 60 周年的学术研讨会，我也携文参会了。当时由于日本的小泉纯一郎首相执意参拜靖国神社，中日关系陷入“政冷”的局面。这次大会的顺利召开自然非常重要。作为副所长的步平先生，在紧张、繁忙的会务间隙，又抽空跟我聊起上个月的那件事情，并专门拜托我把那本书的硬伤问题告知于他，以备将来修订时加以吸收。他对学术问题的认真劲，我这是第一次感受到了。

我向这次大会提交的论文是《七七事变以前的日本对华政策及其演变》，系在此前博士论文的基础上，结合自己赴日访问一年的收获而进行的继续研讨。会后，我稍作修改，就在年底投给了《历史研究》编辑部。作为一个年轻学者，我当然希望能够在该杂志再发一篇拙作（2004 年第 1 期已发一篇）。但几经交涉的结果，《历史研究》还是没有发表。我气馁之下，马上投给了《抗日战争研究》编辑部。步所当时是这家杂志的主编、荣维木先生为执行主编，他们几乎没有让我做任何修改，就在 2007 年第 2 期予以发表了。想起跟《历史研究》的交涉种种，我当时还不无庆幸地感叹道：莫愁前路无知己，天下谁人不识君？

书生以文会友。我和步所的最初相识，应该就是以上那本书和那篇拙文了。

相 知

到了2005年底，听说步平先生升任所长了，不久又兼任了所党委书记。在中国社会科学院，近代史所是个老所，又是个大所。书记、所长双肩挑，对于步所这个“外来人”，担子够沉重的，同仁们无不为他捏把汗。但8年来，他不负众望，这在近代史所里给他的悼词中有记录：“他的真诚、认真、平易近人的态度，获得了全所同志的信任与支持。”《近代史研究》主编徐秀丽女士在悼文中也曾动情地写道：“这个什么时候都真诚待人，什么时候都助人为乐，什么时候都豁达乐观，什么时候都勇于承担，什么时候都没有丝毫官气俗气的至真至纯之人……”这些已是组织和个人对他最合适的评价了。

在这10多年间，步所作为一名长者和朋友，我和他之间的相知，主要体现在以下三件事情上面。

2006年底，根据中日国家领导人达成的共识和两国外交部门首长签署的协议，中日两国政府分别选派10名历史学者，围绕古代和近现代中日关系，开始进行为期三年的共同历史研究。我有幸被中国社会科学院选为中方委员，参加近现代史组的研究工作。当时只有40岁的我，不但在委员中最为年轻，而且还是唯一的一位副教授，如何担当得起国家赋予的学术重任，三年来一直是诚惶诚恐、如履薄冰的感觉。

步平所长是中方委员会的首席委员，我们都称他为委员长。三年期间，他不但对于我在学术上多有指导，还格外、特别关照我这个“小委员”。在任务分工上，他安排我承担了自己最为熟悉，且有一定研究基础的从九一八事变到卢沟桥事变期间的中日关系；考虑到日方学者要增写伪满洲国史部分，而我本人却无所涉猎的情况，又特意邀请了黑龙江社会科学院历史研究所王希亮研究员，作为外部支持的学者，加入我们共同研究的行列。这样就大大地便利了我顺利完成自己的任务。记得在北京的一次小组讨论会上，多位日方委员和学者针对我论文中关于从九一八到七七的历史必然性和连续性问题以及“十五年战争史观”，提出了质疑和批评。在我紧张、为难之际，还是步所和其他几位委员接过了话题，以自己的见解说服了日方学者。2009 年岁末的圣诞节，步所带领我们在东京开完了最后一次的共同研究会议，他在疲惫之余绽露出的一丝轻松笑容和那句“我们可以回家了”的话，让各位委员永远难忘于怀。

2010 年 1 月，我们的共同研究报告书同时在北京和东京发表了。此后的 2014 年 10 月，又同时出版了中、日文版。就在这期间，步所同时还领导国内同仁们，联合日本、韩国学者，继续进行了中日韩三国的民间的共同历史研究，并在 2013 年重新修订出版了《跨越国境的东亚近现代史》（上、下册）。

在进行以上共同历史研究工作的同时和稍后，步所的足迹遍布国内外，到处宣讲他关于中日历史问题及东亚历史认识问题的研究和心得，在我们北大也开过讲座。他提出的政治、学术、感情三个层面互相交叉与影响的说法以及学术层面冷静研究的重要性问题，对解决中日历史问题和世界其他各地的历史和解，提供了有益的启示。作为一名多年从事该问题研究的专业学者，能够为政府、社会和现实贡献自己的智慧，我想步所是乐此不疲和欣慰至极的。

我最初不太理解中日韩三国进行共同历史研究工作的价值和意义，直到这次亲身参与了中日共同历史研究，在经常相处中目睹步所的工作和程序，体会他的想法，才真正了解了其学术与现实意义。在这方面，我可以说是一位受益匪浅的晚辈，步所则是一位恰如其分的“良师”。

2010 年下半年，我利用去东京进行三个月学术访问的机会，又邀请了日方和中方的几位相关专家，就我们共同研究中的几个重要学术问题，继续进行了深入的探讨。收到我们的四篇论文后，步所很快就在他主编的《抗日战争研究》2011 年第 2 期予以发表了。为此，他还特别感谢我的帮助。我说这就算是小朋友给您的帮助吧！

在我们开始进行共同历史研究之前的 2006 年，中国社会科学院曾立项了一个重大课题“中华民族抗日战争史”，主持人还是步所。但由于时间关系，在共同历史研究任务告一段落之后的 2010 年春天，步所才召集各位学者，开始进入这项课题的研究。我又被他拉入了这个团队。

中国人民艰苦而辉煌的抗日战争胜利 60 多年了，但我国史学界除了军事科学院军事历史研究部在 20 世纪 90 年代中期出版的《中国抗日战争史》三卷本（2005 年再版）之外，迄今也没有一套大部头的拳头作品，比较美、俄与日本等国，这不能不说是很大的学术缺憾。为此，步所带领大家，付出了极大的努力，希望赶在 2015 年之前可以完成这部著作。

“中华民族抗日战争史”最初的课题设计是一部通史性的专著，但步所还是听取了大多数学者的建议，不久就将之改为一部主要是专题史研究的专著。他首先自己身体力行，最先完成了战后历史认识问题的第八卷。我考虑到自己的情况和能力，最终确定与王希亮先生共同写作第七卷“伪政权与沦陷区”。人多事杂，在多次课题组会议中，步所都是不厌其烦地尽量协调各位学者和各卷的研究工作，并一再善意地督促大家注意时间和进度。但是，他也体谅每位学者个人研究的难度和具体情况，并尊重学术的独立与独创性，对于各卷的内容与观点等，直至最后统稿，也基本不加干预。

2015 年春天，我和王希亮先生共同完成了第七卷的初稿，完整奉送给步所。这是我在中日共同历史研究之后参与的一个大项目研究工作，也是非常愉快的一次学术锻炼。尽管由于各种原因，这部著作直到步所去世也没能问世，但是各位同仁及出版社的朋友都是清楚的，也不会抱怨步所，因为他已经做了该做的一切。

第三件就是我个人的一个小经历了。2009 年，我在北京大学历史系工作 10 年、任副教授 8 年之后，申请评聘教授职称。当年未有结果。我在 2010 年再次申报，还是未成。所谓“事不过三”，经过两次的打击，还不知明年的第三次命运如何，我确实有些心灰意冷了，自叹处于人生的低谷期。但我也自认主观努力不够，故除了跟家人和老师，很少跟他人抱怨过什么。

没想到近代史所的朋友们，也在关心我的境况。2010 年秋所里的某次会议之后，在华侨大厦餐厅里喝茶的时候，几位所里的朋友，趁着酒兴，一再规劝我离开北大历史系，回到所里工作。我在诧异之余，只有感谢之情，因为自己确实还没有这个打算。但更意外的是，几天后，我又接到了步所给家里的电话，他要专门为此事跟我解释，说这不是朋友之见，而是所里的意思，并以自己所领导的身份担保此事。我一时哽咽，放罢电话之后，心情久久没有平静，也明白了朋友们为何几天前酒后吐真言。在我身处逆境的时候，步所还关心我这个小朋友。所谓“士为知己者死”，在当时的心境下，我立马想到了患难之中挺身而出的大哥！

我不久专门为此事跟步所解释说，自己还是要凭本事在北大解决问题，而不能把包袱甩给近代史所。2011 年春天，我终于在北大晋升教授了，第一个要报告的人就是步所。他高兴地笑了。我在他的遗体告别式上，最先闪过脑门的依然是这件不小的人生大事。

自古君子之交淡如水，朋友之交贵知心。回想自己跟步所十多年的交往，我跟各位同仁共同的感觉就是：他不愧是一个堪为人生之益友的君子。

相　思

2012 年 6 月，步所从领导岗位上退休了。他最先搬离了自己的所长办公室。待我在研究室里见到他的时候，他首先明白地告诉我以后不要这么称呼他了。这是个一切都认真的人。

无官一声轻。接下来，就应该是他最为惬意的阶段了。2015 年春节前夕，我们一起在杭州、义乌开会，他眼见得江南春早，告诉我们真想好好做点自己的事情了，且自己还有那么多想法。

然而天不遂人愿，他在这年春天开始，经常有疲劳感，同仁们都很着急地规劝他，他自己也说要配合医生、休养生息了。但实际上，在纪念中国人民抗日战争胜利 70 周年的时候，作为中国抗战史学会会长的步平先生，并没有闲着。

5 月份在宜昌的会议上，我见到他前后忙碌会务的身影。9 月初在北京的会议上，同样是那个忙乎的先生。直到 9 月 3 日上午，在天安门广场出席纪念抗战胜利 70 周年的阅兵式上，我在给他留影的时候，他才说从此可以休息一下了。

但事实上，就在 2016 年春节，我和南开大学宋志勇教授去通州家里看望他时，他还在跟我们一起讨论、规划抗战研究工程的事情。4 月我去协和医院看望他的时候，他还跟我讲到在北大继续进行共同研究的事情以及我们那部抗战史著作的进展情况。5 月间，他还应约去国家图书馆，继续讲授他的公开课程。

7 月 14—16 日，本来有一个在东京的会议，是北大国际战略研究院与日本笹川财团日中友好基金组织的中日历史认识的共同研究项目，步平先生担任中方的副委员长。我在会议前短信问他可否参会，他说需要去住院化疗了，很遗憾不能同行。15 日我们在东京开会的时候，他专门写作了一份长篇致辞，谈到了自己对中日共同历史研究的看法和今后的希望。于铁军教授代读了这封信。当时参会的两国同仁们，都祝愿他可以度过人生的难关。没想到这是他留下的最后文字。一个月后的 14 日，步平先生在生命弥留之际，跟他家人说的最后一句话也还是“你们怎么看中日关系？”

步平先生在刚满 68 岁的时候，在他最不想离开的时候，带着无数的学术遗憾和他对于中日关系的无限担忧与美好期待，跟大家再见了，留给我们的是无限的哀思和留恋。

步所在自己微信上留下的最后的照片，是 2016 年 4 月 1 日在自家花园里拍摄的一组 6 张的盛开的各色郁金香。他喜欢鲜花，但也抱怨这年春天的脚步太急了些，说“还是缓一缓好啊”。

日本有首经典民歌《四季歌》，其第一段歌词就是“喜爱春天的人儿，是心地纯洁的人；他像紫罗兰的花儿一样，是我的友人”。步所喜欢春天，也喜欢花；他是坦坦荡荡的君子，也是无数同仁的好友！我自己微信里的朋友圈，将会永远保留着这个好友，而且因为他的姓氏按音序排很靠前，马上就找到了。

唐代大诗人杜甫在他的诗中，追忆了自己与好友李龟年昔日的密切交往之后，不无惋惜地感叹道："正是江南好风景，落花时节又逢君。"

2017 年眼下的这个春天，感觉比去年还要早些。清明时节，就在北大燕园里，抬眼看到处处鲜花盛开，但俯首又会见得脚下落英缤纷。我一直在追问自己：这是春风太给力了呢？还是太无力了呢？因为自己实在太想在这个花开又花落的时节，再见到久违的步所了。

2017 年 4 月 4 日（清明节）草，6 日改定

（作者为北京大学历史学系教授）

纪念步平先生

［韩］安秉佑

我第一次遇见步平先生，是 2002 年春天在南京。当时我受纠正日本教科书运动本部的邀请参加中日韩三国第一届历史认知与东亚和平论坛。由于那是我第一次到南京，我想顺便在南京转转，所以以讨论者的身份参加了论坛。在论坛上，我第一次遇到了以步平老师为首的中方代表，包括前不久刚刚去世的荣维木老师，还有苏智良教授和朱成山馆长。当时步平先生是黑龙江社会科学院副院长。步平先生给我留下的第一印象是身材修长，有贵公子的模样，然而闪亮的眼神又告诉我他不是平凡人。

步平先生曾发表讲话，逐条指出 2001 年通过检定的日本扶桑社历史教科书存在的问题。我也于 2001 年在由韩国和日本 5 个学会共同举办的东京讨论会上，针对扶桑社教科书的历史观做过讲话，所以步平先生的那次发言，我非常认真地倾听了。步平先生曾指出，不仅扶桑社的教科书，其他出版社的历史教科书，以及扶桑社的公民教科书也应该进行讨论，对掀起教科书问题的势力应进行具体的分析。而且通过分析右翼的历史教科书攻势，步平先生曾预测，三次教科书攻势是在非常有利的条件下经过充分的准备后开始的，因此这种攻势不会轻易结束。步平先生的预测一语中的。右翼教科书的采用比例在 2001 年仅仅是 0.04%，最近却逼近 7%。不仅扶桑社的系列教科书，其他出版社的教科书叙述也已全盘恶化。步平先生早就预见了这一点。

多年指导东亚历史对话，步平先生的思想已经扩大为“跨越国境的历史认识”，看待东亚历史的视角也逐渐变得有弹性。先生这种变化着的姿态给参加论坛的包括我在内的许多韩国学者带来一定的冲击和刺激。在这样的历史认识的基础上，三国开展历史对话，《东亚三国的近现代史》和《超越国境的东亚近现代史》得以出版。如此艰难的工作，如果没有步平先生的组织和协调能力，将很难取得成功。

担任中国社科院近代史研究所所长期间，他也总是站在三国历史对话的潮头，深感青少年交流的重要性，对夏天三国举办的历史体验夏令营也总是格外关心，积极参加。最初一批参加了夏令营的三国青少年们，现在已经成长为肩负东亚未来的有责任感的一代。我认为他们将相互理解，一起构建更加和平的东亚。追求历史的真实与正义、追求和平的步平先生的精神将通过这些青少年们被继承下来。

由于共事多年，许多有意思的画面在我脑海中闪现。步平先生几乎不怎么喝酒。但某年初冬，在首尔的亚洲和平与历史教育连带办公室附近的帐篷小店里吃着鱼丸一直到很晚的有趣的画面至今历历在目。2013 年在光州举办三国论坛时，我曾与先生参观了展示有光州民主化运动记录的五一八纪念财团展览室。我向先生简略介绍了 1980 年 5 月军人殴打并杀害光州市民，市民们武装起来反对暴力的照片，并向先生介绍了这些记录都已成为世界记录遗产。看着照片，先生的表情时而严肃，时而沉痛，并问我展示这样的照片也没关系吗。我回答先生，为了能让这些记录像现在这样展示确实需要很长的时间。

2009年，我受项目资助在美国华盛顿特区的乔治·华盛顿大学待了一段时间。有一天，步平先生突然在华盛顿大学主办的专家会议上出现。先生看到我也在会场，不禁错愕，就这样，我们愉快地邂逅了。先生与一位韩国学者一起从哈佛大学开始演讲到了华盛顿，但两位由于语言不通，正在进行一场“不舒服的同行”，因为步平先生讲日语和俄语，那位韩国学者讲英语和波兰语。我好不容易才约到第二天早上一起用早餐，所以叫上曾在台湾学习过的我的妻子同行。第二天一早去了酒店，由于与先生同行的人也与我熟识，所以四人一起吃了饭。这才是一顿语言互通的舒服的聚餐呐。那天早晨在遥远的美国吃的那顿温暖的早餐，我至今都没有忘记。

没有英雄能够战胜死亡，然而有关英雄的美谈将永久流传。为揭示历史真相，增进东亚和平而奋斗终生的步平先生的学问和精神将永远不会消失，将在后辈学者和为东亚和平而努力的实践家们身上得到传承。

能够遇到先生，是我们每个人的幸福。先生，安息。

（作者为韩国亚洲和平与历史教育连带常任共同代表）

朝着东亚和平的大胆的脚步

[韩] 金圣甫

烛光在越是黑暗的地方越是闪耀。在充满相互不信任与历史矛盾的黑暗的东亚，步平老师正是那道为了驱散黑暗而用尽毕生心血的光芒。

我认识步平先生，是在日本扶桑社出版《新历史教科书》，正式开始歪曲历史的 2002 年。不光是韩国和中国，日本国内有良知的人们也为日本美化帝国主义侵略战争的教科书而感到愤怒。愤怒会催生憎恶。而憎恶可以转化为纠正错误的力量，有时也会加深相互间的不信任。因此，愤怒和憎恶使东亚的矛盾难以缩小。步平先生就预见了这一点。当年 3 月在南京举办的第一届历史认知与东亚和平论坛上，步平老师同韩国、日本参会人员协商提出以编纂东亚共同历史教材来对抗日本歪曲历史。大会还决定，不止步于批判日本歪曲历史，更要跨越国境，提炼出东亚人民可以共享的有共鸣的历史认识，并以把这种历史认识在广大青少年中间推广为宗旨。南京大会上，与会者将愤怒升华，东亚人民和解、协作，做出了树立能构建东亚未来的历史认识的了不起的决定。

我没有参加这次会议，但听说了编纂东亚共同历史教材的消息，并很愉快地加入到了共同编纂工作当中。也是在这个过程中，我认识了步平先生。中日韩三国编纂委员开会的时候虽发生了很多争论，但会后一起吃饭喝酒，彼此敞开胸怀，结下了深厚的友谊。

无论是开会的时候，还是聚餐的时候，中方的中心永远都是步平先生。就这样经过了数十次会议的反复，终于在2005年出版了《东亚三国的近现代史》，并于2012年出版了《跨越国境的东亚近现代史》。

共同历史教材会议上，步平先生所展现出的“求同存异”的姿态我将在这里简要说明。他一方面坚持中国方面的历史观，另一方面又倾听其他国家的声音，为寻找历史认识上的共同分母而努力。例如，在共同教材编纂过程中韩方曾批判中国在前近代和近代对韩国进行过压迫，且最近中国逐渐变为中华中心主义和大国主义，韩国对此表示忧虑。对此，步平老师表示，中国历史上曾与周边国家有过矛盾，但这与近代帝国主义侵略有着本质上的不同，而且中国与韩国一样有着反帝国主义的历史，所以会同韩国一起为东亚的和平做贡献。先生就是像这样，保持了既承认历史认识的差异，也积极寻找双方共同点的姿态。如果不是这种有弹性的姿态，共同教材就不会问世。

2015年10月31日，在冲绳举办的第14届历史认知与东亚和平论坛上，步平先生留下了下面这段意义深刻的话：

> 围绕东亚的问题，应该由东亚的成员利用自己的智慧来解决，依靠美国是不行的。现在，北美、欧洲、东南亚等有效运营的共同体已经形成并逐渐实现一体化，这些地区也正在享受地区共同体带来的安定与发展。而东亚却还要停留在相互对抗的恶性循环中吗?

东亚三国最近由于种种原因相互间的不信任正在深化。为了东亚和平与繁荣而建设的东亚共同体几乎成了不可能实现的海市蜃楼。步平先生上面的留言正是黑暗中的光芒，照亮了东亚和平与历史和解的道路。正如步平老师所言，东亚的和平与繁荣需要东亚人来解决，步平先生已经先行从这样的道路上走来。步平先生，正如其名字，走出了一条“为了和平而行步”的道路。现在这条路已然成为需要我们一起走下去的路。

（作者为韩国延世大学历史系教授）

装满了“未竟梦想”的电脑

［日］冈田充

我的书房里静静地躺着一台笔记本电脑。这台 Acer 电脑看上去普普通通，但对我来说，它却满满的都是不可替代的记忆。这台电脑是步平先生赠送的，里面保存着先父冈田春夫（原众议院副议长，1914—1991）的手写笔记以及剪报、照片等，大约有 3 万张。而进行这项数字化工作的，就是步先生曾经担任所长的中国社会科学院近代史研究所。

大约 10 年前，我听说日本科学协会开始了针对中国的图书捐赠活动，所以通过协会把父亲的这些资料赠送给了中方。父亲的藏书和资料原来都放在东京中野的父母家里，没有加以整理，落满了灰尘。因此我和哥哥冈田宰（律师）讨论之后，认为父亲生前对日中友好倾注心血，如果把资料赠给中方，一定能得到充分利用，于是通过老友顾文君（日本科学协会教育及研究图书有效活用项目室长）进行了具体操作。

打开电脑，可以发现作为社会党众议院议员，父亲的工作被分为两大类。首先，针对东西方冷战中担负了美国东亚战略一角的自民党政权的安全保障和外交政策，父亲在国会上进行的批判和追究。通过电脑，可以阅览父亲在进行国会质询之前亲笔写下的细致笔记。

另一大类则是与中国的关系正常化以及促进两国友好的活动。日本对中国进行过侵略，但当时两国还没有外交关系。在新中国成立不久的 20 世纪 50 年代中叶，父亲就第一次访问了中国，电脑文档里有很多当年访华的照片，其中还包括他和毛泽东主席、邓小平先生等中国政府要人会见时手写的备忘录。要了解日本的在野党政治家在东西方冷战中是如何思考、以什么样的热情推动对华交流的，这些资料都非常珍贵。

我知道父亲的这些书籍和资料都赠给了中国的重点大学的研究机构和图书馆，但怎么也没想到中方对此都进行了扫描并建立了数据库。因此在 2013 年秋天，当我从日本科学协会听到这一情况时，真是非常吃惊。而且这项工作还是著名的历史学家步平先生所推动的，就愈发令我感到意外了。

同年 12 月，在日本科学协会举行的电脑赠送仪式上，我从步先生手中接过了笔记本电脑。步先生时任日中共同历史研究项目的中方首席委员，此前我和他也在记者会或论坛上见过几次，但有机会进行深谈的，那还是第一次。步先生历来以对历史研究的真挚态度和诚实的为人而知名，那一次之后，我深感此说不虚。

遗憾的是，步先生才 68 岁就去世了。而留给我的，则是这台装满了关于父亲和步先生记忆的笔记本电脑。今年是日中邦交正常化 45 周年，但两国关系却因一座小岛的主权纷争而陷入正常化以来最糟糕的状态。我记得步先生在日本科学协会的书籍捐赠项目中，曾写下过这样的话：“读书是促进相互理解的重要手段。（书籍捐赠项目）起到了促进中日友好、相互理解的桥梁作用。我愿意把它当作中心工作。这是我的梦想，一个美好的梦想。”

书房的这台笔记本电脑里，装满了力图改善日中关系、促进两国互相理解的步先生和先父的“未竟梦想”。

2017 年 4 月 22 日

（作者为日本共同通信社客座论说委员）

连接中国与日本研究者间的桥梁
——沉痛悼念步平先生

[日]毛里和子

从一位日本年轻研究者那儿惊闻步平先生于2016年8月14日逝世的噩耗，万分悲痛！

此前从步先生本人那儿得知，他前年春天起身体状况不佳。去年3月到访北京，特意前去拜访，有幸在先生家附近的火锅店与先生及夫人张颖辉女士共进午餐。那时，先生脸色颇好，依然是满脸带着他那儒雅的微笑，热情洋溢地谈论着今后的研究、与日本的学术交流等的计划。

众所周知，进入21世纪，特别是2010年以后，中日关系处于令人担忧的状态。不论是政府间的关系，还是国民间的舆论，都在不断地恶化。但就在这样困难的时期，中国的历史研究者们，抱着温和的日本观，非常珍视与亚洲的朋友——日本的关系，各种场合做着具有建设性的、暖人心怀的发言，让我们感到无比高兴。在其中，步平先生凭着他作为历史学家的平衡感觉、注重研究的学者信念，以及对日本及中国研究者的信赖与友爱，发挥了在中日研究者间架起牢固桥梁的重大作用。

我们日本的中国研究者，为能尽力对当前不稳定的、令人担忧的日中关系进行重建，于 2013 年秋成立了“思考新型日中关系的研究者会”。该会于 2014 年 3 月主办了题为“追溯当代日中关系的源流——对 20 世纪 70 年代的再思考”国际学术研讨会。在会议筹办阶段，我们对中国的研究者是否能顺利参会感到一丝不安。这一次，又让我再次叹服步平先生不愧是“牢固的桥梁”。我们发出会议邀请后，先生非常爽快地答应参会，并携章百家先生、牛大勇先生、王新生先生、宋志勇先生同道愉快地飞到了东京。此次国际学术研讨会，得到了步平先生以及中方的诸位先生，还有傅高义先生、杰拉尔德·柯蒂斯先生、林满红先生等专家的鼎力支持，开成了一次紧张雄辩、却又平和温馨、坦率直言的盛会。其成果可见 2014 年岩波书店出版的高原明生等编的《日中关系问题何在？——1972 年体制的再探讨》一书。还有一件让我难以忘怀的事情。2006 年拙著《日中关系》付梓后，就想着是否出版中文版的事情。那时，步平先生正就任中日共同历史研究中方首席委员，奔波于中日之间而非常繁忙。但可能是考虑要让拙著在中国顺利出版吧，他决定为本书题写序言。结果，步先生赐予了长达 19 页之长的《关于毛里和子教授的新著》一文，放在中文版的最前面。2009 年,《中日关系：从战后走向新时代》在中国顺利出版。当我拿到先生那朴实无华、精确清晰且文风雅致的序言，我感动不已。让我再次致以深深的谢意吧！如今，想到再也不能请先生再赐美文了，我黯然神伤！

步平先生离我们而去，我们感到无比悲痛，并对今后的日中学术交流，不，是整个日中关系全局都感到一缕落寞与彷徨。我们日中两国的研究者，必定要以步平先生为榜样，为使连接日本与中国的文化桥梁更加牢固而不懈努力。步平先生，请借给我们力量，引导我们前进！

感谢无限！

安息千古！

2017 年 4 月 30 日

（作者为日本早稻田大学名誉教授，本文由徐显芬翻译）

感恩

——与步平先生的相遇相知

［日］田中宽

接到步平先生讣闻的 2016 年 8 月，我正和家人在北欧旅行。愉快的旅程一瞬间被悲痛所包围，好几天我都止不住眼泪，胃口也很差。步先生的去世给我的打击，就和失去了家人一样。

我从青年时代起就直面中国问题。如果有人问我真正的邻居应该是什么样的，那我脑海里最先浮现的就是步平先生。1996 年夏天，我在黑龙江省社会科学院第一次拜访了步先生。当时他和高晓燕研究员一起在大门口迎接我，然后带我参观研究所，向我介绍了当时的中国东北沦陷史研究的成果后，又向我赠送了好几本研究专著，之后他还请我吃了饭。当时谈了些什么我已经几乎都忘了，但双方因我曾专攻中国近代史而意气相投，这一点我至今还记得。过了几天，步先生还邀我去他家里，并介绍家人让我认识。

回日本之后，我开始了迟延已久的殖民地教育的研究，而其契机也源自和步先生的相遇相知。后来我又随妻子回乡探亲而经常到访哈尔滨，每次都会和步先生见面。我参加过关于九一八事变的国际研讨会，并与众多的中国历史学者进行交流，这些也多亏步先生的指引。此外，当时发行的学术期刊《东北沦陷史研究》刊载了包括我在内的很多日本学者的文章，也完全出自步先生对日中友好的信念。

步先生不顾繁忙的工作，经常到访日本，与日本各地的学者和市民保持着交流。特别是和我们 ABC 企划委员会的成员交谈时，他总是显得很愉快。我们这些人都以步先生为师长，感受到日中关系的重要性。我们从步先生身上，不知道学到了多少东西。像他这样热情的历史求道者，我还从来没有见过。然而过度的疲劳，还是一点点地损害了步先生的身体。从黑龙江省调往北京的中国社会科学院，一定是步先生人生中的重大转折点，他也一定下了重大的决心。我想，他带着构建新时代日中关系的使命感，毅然选择了这条艰辛的道路。另一方面，我还听说步先生反思历史研究的现状，努力地摸索着新的研究方法。在与众多学者不断交流之中，他心中一定有许多纠葛：为了构建日本与中国之间永久的和平，历史学者应该做些什么？可以说这些纠葛是步先生英年早逝的原因之一，但他留下了光辉的足迹，这一点无论是谁都毫不怀疑。而他撒下的种子，一定被下一代学者牢牢地继承，会在我们的心中生根发芽。

我们永远也不会忘记步先生的笑容和他那高洁真挚的人格。在我思考日中友好、永不再战时，眼前总会浮现步先生的音容笑貌，每当这时候，心中就不知不觉地涌现出力量和希望。在我们的背后，也好像会传来步先生鼓励的话语。步先生！您一切都好吗？什么时候我们能再次见面？在那一天来临之前，我们会竭尽全力，为日中的永久和平做出贡献。

（作者为日本 ABC 企划委员会代表）

弘扬步平先生的业绩，继承步平先生的志愿

［日］俵义文

2016年8月14日11时32分，我的朋友、中国社会科学院日本研究所的胡澎研究员告诉了我一个令人悲痛的消息——步平先生已于14日凌晨2时40分在北京去世。我一时觉得难以置信，又深深地沉浸在震惊和哀伤之中。

一个半月之前的7月2—3日，中日韩三国共同历史编纂委员会的会议在中国杭州举行。步平先生因为治病而缺席会议，我们就通了电话。步先生的声音也好，说话方式也好，都坚实有力，我觉得他很快就会重新开始研究工作和社会活动。但仅仅在一个月之后，我却接到了噩耗，因此完全无法相信这是真的。

在历史认知与东亚和平论坛、中日韩三国共同历史编纂委员会、中日韩青少年历史体验夏令营等各种活动中，我都曾与步先生一起工作过。

而我第一次见到步先生，则是在2001年7月的北京。

2001年7月，我和历史学者荒井信一应邀参加了由中国社会科学院日本研究所主办的“日本的军国主义研究”论坛。就在这一年，新历史教科书编撰会出版了歪曲历史的中学教科书《新历史教科书》（扶桑出版社）。而这本教科书的使用，不仅在日本，在整个东亚

都引发了重大的问题。

荒井先生和我向参会的中国、韩国、朝鲜学者提出，要真正解决类似的教科书问题，就应该在东亚持续性地讨论历史认识问题。对此最先表示赞同的，正是时任黑龙江省社会科学院副院长的步平先生。韩国和朝鲜学者也表示赞同，因此研讨会结束的第二天，在近代史所的会议室，我们和步先生及近代史研究所《抗日战争研究》执行主编荣维木先生、韩国的大学教授姜昌一先生（现为国会议员）等人（朝鲜学者因回国日程的原因没有参加），花了一整天时间进行了讨论。

讨论取得了共识，在日中两国邦交正常化 30 周年的 2002 年 3 月，在南京举行了首届历史认知与东亚和平论坛。这是日中韩三国民间为构建东亚共同体而开展的活动。

其后的历史认知与东亚和平论坛由中日韩三国轮流主办，三国的学者、历史教育者和市民团体积极参加，至今每年举办，取得了巨大的成果。而步平先生则参加了从第一届开始的每一次会议，并代表中方引领着历史认识问题的持续性讨论。特别是在他承担了中国社会科学院近代史研究所所长这一重任之后，依然积极地为本论坛做出了贡献。也因为步先生的积极支持，论坛得以每年举行，到 2017 年即将迎来第 16 届。

第一届论坛选择在南京举行，因为我们认为日中之间的历史认知问题中，最重要的就是南京大屠杀事件。今年是南京大屠杀 80 周年，第 16 届论坛也将在 9 月 9—11 日于南京举行。但这次会议中将不再出现步先生的身影，这是让人极为遗憾的。

以本论坛为基础，我们又成立了中日韩三国共同历史编纂委员会，进而共同编辑、出版了《东亚三国的近现代史》和《超越国境的东亚近现代史》两本书。从一开始，步先生就作为中方负责人参与到本项目之中，如果没有他，共同历史教材的出版这一历史性成果也不可能成为现实。在举办论坛、编纂共同历史教科书的同时，我们为了培育下一代人去构建未来和平的东亚共同体，又同时举办中日韩青少年历史体验夏令营至今，也取得了巨大的成绩。在夏令营项目中，步先生发挥了重要作用。

不仅如此，在日中两国政府尖锐对立的情况下，步平先生还积极参与了日中两国民间层面上的历史认识问题研讨，推动友好关系的发展。在第一次安倍内阁时，两国政府成立了日中共同历史研究委员会，步平先生作为中方首席委员发挥了重要作用。日方委员中有不少保守派学者，但步先生通过耐心的对话工作，终于在“日中战争是日本的侵略战争”和“南京大屠杀是事实”等问题上促成了日中两国学者的共识。这也是步先生巨大的功绩。

作为一名杰出的历史学者，步先生一以贯之地谋求“超越国境的历史认识”。我们要把步先生的心愿当作自己的任务，为了东亚和平共同体的实现，在构建其前提条件——共同的历史认识方面更努力地进行研究讨论、开展活动。我们坚信，这正是继承、发展步先生心愿的工作。

希望步平先生的在天之灵能守护着我们的活动。

（作者为日本儿童教科书全国网络 21 事务局局长）

致步平先生

［日］斋藤一晴

写下这几个字时，心中非常痛苦。根本无法想象我已经无法再跟先生见面了，眼下唯一能说的，就是希望先生能够宁静地长眠。

我第一次见到步先生，是 1995 年在哈尔滨举行的关于 731 部队的国际研讨会上。当时我才 20 岁，上大学二年级，跟着高中老师参会。我们针对日本的大学生作了战争责任和战后责任的问卷调查，参会的目的是将调查的分析结果在会议上做报告。

那时候步平先生还是黑龙江省社会科学院的研究员。当时他还不到 50 岁，也不太喝酒，日语讲得也不是太好。在日本和中国的一流学者参加的那次国际研讨会上，步先生主动跟我这样的大学生打招呼，因为我当时几乎不懂中文，他就用日语跟我谈话，这都让我至今记忆犹新。

对于因日本的战争而受到伤害的战争受害者，我从高中时代就很关心他们恢复尊严的问题，因此以那次国际研讨会为契机，我开始考虑到中国去留学。大三的时候我给步先生写了信，说想到哈尔滨留学。他的回信上，写着“我等你来哈尔滨”。大三结束后，我办了休学，来到了哈尔滨，时间是 1997 年 2 月。走下飞机的时候，我才发现零下20度是如此的寒冷，不禁担心能不能在这里生活下去。

来到留学目的地黑龙江大学之后没几天，步先生就在工作的间隙抽空来留学生楼看望我。他问我生活上有什么困难，居住环境和学习环境如何。从此以后的两年间，步先生和夫人，以及他当时还在上小学的女儿都很关照我。步平先生的家在铁路局的旁边。铁路局的大楼就是原中东铁路的总部，门口伫立着毛泽东的塑像。我时不时地就会去步先生家玩，吃他们亲手做的美餐，借他的自行车出行。

我曾和步先生乘车前往阿城，参观那里的日军大炮。那门大炮据说现在陈列在北京的军事博物馆。我还同步先生一起参加了在长春召开的研讨会。步先生在任何时候都无微不至地关照着我。

学成回国之后，我依然和步先生保持联系，也和他在日本见过面。后来我专攻历史学，考上了研究生。再后来，我参与了日中韩三国共同历史编纂委员会的工作。没想到在这里我和步平先生又重逢了。只能说这是奇缘，让我深深感谢上天的眷顾。

日中韩三国共同历史编纂委员会的工作已经持续了 15 年。在这期间，步先生一直站在第一线，为整合中国国内的意见以及与日韩对话而倾注心血。有好几次讨论陷入僵局，无法取得进展，国与国间历史认识的鸿沟以个人之间对立的形式表面化，不禁让人担心共同编纂工作能否进行下去。在这些时刻，步先生总是花时间探索促进对话的具体手段，给我们以启迪。我不仅学习了历史，还从步先生的经历和他与人相处的态度上学到了超越国境进行对话的方法。

最后一次与步先生见面，是 2015 年 11 月在冲绳举行的历史认知与东亚和平论坛上。同行的还有步夫人及已经成长为一名医生的步先生的女儿。步先生看上去精神很好，我无论如何也没法料到下一年我们就将天人两隔。

从留学的时候开始，我和步先生就有一个约定，那就是结婚之后要把妻子介绍给他认识，还有就是开始从事研究工作后要告诉他。2016 年 3 月我结婚了，打算把蜜月旅行地点选在大连和北京，并向步先生和他的家人介绍我的妻子，于是给他发了邮件。他在 7 月 7 日回复我说“在医院或是在我家里见面都行，到北京之后请给我打电话”。

8 月 9 日，即将赴中国之前我又给步先生发了邮件，但这一次他没有回复。到了大连之后，马晓娟女士和我联系，说步先生病危。我实在是太震惊、太慌乱了，眼泪也止不住地流了下来。就在我从大连赶往北京的路上，步平先生去世了。我终于没能把妻子介绍给他认识。

我回国那天正好是步先生的告别式举行的日子。那天从早上开始下雨，地铁也因故停运了，我担心赶不上告别式，就和妻子一辆接一辆地换乘出租车，弄得浑身湿透，终于在告别式将要结束的时候赶到，向步先生作了最后的告别。在这里，我终于能“介绍”我的妻子了。在告别式上，我还见到了步先生的夫人和女儿，向她们表达了我诚挚的悼意。

回日本之后，我开始在日本福祉大学工作。结婚、工作都没能在先生健在之日告诉他，非常令人遗憾。但如今我还是每天都能感到步先生的在天之灵守护着我，这是因为和我一道工作的同事中，有很多一以贯之的、知道步先生的人。而在哈尔滨的记忆、在北京的记忆、在日本的记忆，所有这些都将成为我人生中重要的一部分。

今后我也将继承步先生的遗志，为恢复战争受害者的尊严，为日中、东亚的历史对话而竭尽全力。

在这里，我要向命我执笔、在告别式之际与我联系、允许我参加告别式的中国社会科学院近代史研究所的各位老师，特别是向高士华老师、马晓娟女士致以深深的谢意。今后还请大家继续指导我、鞭策我。

（作者为日本福祉大学儿童发达学部副教授、
日中韩三国共同历史编纂委员会委员）

唁电汇总

步平先生去世后，包括中日两国外长或助理在内的国内外社会各界发来了大量唁电，盛赞步平先生的为人、为学及他在中日关系、中日共同历史研究、中日韩三国学术交流、海峡两岸学术交流等方面所作出的功绩，并对步平先生的逝世表示哀悼。本书特编选部分唁电（部分悼念信件也作为唁电进行整理），以志纪念。除将两国外长或助理的唁电置于篇首外，其余分国内外个人、机构两部分对唁电进行分类整理，并按汉字姓氏笔画、机构名笔画排序。特此说明。由于收到唁电数量众多，如有遗漏，敬请谅解！

中华人民共和国外交部部长助理　孔铉佑

惊悉步平同志因病逝世，深感悲痛，谨表示深切哀悼。

步平同志是我国著名历史学家，长期致力于中日民间外交和学术交流，特别是担任中日共同历史研究中方首席委员期间，为中日关系改善和发展做出了积极贡献。我们为步平同志不幸逝世深感惋惜，谨向步平同志亲属表示诚挚慰问。

步平同志千古！

日本国外务大臣　岸田文雄

惊悉步平前中国社会科学院近代史研究所所长逝世，谨此祈愿冥福安息。

步平前所长作为日中共同历史研究项目中方组长，为增进日中两国在有关历史上的相互理解做出了巨大贡献。

缅怀步平前所长生前的丰功伟绩，谨对先生的逝世深表哀悼。

国内个人唁电

王希亮、郭素美（黑龙江省社会科学院历史研究所）

惊悉步平先生仙逝，不胜惊愕悲恸。念先生治学以来，潜心笃实，硕果丰盈。阅江省京师，学界头羊。运筹创新，甘当人梯。温和谦恭，无异布衣。主持共同研究，开启对话交流。泣天折英才，哀学界星陨。祝西行冥福，慰夫人令媛。逝者驾鹤，忆者合十。学人楷模，风范长存。

刘晓东（东北师范大学历史文化学院院长）

惊悉步平先生因病逝世的噩耗，不胜悲痛。我谨代表东北师范大学历史文化学院全体师生向步平先生表示沉痛哀悼，向步平先生的家属表示亲切的慰问。

步平先生，1976 年毕业于哈尔滨师范大学历史系。曾任中国社会科学院近代史研究所副所长、所长、党委书记。兼任中国史学会理事、中国东北地区中日关系史学会会长、中国抗日战争史学会执行会长、中国近现代史学会执行会长，日本横滨市立大学客座教授、日本新潟大学客座教授。主要研究方向是中日关系史、东北亚国际关系史、日本侵华史、抗日战争史。

长期以来，步平先生对中日关系史的研究具有高深的造诣，对中国学界的日本史研究做出了巨大的贡献。他的逝世，不仅是中国社会科学院的巨大损失，亦是我国史学界的重大损失。

斯人溘然长往，斯风浩气长存！

谨此致哀！

步平教授千古！

肃此电达！

关捷（大连民族大学教授）

社会调研之时，惊悉步平同志病逝噩耗，万分悲痛！对家属深切问候。

步平同志在东北工作，并兼任东北地区中日关系史研究会会长期间，交往甚多，深知其治学刻苦，建树良多；宽厚待人，扶携青年；道德文章为人称颂。他中日关系史造诣颇深，尤对推进东北地区中日关系史研究贡献卓著，名誉中外。他的逝世是学术界的重大损失。

步平同志业绩和人格永留人间。

李文（中国社科院美国研究所副所长、亚太与全球战略研究院原副院长）

惊闻步平先生离世，深致哀悼！

步平先生为人谦和，为学严谨，尤其在领导中日韩三国学者共同编写东亚近代史教科书方面做出卓越贡献，厥功至伟。

多年来，我与步平先生一直保持良好合作关系；他对我提供的各种关照和帮助，我一直铭记在心。

望步平先生的家人和亲属节哀顺变。

李亚隆（湖北省宜昌市政协主席）

惊悉中国抗日战争研究会会长步平同志不幸逝世，深感悲痛。他的逝世是我国近代史研究的巨大损失！

步平同志对抗日战争史学研究做出了开创性贡献，对宜昌抗战研究给予多方关怀。在此，谨代表政协宜昌市委员会对步平同志的逝世表示深切的哀悼，并通过你们向步平同志的家人表示诚挚的慰问。

肃此电达。

吴淑凤（台湾“国史馆”纂修）

刚读克武理事长信函，方知步平教授已离我们而去，甚感遗憾！我还代转过步平教授给吕馆长的信，表示身体已有好转，有史料共享的初步构想，拟与吕馆长畅谈。我以为会在台湾再度见面！

请代为转告步平教授家人，步教授是位令人尊敬的学者，此生任务已圆满完成，望请节哀顺变！

也希望我们都注意健康，保重身体！

张力（台湾“中央研究院”近代史研究所研究员）

步平教授突然辞世，很是意外。这两天读了微信上几位朋友的怀念文章，得知过去一年他已为病痛所苦，住进医院，因此也没能在会议场合见到面。步平教授给人的印象是诚挚开朗。我去北京，常得到他的协助与照应，也有几次机会与他同台发表论文。前些年协办所务时，也深切感受到他认真搭建两岸学术交流的桥梁。他的突然离开，是我们大家的重大损失。

本所新的领导可能不像我们那时和步平教授那样熟悉，我得知噩耗，立即告诉副所长李达嘉兄，本所亦能及时表达哀悼之意。我个人无法远赴北京吊唁，谨借此信表示对步平教授的深切怀念，并请家属节哀。

周惠民（台湾政治大学教授）

步先生学术精湛，功在士林，方期请益，忽闻讣音，良深哀悼。敬请代候步先生家属节哀，珍摄不一。

赵占（原沈阳军区化武办）

惊悉步平老师逝世，深感悲痛！步平老师长期致力于中国近代史研究，尤其是在研究日本发展和侵华战争中使用化学武器方面，做出了重要贡献。

他的研究成果不仅对揭露日本化学战历史具有重要意义，载入史册。同时，对我们处理日本遗弃化武工作，发挥了积极作用。步平老师的逝世真是太可惜了！我们失去了一位优秀的学长和战友！

向步平老师致敬！步平老师永远活在我们心中！步平同志永垂不朽！步平老师一路走好！

胡德坤（武汉大学中国边界与海洋研究院院长、教授）

惊悉步平先生不幸逝世，深感哀悼。步平先生是我国抗日战争史研究的领军人物，有很强的学术策划、学术组织能力，在抗日战争史、近代史、日本史等领域做出了卓越的学术贡献。步平先生的不幸逝世是我国史学界的重大损失。谨向家属表示慰问。

姜义华（复旦大学教授）

惊悉噩耗，不胜痛惜。我们失去了一位优秀的历史学家，我失去了一位知心的学友。请代向步平同志家人转达哀悼之情。

徐蓝（首都师范大学历史学院教授）

惊悉步平先生逝世，不胜悲痛惋惜！先生一路走好！

郭世佑（同济大学特聘教授）

建朗仁兄道鉴：久疏问候，时在念中。前日自哈尔滨返京，即惊悉贵所前所长步平先生病逝，哀叹莫名。今日抵达台北，继续追踪青年党的资料，旅途疲乏之余，尤念步公，谨代表同济大学历史研究所同仁，向步平先生的逝世深致悼意。在下与步公亦略有接触，且在北京香山、济南、武汉等地同台演讲，其厚实的学养与表里如一的谦谦君子之风，不惟记忆犹新，抑且有口皆碑，当不失为贵所之福也。坚信贵所定能在仁兄的引领下，铸造品学二路之高标，示范学林。

黄克武（台湾中国近代史学会理事长）

步平教授于今年 8 月 14 日在北京同仁医院逝世，士华兄在第一时间告知，吾辈至感悲痛。步平先生在 2004 年至 2010 年担任中国社会科学院近代史研究所所长期间，致力于海峡两岸学术交流，多次至台北参加学术会议，促进两岸对中国近代史研究的相互认识，贡献卓著。步平先生亦长期担任中国抗日战争史学会会长，为响应去年“马习会”所达成两岸“共享史料，共写史书”的构想，多次与本学会联系，拟邀约两岸学者为抗战史研究共同努力。此一工作正积极开展之中，不料先生遽归道山。本人谨代表台湾中国近代史学界之同仁对步平先生之辞世表达最深的哀悼之意，希望未来两岸学者能继续努力，实现先生未竟之志。亦请代为向步平教授之家属致意，务请节哀。

寇伟（中国社会科学院办公厅）

惊闻步平先生逝世，不胜悲痛。有幸在步平先生领导下工作多年，深受教诲，获益良多。步先生为人为学，令人肃然起敬，至为感佩！因明另有公务，不克前往与步先生告别。烦转告家属，务请节哀！

谨函致唁。

韩永利（武汉大学历史学院教授）

惊悉我国著名历史学家步平先生因病逝世，深感悲痛，特表示沉痛哀悼！

步平先生千古！

国外个人唁电

一濑敬一郎（731 部队细菌战诉讼律师团、重庆大轰炸诉讼律师团律师）

由于太过突然，当我接到步平先生去世的消息时，真的感受到了从体内上涌的遗憾。

回顾两人交往的历史，就要追溯到 1995 年 8 月，那时我第一次见到任职于黑龙江社会科学院的步先生。

步先生是一名世所罕见的历史学家。他具备预见时代走向的锐利眼光，彻底地直面历史事实，身体力行地向日中两国人民展现什么才是日中友好的正确道路。

以 731 细菌战诉讼及重庆大轰炸诉讼为代表的、几乎所有的日本战后赔偿诉讼，都遵循了步先生指出的方向，学到了很多重要的东西。

在此，我誓言把对步先生的记忆刻在心底，继承先生的遗志，为构建日中友好的未来而继续努力。步先生，请一路走好。

儿岛俊郎（长冈大学教授）

闻知中国近代史研究所原所长步平先生去世，在此谨致以衷心的哀悼。

我在新潟县的新潟大学与已故的古厩忠夫先生，以及井村哲郎先生、芳井研一先生，在学术研讨会等场合多次与步平先生同席。在庆应大学的时候，也和松村高夫先生一道多次与步先生见面，得到他的指教。

步平先生总是非常谦逊而真诚。作为历史学家，他非常重视史料，同时非常忧虑日中两国的未来，并为了把两国的未来连为一体而竭尽所能。

去年在北京，在由中国友谊促进会主办的研讨会上，我与久未见面的步先生相逢了，但并没有机会深谈。简单的互相问候，不料竟成为最后的交流。

我虽听说步先生后来健康状况不佳，但实在没想到他会这么早就去世了，让我深为痛心。衷心哀悼步平先生。

步先生的亲属、朋友、同窗，以及接受过步先生教诲的众多学生、学者，大家一定都沉浸在悲伤之中。我也感到悲伤不已，但还是决心尽绵薄之力，尽可能地把步先生的工作继承下去。

带着痛切的心情，献上我诚挚的哀悼。

又吉盛清（冲绳大学教授）

怎么也没有料到这么早就跟先生永别了，至今感觉不像是真的。本来很期待在 5 月份北京大学的会议上能见面，但步先生因病未能参加，因此我对病情有所耳闻。但如今接闻讣告，还是让我震惊和叹息。

自 26 年前与步先生在早稻田大学校园里初次见面以来，我们多次在哈尔滨、北京和琉球冲绳餐叙，畅谈东亚世界中的中琉关系史。回顾这些往事，就好像昨天才发生过一样。而在去年冲绳的学术会议上，步先生的家人也一起来了，见面的次数就更多了。想起这些，就更感到步先生的去世太让人遗憾了。

在对北京通州的琉球人墓地的调查中，步先生也和北京大学的徐勇先生一起到访现场，这最终成为中国与琉球冲绳间学术文化交流的契机。让我再一次感谢先生作为朋友、作为学者的情谊。

如今的琉球冲绳问题，越来越需要我们殚精竭虑地应对，但此时却失去了中琉关系最杰出的理解者。今天我感谢先生长期以来的友谊和教诲，愿先生一路走好。接到讣告后，我打算在报纸上介绍步先生的成就，现在已获得《冲绳时报》的刊载。

山田辰雄（庆应义塾大学名誉教授）

昨天早上，我接到了步平先生去世的消息，一整天都沉浸在我和步先生交往的回忆之中。失去了值得尊敬的好友，真是令人悲伤的一天。在此谨致以衷心的哀悼。

步平先生的研究工作，始于对日军侵略中国东北地区的实证性研究。自担任中国社会科学院近代史研究所所长之后，步先生的研究扩展到整个近代日中关系领域，取得了丰硕成果。他在坚持自己学术立场的同时，作为近代史所所长，还在激励、组织日中两国学者方面做出了巨大贡献。我们这些学者的工作，就是努力揭开事实真相。然而我们也必须清醒地认识到，揭开事实真相并不能无条件地促进日中两国人民的相互理解。这是因为有时候政治家们会把事实真相当作批评对方的武器。如何在揭示事实真相的基础上促进两国人民的互相理解与和解，步先生为此付出了巨大的努力。我也从步先生身上学到了这一点。从这个意义上说，步先生是我们良好的理解者。

1998 年在庆应大学召开了日中关系的军事史方面的研讨会，这也是我和步先生长期交往的起点。之后两人每年在日中两国间数不胜数的会议或交流活动上进行了交谈和讨论。但对我来说更为宝贵的经历，则是日中关系发生困难的时候，我们两人有机会进行长时间的意见交流，时间是 2010 年 10 月 22 日，地点在早稻田的丽嘉皇都酒店，我们进行了好几个小时的交谈。当年 9 月在“尖阁诸岛”（即我国钓鱼岛，下同——译者注）附近，中国渔船与日本海上保安厅的船只刚刚发生了冲撞事件。2012 年 11 月，我应近代史研究所之邀访华，步先生花了一整天时间陪我参观了北京近郊日中关系方面的历史遗迹。那时正在召开中国共产党的十八大，也是日本政府刚刚买下“尖阁诸岛”的时候。我和步先生的交往中，类似的事不胜枚举。我们有时会带着个人感情讨论困境中的日中关系，而这对促进双方的理解起了很大作用。比起我的中文，步先生的日文要流畅许多，这对两人的交流也助益良多。

我有时会畅想，什么时候在香山也好，箱根也好，订好房间，各自准备好日中两国的资料，好好跟步先生讨论有争议的日中关系史问题。现在步先生去世了，这些共同工作只能由我们这些活着的人来完成了。得知步先生最近的身体状况，我已准备 9 月上旬去北京看望他，如今这一计划也无法实现了，令人深感遗憾。

山家浩树（东京大学史料编纂所所长）

我接到步平前所长的讣闻，在此谨代表东京大学史料编纂所，表达衷心的悼意。

对于步平先生在贵研究所做出的成就，特别是在日中关系史研究上做出的巨大功绩，我们表示崇高的敬意。

东京大学史料编纂所与贵所及韩国国史编纂委员会一道，设立了东亚史料研究编纂机构联席会议。本机构至今已举办过四次国际学术会议，其中 2002 年在首尔召开的第二次会议上，步先生亲自赴会，让我们感受到了他的深情厚谊。

今后再也无法得到步先生的帮助，我感到极为遗憾。希望步先生能有一个宁静的长眠。

马场毅（爱知大学名誉教授）

听说贵所步平原所长去世了，我非常震惊。步平先生对日中学术交流，特别是日中共同历史研究的贡献非常大。我以前听过步平先生在爱知大学演讲。他对我提出的问题用很流利的日语给我恳切的回答。他的声音至今未能忘记。谨在此表示沉痛的哀悼和衷心的慰问。

井村哲郎（新潟大学教授）

接到步平先生去世的消息，我非常震惊。回顾过去，我第一次与步先生见面，是在哈尔滨的黑龙江省社会科学院。当时我任职于日本亚洲经济研究所，那次也是我首次访华。在我来到新潟大学工作之后，步先生则去那里参加了已故的古厩忠夫先生主持的会议，还进行了集中讲座。步先生在中国社会科学院近代史研究所任职时也曾给予我很多帮助，在出版《古厩忠夫文库目录》时，还亲自为我写了序言。对于所有这些，我都非常感谢。

步先生在近现代日中关系史研究方面做出了很大成就，作为中国与日本史学界的桥梁，他也发挥了重要作用。我原本期待他能做出更大的成果，现在只能感到非常遗憾了。

衷心祈愿步先生一路走好。

中村法道（长崎县知事）

惊悉中国社会科学院近代史研究所研究员、近代史研究所前所长步平先生逝世，谨此代表全体长崎县人民表示沉痛哀悼！并向家属表示亲切慰问！虽然远在日本，但是我们对中国社会科学院的同事们及海内外学者的惋惜之情感同身受，任何语言都不足以表达我们的悲痛心情。

步平先生最早提出把孙中山、梅屋庄吉夫妇铜像作为长崎县与中国友好交流的象征赠送给我们。现在此铜像屹立在长崎港，受到海内外人们的景仰。

步平先生生前为长崎县和中国的友好交流给予莫大的支持，我们的感激之情难以言表。先生的伟业必将永垂于世，祝一路走好！

平野健一郎（东洋文库理事、东京大学名誉教授、早稻田大学名誉教授）

步平先生过早地离开了我们，接到讣闻时我感到震惊而哀痛。

在日本的众多历史学者、中国问题专家都非常尊敬、信赖步平先生，认为他是中日学术友好交流最大的推动者。作为朋友，步先生也和我们非常亲密。步先生身材高大，动作沉稳，而更让人印象深刻的，则是他以博大宽厚的心胸包容我们，从而让大家在中日间的学术交流上能够同心协力。可惜这样好的人却永远离开了这个世界，这是巨大的损失，极大的遗憾。

我叫平野健一郎，我受步先生帮助最多的，是担任日本的亚洲历史资料中心负责人的时候。在 2011 年亚洲历史资料中心成立 10 周年之际，我们打算召开国际研讨会，因此邀请步先生以中方讨论者的身份参加，步先生欣然答应。步先生在赞扬中心的成绩之余，也准确地指出了不足之处，并建议我们发展为一个数字化档案方面的国际性网络。后来他又希望我们把亚洲历史资料中心数据库中收录的“远东国际军事法庭记录”更新为更清晰的资料。经过研究，我们把日本的国立公文书馆的原始资料拍成照片寄给了中国。我认为站在国际视角研究东京审判是理解历史时不可或缺的，因此对步先生的要求都尽力予以满足。在类似这样的事情上，我衷心希望步先生的遗志能够得到继承，中日共同进行研究的目标能早日实现。我也祈盼步先生的在天之灵能继续守护着我们继续前行。

我深切怀念步先生的成就和为人，希望步先生一路走好。

西村智奈美（日本众议院议员）

惊悉步平先生逝世，令我悲痛万分。同样，曾在家中见过先生的我的父母亦禁不住惊讶和哀痛。谨此向先生的夫人及家属表示慰问。

深切祈愿先生冥福安息。

西园寺一晃（日中友好协会副会长）

步平先生不幸去世，我谨在此表示衷心的悼念。上次步先生访日之际，我曾有幸与他见面，对于日中关系交换了意见。步先生冷静、客观的分析，让我铭刻在心。对于日中关系来说，步先生的去世是一个重大的损失。希望步先生一路走好，我也决心为日中关系的正常化尽绵薄之力。

伊势弘志（明治大学文学部助教）

步先生不仅在中国，而且在日本也被众多的人所爱戴，突然接到步先生去世的消息，让我一时难以相信。每次我去北京，步先生总是满面笑容地迎接我。和明治大学的同事们一起拜访时也好，我一个人去拜访步先生时也好，他都会为我们接风，当时的感动至今记忆犹新。

昊天不吊，让步先生这样真诚思考全亚洲未来的人匆匆离开了我们，实在让人痛心，让人悲伤。为了继承步平先生遗留的、超越国境的成就，同时报答步先生在生活上、学术上的恩情，我将会继续身体力行步先生的教导。

在对步先生的伟大业绩和多年来的努力表示敬意的同时，真诚祈愿步先生一路走好。步平先生，谢谢您了！

伊香俊哉（都留文科大学教授）

步平先生是我的朋友，多年来承蒙他的关照。此次原本非常期待步先生早日康复，在 8 月 27 日的研究会上与他见面。如今这个愿望已无法实现，我非常遗憾。步先生的去世，不仅对中国，对日本的历史研究者也是无比重大的损失。衷心祈祷步先生一路走好。

庄司润一郎（日本防卫省防卫研究所战史研究中心主任）

从今天早晨的报纸上得知步平先生去世的消息，深为震惊。在此谨致以衷心的哀悼。我之前知道步先生正在与疾病做斗争，接此讣闻，心中极为遗憾。作为日中共同历史研究中方首席委员的步先生，作为后来未能面世的第三部第三章的讨论对手的步先生，和我进行过多次研究探讨，对他的各种回忆都在我脑海中不断闪过。当时我个人深受步先生照拂，对于他的为人，我发自内心地感到钦佩。我们在东京目白天妇罗店吃饭时讨论第三章内容的场景，至今记忆犹新。

步先生激荡的人生，实在不是我等所能想象的吧，但回想起来，又不禁痛感他这一生确实非常辛劳。

谨以上文表达我的哀思。

池田大作（创价学会名誉会长）

惊闻尊敬的步平先生突然离世噩耗，内心深感痛惜。谨衷心致上哀悼之意。

丧亲之痛难以言喻。谨与敬爱步平先生的众多亲友，共同深切表达沉痛的悼念。

步平先生长年来不仅为振兴学术做出巨大贡献，并作为中日共同历史研究委员会的首席委员为中日友好竭尽心力。在东京与先生见面之际，他极力强调相互交流对于未来的重要性的面容我也难以忘怀。先生崇高的信念和卓越的功绩，将会深深刻划在许多冀望中日友好的人们心里，并永远绽放光芒。

谨追怀步平先生尊贵的一生与遗德，衷心祈祷冥福。合掌。

安井三吉（神户大学名誉教授、神户孙文纪念馆名誉馆长）、副岛昭一（和歌山大学名誉教授、原和歌山县立图书馆馆长）、西村成雄（大阪大学名誉教授、神户孙文纪念馆副馆长）

接到步平先生去世的消息，心中非常震惊。

我们曾在6月22日接到邮件，说步平先生难以于7月份访问东京，我们一直为此感到遗憾，但未料到如今接到的却是步先生去世的噩耗。在此谨致以衷心的哀悼。

我们三人初次见到步平先生，是在1983年的哈尔滨。此后在中国的各种国际会议上，以及在日本的国际会议上，都有幸聆听到步先生的高见。回过头来看，我们有机会展开对日中近代史研究极为重要的各种问题的学术交流，有赖于步先生的人格和他对国际交流的卓越眼光。

包括已经去世的古厩忠夫在内，对我们四人来说，步先生是值得信赖的学者，我们也坚信，他留下的业绩，今后将对日中两国学者产生越来越大的影响。

我们原本以为近期内能与步先生再会，但现在已经不再有这样的机会，要与步先生永别了，这让我们感到无比的悲痛。再次祈愿步先生一路走好。希望步先生的亲属节哀顺变，保重身体。

麦金农（美国亚利桑那州立大学教授）

听闻步平先生逝世，我深感悲痛。他是一个好人，也是一名优秀的学者。我认识他是在他调入近代史研究所之后，我们私交很好。他一向看起来非常健康。请代我向步平先生家人及近代史所表示慰问。

远藤和也（日本国外务省亚洲大洋洲局中国蒙古第一课长）

惊悉步平前中国社会科学院近代史研究所所长逝世，谨此祈愿冥福安息。

步平前所长曾就任日中历史共同研究项目中方组长，为增进日中间的相互理解立下了卓著功绩。其后，我个人亦曾有幸数次在东京及北京接触到步平前所长，其真知灼见和笃厚品德令人印象至深。

缅怀先生生前的丰功伟绩，谨对先生的逝世深表哀悼。

坂元弘子（一桥大学名誉教授、日本现代中国学会理事）

惊闻步平教授突然辞世，深感悲痛！

步平教授为中日学术及友好交流作出了巨大的贡献，他的逝世是中日交流上的重大损失。

我个人也跟他不只在中日也在韩国等其他国家开会时常见面，难忘他对中日关系既真挚又广泛的思考和开朗的笑容。

谨表哀悼，并请向家属转达我诚挚的慰问，敬祈节哀！

村田忠禧（横滨国立大学名誉教授）

接到步平先生去世的噩耗，我极为震惊，沉浸在无法用言语表达的深切悲痛之中。

步平先生为了促进日中两国在历史认识上的相互理解奋斗了一生。

如今步先生壮志未酬而撒手人寰，对我来说则失去了一位宝贵的战友。

我在此誓言将继承步平先生的遗志，为促进日中两国人民的相互理解而奋斗，以此作为我对步先生的哀悼。

步平先生，希望您有一个宁静的长眠。

村田雄二郎（东京大学教授）

惊闻步平先生因病去世，深感悲痛。先生是世界闻名的学者，在中国近代史和中日关系史研究领域，成绩卓著。他的逝世，是中日两国学术界的一大损失，然其精神将永远与吾人同在。本人谨对他的病逝致以沉痛的哀悼，并请夫人与家属节哀保重。

金丸裕一（立命馆大学经济学部教授）

我昨天刚刚从云南回到了日本。在出国旅途中接到了步平先生的讣闻。对于以今后的反省为基础的日中关系和学术交流的发展来说，步先生多年来的工作是非常宝贵的。如今步先生英年早逝，我实在不知道该用什么语言来表达我的心情。高老师及各位近代史研究所的老师们现在正为葬礼而忙碌，请代我向步先生家属转达衷心的致意，祝愿她们得到安慰，减轻痛苦。

虽然只是简单的几句话，但无论如何也要表达我的哀思。

荒井信一（茨城大学名誉教授）

接到步平先生的讣闻，不禁愕然。我一直致力于日中友好和东亚和平，对我来说步先生是无可替代的盟友。就在今年 7 月，我刚刚拿到了旧作《历史和解是否可能——谋求东亚的对话》的中文版。2008 年 8 月 29 日步先生问我是否可以在中国翻译出版本书，这才有了这本书的中文版。不仅如此，步先生还亲自为中文版作序，3 页的序言中介绍了我和本书内容，详尽地叙述了我力图加深日中两国互相理解的志向。

我和步平先生的交往要追溯到 1977 年，特别是他荣调北京的近代史研究所之后，我们就更是有了各种合作的机会。不夸张地说，步先生是我一生的挚友。在此谨致以衷心的哀悼。

秋叶刚男（日本国外务省外务审议官）

惊悉步平前中国社会科学院近代史研究所所长逝世，谨此祈愿冥福安息。

那还是我任中国课课长时，步平前所长就任日中共同历史研究项目中方组长，并克服诸多难题，为增进日中两国间的相互理解立下了卓著功绩。

缅怀先生生前的丰功伟绩，谨对先生的逝世深表哀悼。

狭间直树（京都大学名誉教授）

高莹莹女士：

接到你发来的步平先生的讣闻，非常感谢。

2012年秋我和你一起见步先生那次，真是一个能深谈的好机会。步先生今年才 68 岁，比我还小 10 岁，可还是被病魔夺去了生命。我谨在此表达衷心的悼意。请向步先生的亲属代为转达我的慰问。

高原明生（东京大学教授）

接到步先生去世的消息，在此谨向步先生的各位亲属致以衷心的慰问。步先生在学界发挥了重要的作用，同时又以极为谦虚的为人，让众多的日本人铭记在心。我又想起和步先生在日中共同历史研究中一起工作时令人怀念的过往。步先生作为中方的首席委员而费尽心力，这些我都记忆犹新。

如今日中关系处在愈发困难的境况之中，步平先生这样有良知的、稳健的知日派与世长辞，不能不说是日中两国人民巨大的损失。衷心哀悼步先生，并请各位在酷暑之中不致过于疲劳，请多多保重。

横井裕（日本国驻中华人民共和国特命全权大使）

惊悉步平先生逝世，谨此祈愿冥福安息。

先生曾担任过中国社会科学院近代史研究所所长等要职，并在日中关系史研究方面留下不朽功绩，特别在自 2006 年开始的日中共同历史研究项目中，作为中方组长直面困难课题挑战，为促进日中两国国民的相互理解做出了巨大贡献，同时亦为日中关系发展付出了不懈努力。

先生是我所尊敬的前辈，我有幸接触到先生的高尚人格和品德，并深为先生如此大的魅力，以及作为智者的远见卓识所感动。

缅怀先生生前的丰功伟绩，谨对先生的逝世深表哀悼。

横地晃（日本国外务省亚洲大洋洲局中国蒙古第二课课长）

今天早上通过日本媒体报道才知道，步平所长于 14 日在北京逝世，让人感到非常遗憾。

我首先对此表示由衷哀悼。正如你们知道的那样，我在北京工作之际，步平所长是我关系最密接的中国朋友之一。围绕日中历史问题屡次在所里讨论，加深了我对该问题重要性的认识。本来，我想去年就任中国蒙古第二课课长以后，有机会能够到北京出差，借机拜访步平所长，重温旧谊。接到那么悲哀的消息，一句话也说不出来。烦请向遗属和所里有关人员转达我的哀悼之意。希望与你们保持联系，有机会能够再谈往事。谢谢。

国内机构唁电

上海大学历史系

惊悉步平先生不幸逝世，谨致哀悼！步先生长期致力于近代中日关系史及日本问题的研究，成就卓著，为学林仰重。先生的不幸逝世无疑是我国史学界的重大损失。谨向步先生亲属致以深挚的慰问，并烦请代我们向先生敬献花圈。

上海交通大学

顷接步平同志讣告，不胜伤悼！

步平同志是温婉谦和、宽厚博爱的学者，是德才兼备、卓尔不群的近代史学工作者。他长期从事并积极推动中日关系史、东北亚国际关系史、日本侵华史、抗日战争史的研究，为传承中华民族精神文化与推进世界和平发展事业做出了重要的贡献。步平同志于2013年底受任上海交通大学东京审判研究中心教授，是我们的良师益友。他具有勇于求真的科学精神和通透豁达的人格魅力，是后辈青年学子的楷模。

步平同志的离世是我国史学界的损失，也是上海交通大学的损失，是我们共同的悲痛。请转达我们对步平同志亲属的诚挚慰问。

步平同志千古！

上海社会科学院历史研究所

惊闻步平同志逝世，不胜哀痛。

步平同志不仅是我国抗日战争史和中日关系史研究权威，而且还积极推动中日韩三国共同历史教科书项目，为维护中国抗战历史真相和增进东亚各国人民的相互理解做出了突出贡献。

谨致深切悼念，望家属节哀保重。

山东师范大学中国近现代史学位点

惊悉步平研究员不幸病逝，深感痛惜。步平同志是我国著名的中日关系史、东北亚国际关系史和抗日战争史专家，在相关领域的研究建树丰硕。步平同志的逝世，不仅是中国社会科学院近代史研究所的重大损失. 也是中国近现代史学界的重大损失。在此哀伤时刻，山东师范大学中国近现代史学科同人谨致沉痛悼念，并请向家属转达诚挚的慰问，望节哀顺变。

步平同志千古!

中山大学历史学系、中山大学近代中国研究中心

惊悉步平先生不幸因病逝世，不胜哀痛之至！步平先生是我国著名的历史学家，长期从事中国近现代史研究，在中日关系史、抗日战争史、东北亚国际关系史等学术领域卓有建树，造诣宏深，著述丰富，享誉中外学界。步先生任职近代史研究所所长期间，为推动我国近代史研究事业的发展，促进中外学术文化交流，做出了重要贡献。先生辞世，是中国史学界的重大损失，特此致函吊唁！并谨向步平先生家属表示深切慰问。

中共宜昌市委党校宜昌抗战研究课题组

惊悉中国抗日战争研究会会长步平先生不幸逝世，我校全体同志万分悲痛。他的逝世是我国近代史研究的巨大损失。

先生乃史界巨擘。2014 年以来，先生两度莅临宜昌悉心指导，为宜昌抗战研究做出了重大贡献。在此，中共宜昌市委党校宜昌抗战研究课题组对步平先生的逝世表示深切哀悼，并通过你们向步平先生的家人表示诚挚的慰问。

步平先生千古！

中华书局

惊悉步平先生不幸病逝，无任痛悼！步先生是我国著名历史学家，致力于中日关系史、日本侵华史、抗日战争史等领域的研究，成就卓著，在学术界有着广泛的影响和崇高的声誉。步先生的不幸逝世，是学界无可挽回的重大损失。多年来，步先生关心支持书局，惠赐大作，帮助近现代史编辑室复兴，沾溉良多，令人感念。特此致哀，敬祈步先生家属珍摄！

中国人民抗日战争纪念馆

惊闻步平先生突然离世，我们感到万分震惊和悲痛。中国人民抗日战争纪念馆全体同仁深表沉痛哀悼，并向家属表示深切的慰问！

步平先生是享誉海内外的著名史学家，毕生从事抗战史学研究，学殖宏富，著作等身，成就卓著。步平先生是中国人民抗日战争纪念馆的老朋友，长期为我馆的规划发展、学术研究以及中国抗日战争史学会建设呕心沥血、鼎力支持。他为推进中国抗日战争史研究、海峡两岸抗战史研究交流、中日友好事业发展鞠躬尽瘁，献出了毕生精力。步平先生的离世是中国抗日战争史学界无法挽回的重大损失。

请家属节哀!

步平先生千古!

中国中日关系史学会

惊悉中国共产党党员、我国著名历史学家、中国社会科学院近代史研究所研究员、原所长步平同志不幸因病逝世，不胜悲痛。

步平同志生前担任中国中日关系史学会副会长，积极参加和指导学会工作，为我学会的发展做出了重要贡献。中国中日关系史学会谨对步平同志的逝世表示沉重哀悼，向步平同志的家属表示深切慰问!

步平同志是我国研究抗日战争史、中日关系史的著名学者，在中国史学界诸多研究领域具有十分重要的影响。特别是步平同志受命担任中日共同历史研究专家委员会中方首席代表期间，恪守原则，忠于史实，为捍卫抗日战争暨世界反法西斯战争胜利成果呕心沥血，硕果累累，彪炳史册。

步平同志治学严谨，著作等身，桃李天下，德高望重，守信重义，待人谦和，情系祖国，友善外邦。步平同志的逝世是我国史学界的重大损失，中国抗战史研究和中日关系研究领域失去了一位受人尊敬的良师益友。我们要学习步平同志对历史研究兢兢业业的严谨治学态度，致力于推动中日关系健康发展的不懈追求，为国家昌盛、民族富强而无私奉献的崇高精神，将步平同志未完成的事业继续下去。

祈福步平同志安息。

中国宋庆龄基金会

惊悉步平同志不幸逝世，谨此表示沉痛哀悼，并向亲属致以诚挚慰问。

步平同志是我国著名历史学家，一生致力于中日关系史、抗日战争史及相关近代史研究，为推动相关历史研究和中日关系发展做出了重要贡献。步平同志曾作为我会“孙平化日本学学术奖励基金”管委会委员，对我会相关历史研究和民间外交工作提供无私支持和帮助。我们对他的去世深感惋惜。

步平同志千古！

中国现代史学会

惊悉我国著名历史学者步平先生仙逝，深表悲痛！

步平先生治学严谨，精勤不倦，毕生致力于近代国际关系史及抗战史研究，积极推动中日关系史、日本侵华史和抗日战争史研究的开展，取得了重要成果。先生是真正“其言蔼如”仁义之人，他的精神和学术事业将沾溉后人，永世长存。

步平先生对中国现代史学会的发展、队伍建设给予了一贯的关心和支持。先生的辞世，亦为学会一大损失。谨代表学会理事会向贵所表示深切哀悼，并请代向步平先生家属、子弟转致慰问。

敬请节哀顺变！

中国海洋大学日本研究中心

惊闻步平先生因病医治无效，于2016年8月14日不幸逝世，我中心同仁深感悲痛，无限惋惜！

步平先生是著名历史学家，在中日关系史、中国抗战史等研究领域辛勤耕耘，为国家和社会做出了突出的学术贡献，也为中日两国学术文化交流，为两国国民增进相互理解、寻求共同的历史认识付出了大量心血。他待人谦和，治学严谨，为人为学堪称楷模，他的去世是学界的重大损失！在此，谨对步平先生的逝世表示沉痛哀悼，并向步平先生的亲属致以诚挚的慰问！

肃此电达。

中国第二历史档案馆

惊悉著名历史学家步平同志不幸逝世，我馆同仁表示沉痛哀悼，并向其亲属表示亲切慰问。长期以来，步平同志关注民国档案事业发展，为我们提供了许多帮助。他的去世，不仅是历史学界的巨大损失，也使我们失去了一位良师益友。

步平同志音容虽邈，典范长存；特布唁忱，节哀述志。

北京大学历史学系

惊悉贵所前所长步平先生逝世噩耗，不胜悲痛！步平先生毕生致力于东北亚国际关系史和中日历史问题研究，著述宏富，影响深远，他的逝世，是我国史学界的巨大损失，也使我系学人失去了一位良师益友。谨致本系师生哀悼缅怀之情，并向先生家属表达深切的慰问！

北京师范大学历史学院

惊悉步平研究员辞世，不胜哀痛。

步平研究员是我国著名历史学家，勤奋治学，建树甚丰，贡献卓著，尤在中日关系史等研究领域有着深远影响。步先生一生精勤不倦，治学严谨；道德文章，堪称楷模，他的不幸逝世是我国史学界的一大损失！

步平研究员身兼北京师范大学历史学院特聘教授、博士生导师，对北师大历史学科的发展做出了重大贡献。我们深深感怀于步平研究员长期以来对我院工作的大力支持与帮助。北京师范大学历史学院对步先生的逝世表示深切哀悼，并对其家属表示诚挚慰问！

步平先生千古！

吉林省社会科学院、东北地区中日关系史研究会

惊闻先生溘然长逝，骇惋莫名，难掩悲痛。先生为人谦逊平和，治学严谨，孜孜以求，为世间典范。在黑龙江工作，联吉辽二省，共致于东北学术发展，与吉林社科院情谊深厚。任东北地区中日关系史研究会理事长，创东北地区中日关系史、日本侵华史研究新局面。先生之德，人之楷模；先生之功，名垂青史。

特布唁忱，以表敬意！

西南大学中国抗战大后方研究中心、中国抗战大后方研究协同创新中心、重庆市地方史研究会

惊悉步平同志不幸因病逝世，至为悲痛。步平先生是我国著名历史学家，长期致力于抗日战争史、中日关系史、东北亚国际关系史等方面的研究及中外学术交流，学养深厚，成果丰硕，道德文章，学界景仰，是推进中国抗日战争史研究的一面旗帜。

近年来，在市委的领导下，重庆集中力量研究中国抗战大后方历史，始终得到了贵所，尤其是步平先生的支持和帮助，对大后方历史的学术研究方向、学术队伍培养、学术活动开展等，给予了大量的、悉心的指导和帮助，其专业精神与大家风范让我们深为感动而永远铭记。

步平先生的辞世，不仅是中国抗日战争研究事业的重大损失，也使我们失去了一位真挚的朋友和学术的导师。

特致唁电，对先生的逝世表示最沉痛的哀悼！请代向其家属转致诚挚的慰问！

并祈代为向步平先生灵前敬献花圈，以表达我们最深切的缅怀和敬意！

步平先生永垂不朽！

江桥抗战研究会

惊闻步平先生去世，深感悲痛。谨此向步平先生，表示沉痛哀悼。步平先生是江桥抗战研究会顾问，他对江桥抗战研究会的发展给予了无私奉献，经常指导江桥抗战研究会建设工作。江桥抗战研究会所组织的几次大型学术研讨会，步平先生都在百忙当中，不仅亲临会议，参加学术研讨，而且还联系国内外知名学者，参加学术会议。步平先生的逝世，不仅是我们江桥抗战研究会的损失，更是我国研究抗战史学界的重大损失。如今逝者已逝，除了哀悼，唯愿步平先生能在天国永远安息。还望步平先生的亲属，节哀顺变，珍重！

宋庆龄故居管理中心（中国宋庆龄基金会研究中心）

惊悉步平同志不幸逝世，谨此表示沉痛哀悼，并向亲属致以诚挚慰问。

步平同志是我国著名历史学家，一生致力于中日关系史、抗日战争史及相关近代史研究，他曾给予中国宋庆龄基金会研究中心的孙中山、宋庆龄研究工作热忱关心与指导，特别对有关孙宋与日本友人的研究与展陈项目等提供无私支持和帮助。步平同志的逝世是我国史学研究的重大损失，我们深感惋惜。

步平同志千古！

《社会科学战线》编辑部

惊悉中国著名历史学家步平先生仙逝，无任悲痛。步平先生学富德隆，品德高洁，对《社会科学战线》支持颇多。先生化鹤而去，是中日关系史研究的一大损失。编辑部全体同仁谨致以深切的悼念，并向步平先生的家属表示问候。

哲人其萎，手泽长存。步平先生的道德文章永存！步平先生千古！

杭州师范大学历史系、民国浙江史研究中心

惊悉步平先生仙逝，不胜悲痛。

先生将一生奉献给中国的中外关系史、东北亚关系史和抗日战争史研究事业，著述等身，奖掖后进，嘉惠士林。其道德文章，为学界共仰。文星陨落，哲人其萎。先生的逝世，是贵所也是学界的一大损失。在此杭州师范大学历史系和民国浙江史研究中心向贵所并先生亲属，致以深切的哀悼。

国家图书馆出版社

惊悉步平先生逝世，不胜悲痛！

步平先生一生致力于抗日战争史研究，在抗日战争及中日关系研究领域取得了令人瞩目的成就，为中日共同历史研究做出了杰出贡献，在学术界享有崇高的声誉。步先生遽然西归，是学术界的重大损失。多年来，步先生一直关心、支持我社的工作，亲自指导并参与了《抗日战争史料丛编》《中国社会科学院近代史研究所藏“满铁”剪报类编》等项目，为我社发展提出了诸多宝贵意见。我们深深感怀先生的关心和爱护。我社全体员工谨此表示沉痛悼念，并向步先生家属致以深切慰问！

河北省抗日战争史研究中心

惊悉步平同志不幸逝世，我们痛心疾首、万分悲痛。步平同志长期从事日本侵华史和中日关系史研究，成果丰厚，造诣极深，为抗战史研究做出了巨大贡献，是我们学习的楷模。步平同志的仙逝是中国抗战史研究领域的一大损失，谨向步平先生表示沉痛哀悼，向其亲属表示亲切慰问！并请以河北省抗日战争史研究中心的名义向步平同志敬献一个花圈。步平同志千古！

河南大学历史文化学院

惊悉步平先生不幸病逝的噩耗，河南大学历史文化学院全体同仁深感震惊和悲痛。

步平先生是中国近现代史学界的杰出代表，在中日关系史、东北亚国际关系史、日本侵华史、抗日战争史等研究领域享有崇高的威望。他屡次在中日关系出现曲折和摩擦时期主持中日两国政府间历史问题的对话，促成历史认知与东亚和平论坛的成功举办，并组织中日韩三国学者共同编写《东亚三国的近现代史》，在亚洲乃至世界史学界产生重要影响。几十年来，步平先生不断求索，著作等身，为中国近现代史尤其是近现代中日关系史研究做出了卓越贡献，步平先生的逝世是我国史学界的重大损失，他的学术功绩将永载史册。

步平先生道惠学林，风范长存！

南开大学历史学院

惊悉贵所前所长、著名学者步平研究员仙逝，不胜哀悼！

步平先生是著名的中国近代史专家，在任所长期间，对中国近代史学科建设发挥了重要作用。近年来，步先生在协商并组织东亚近代史的共同研究活动中立场坚定、贡献多多；其主持中国抗日战争史研究会及其相关项目的研究更是成绩卓越。步平先生为人清正和善，著述众多，影响广大，见识深远，深受爱戴。步平先生曾应邀赴本院讲学，对南开史学帮助极大，每每念及，至为感佩！

步平先生的故去，是学界、政界、社会文化界的一大损失，也是贵所的一大损失。请向家属转告本院的慰问，节哀顺变！

步平先生千古！

南京大学历史学院

惊悉步平同志逝世，南京大学历史学院全体同仁万分悲痛，无不深感惋惜。谨此向步平同志表示沉痛哀悼，并向其亲属表示深切慰问。

步平同志作为我国著名历史学家，在中日关系史、东北亚国际关系史、日本侵华史、抗日战争史研究方面贡献卓越。步平同志的逝世是中国历史学界的重大损失，我们为失去这样一位优秀的人才深感痛惜。

步平同志永垂不朽！

哈尔滨市红十字会日本遗孤养父母联谊会

惊悉步平研究员去世，我们日本遗孤养父母联谊会全体会员深感悲痛，先生多年来对我会工作的支持永不忘怀。再次向步平老师表示深痛哀悼，并向其亲属表示亲切问候，节哀顺变。

复旦大学历史学系

惊闻步平教授因病逝世，不胜震惊悲痛！步平教授是著名的历史学家，他对中国近代史研究做出了突出贡献。步平教授的渊博学识给学术界留下了深刻的印象。如今教授遽然离去，使我们失去了一位深受尊敬的师长，悲痛之际，特致唁电，深表哀悼。

肃此电达。

郭沫若纪念馆

惊悉步平同志逝世，我馆十分悲痛，无不深感惋惜。谨以此向步平同志表示沉痛哀悼，并向其亲属表示亲切慰问。请以我馆名义向步平同志代献一个花圈。

步平同志千古！

浙江大学蒋介石与近代中国研究中心

惊闻中国社会科学院近代史研究所前所长步平研究员因病仙逝，不胜哀悼。

步平先生生前在中国近现代史研究，尤其是中日关系史研究方面，有重要贡献，他的逝世，使我们失去了一位优秀的学者与学术组织领导者。请代向步平先生的家属表示慰问。

国外机构唁电

ABC 企划委员会（山边悠喜子、宫崎教四郎、田中宽、和田千代子）

接到步平先生突然去世的讣闻，日本的日中友好人士陷入了深深的悲痛之中。在日中关系充满困难的现在，失去这样一位优秀的历史学者和不可替代的、宝贵的友好人士，对日中两国都是极大的损失。步先生生前在为日中和解而进行的历史研究中所取得的成就，以及他无与伦比的高洁人格，都值得我们颂扬，并衷心祈愿步先生一路走好。

20 多年来，我们 ABC 企划委员会与步平先生亲密往来。我们发自内心地敬重步先生，步先生也曾给予我们很多宝贵的意见。如今步先生壮志未酬身先去，倒在了为和平而战的战场上，而我们在此发出坚定的誓言，要继承步先生的遗志，为构建日中永不再战、日中友好的未来而奋斗。

步平先生，谢谢您对我们的教导，谢谢您给我们留下的回忆。请一路走好。合掌。

NGO 和平之船（共同代表野平晋作）

突然接到步先生去世的消息，在此致以沉痛的哀悼。

自 2002 年开始，步平先生一直担任历史认知与东亚和平论坛中方实行委员会代表。在因论坛而诞生的中日韩三国共同历史编纂委员会中，步先生也发挥了核心作用。2005 年 2 月在东京的联合国大学举办的 GPPAC（全球预防武装冲突伙伴计划）会议上，我们也荣幸地邀请到了步先生参加。

从2006年到2009年，步平先生担任了日中共同历史研究中方首席委员。步先生不仅在民间层面，在政府之间的历史对话中也起到了重要作用，他的贡献是不可估量的。

步先生的未竟之志将由我们继承，愿步先生一路走好。

NPO731部队及细菌战资料中心（代表近藤昭二、王选、松井英介）

接到步平先生去世的消息，我们突然失去了无可替代的日中友好的老师，心中充满了无比的悲痛。

从黑龙江省社会科学院时期开始，步平先生就对我们非常关照。此后他对我们也多有教导，而其精神则在NPO731部队及细菌战资料中心的活动中结出硕果，至今也在引导着我们的方向。

今天我们在哀悼步先生的同时，也誓言继承步先生的遗志，沿着日中友好的道路继续走下去。请步先生的在天之灵守护我们吧。

NPO中归联和平纪念馆（理事长松村高夫，馆长姬田光义）

突然接到讣闻，谨致以我们发自内心的哀悼。也请步平先生的亲属节哀顺变。步先生生前对中国归还者联络会及中归联和平纪念馆的活动给予过很大帮助。我们怀念他为中日和平所做的伟大功绩，也誓言将继承他的遗志。愿步先生一路走好。

历史认知与东亚和平论坛日方实行委员会（共同代表石山久男、内海爱子、笠原十九司、西野瑠美子，事务局长俵义文）

历史认识与东亚和平论坛，是日本、中国及韩国三国民众为构建和平的东亚共同体，在日中两国邦交正常化30周年的2002年3月于南京正式启动的。当时，步平先生作为中国社会科学院近代史研究所研究员，为了论坛的启动做了很多工作。

在那之后，历史认识与东亚和平论坛由中国、日本、韩国轮流主办，日中韩三国的学者、历史教育者和民间团体都有参与，每一年都召开，去年在日本的冲绳召开了第十四届历史认识与东亚和平论坛。以论坛为基础，又成立了日中韩共同历史编纂委员会，在三国编写、出版了《东亚三国的近现代史》和《跨越国境的东亚近现代史》。这项工作能取得成果，步先生在其中起到了不可或缺的作用。除此之外，本论坛为了培养下一代人去担负今后和平的东亚共同体的构建，还同时举办了中日韩三国青少年历史体验夏令营至今，这也是一个很大的特色。

从第一届开始，步平先生就一直担任历史认识与东亚和平论坛中方实行委员会代表，为历届论坛的成功做出了贡献。特别是在担任了中国社会科学院近代史研究所所长这一重要职务之后，他依然积极为本论坛做出了贡献。

步平先生的突然去世，对历史认识与东亚和平论坛是不可估量的损失。但我们将克服失去步先生的悲痛，继承先生的遗志，为构建和平的东亚共同体一直奋斗下去，永不放弃。

愿步平先生一路走好。

日中历史共同研究日方委员会（首席委员北冈伸一携全体组员）

惊悉噩耗，茫然无措。回首往事，我与步平先生一起分别担任日中历史共同研究的各方组长。由于年龄相同，加之步平先生换位思考的高尚品德，所以会谈中即使出现激烈讨论却亦能相互怀抱敬意、心情愉悦地完成工作。如若没有步平先生的巨大贡献，或许就不会有双方逾越困难达成最终报告书之结果。这一富有意义的成果，必将成为今后日中历史共同研究的基础，以及肩负两国未来的下一代人的航标。缅怀先生生前丰功伟绩，深切祈愿先生冥福安息。

日中未来之会（共同代表南村志郎、横堀克己及全体会员）

今天接到步平先生突然去世的消息，我们非常震惊，心情极为沉重。

步先生壮志未酬而英年早逝，我们非常能体会他心中的遗憾。我们原本还希望能继续得到步先生的教导，为日中两国的友好和平奉献微力，如今只有深深的哀痛了。

我们的眼前又浮现出步先生宽厚的笑容和沉稳的话语，想起他热情诉说日中两国携手、共筑亚洲和平之必要性的情景。

在此，谨致以我们诚挚的哀悼。

日中韩三国共同历史编纂委员会日方委员会

今天，我们接到了步平先生突然去世的消息，深感震惊，沉浸在无尽的悲痛之中。

为了让东亚的孩子们共享历史认识，在 2002 年 8 月的第一次国际会议上，日本、中国和韩国代表作出了由三国共同编纂一套历史辅助教材的决定。接下来，三方成员通过 12 次国际会议和频繁的邮件往来，终于在 2005 年由三国同时出版了《东亚三国的近现代史》。这是东亚首次，不，是世界史上首次历史性的“壮举”。步平先生作为中方代表，一直带动着讨论的方向，作为主持人起到了重要作用。毫无疑问，如果没有步先生，这项三国的共同事业将无法获得成功。

接下来，三方成员又经过了 14 次国际会议和 5 次实务层面的会议，在2012年出版了《跨越国境的东亚近现代史》上下册。在这之中，步平先生作为中方代表，发挥了主持、推动作用，克服了各种困难。由步先生执笔（总结）的下卷第九章“克服过去，面向未来”之中，凝聚着步先生和三方成员对本项目的思考。

如今，三方成员又开始了新的挑战。三方正为了共同筹划出版的第三部书而不断进行着讨论。去年11月在冲绳举办的国际会议上，步平先生建议“下次国际会议就在中国召开吧”，并邀请我们“明年春天，请一定到杭州来”。

到了阳春三月，我们接到的却不是召开会议的联络，而是步先生住院的消息。我们担心步先生的病情，又把开会时间向后调整，在7月初于杭州召开了三方会议。但是在会议上，我们没能看到他的身影，这让我们感到了难以言说的寂寥。我们怀着祈盼步先生早日康复、尽快参加新项目的心愿，把写着全体参会者名字的留言板寄给了步先生。

但是这个心愿最终落空了。正是在日本战败71周年的前一天，我们接到了步先生去世的消息，一时间什么话都说不出来。为了在亚洲构建和平共同体，需要打造超越国境的历史认识。我们誓言要继承步平先生的这一遗志，继续倾注全力完成目标，希望步先生能宁静地长眠。

日本中国山地教育支援会（现名：与中国山地人民交流会）

接到步平先生去世的消息，我们感到万分震惊。在此谨向研究所的各位同仁以及步平先生的亲属致以衷心的慰问。

已去世的仁木富美子女士曾带领我们前往河北省兴隆县。我们从当地老人那里听到了旧日军实施的三光政策和无人区的实情，并至今和当地的年轻人保持着教育交流。在本活动刚开始的时候，我们受到了步平先生的亲自鼓励，让我们非常感动。

我们听说在仁木富美子所著《直面战后：活在中日夹缝之间》中译本出版之际，步先生也帮了很大的忙。

仁木女士去世之后，对于我们这些祈盼日中人民交流的人来说，社会科学院有步平先生在，我们就有了心灵支柱。现在步先生也去世了，让我们感到了巨大的冲击。

日中之间的关系并不总是风平浪静，步先生也一定为此付出了很多辛劳。我们想对步先生说："您辛苦了！谢谢您！"希望步先生能宁静地长眠。

日本中国友好协会（会长大村新一郎，理事长田中义教）

突然接到步平先生的讣闻，非常震惊的同时，又陷入了深深的哀痛。

去年7月25日，在由日本中国友好协会与法政大学冲绳文化研究所等机构共同主办的"如何构建东亚和平——从日本、中国、美国及冲绳重新审视战后70年"研讨会上，步平先生作了以"以史为鉴，探索新的中日关系"为题的报告，他那时的身影至今鲜明地留在我们的记忆中。从步先生的报告中也能感受到他希求两国共享正确的历史认识、中日保持友好的愿望，这些都让我们铭刻在心，并再次对他长期为日中两国人民友好发展而做出的努力产生敬意。

日本中国友好协会缅怀步平先生的贡献，同时也誓言继承步先生的遗志，为日中两国共享历史认识及两国人民的友好发展而竭尽全力。在此我们向步平先生的家人、亲属表示由衷的慰问，希望步先生一路走好。

日本东亚教育文化学会（代表又吉清盛）

谨向步平先生致以沉痛的哀悼。步平先生千古！

日本华人教授会

李春利（日本爱知大学教授）、赵军（日本千叶商科大学教授）、毛丹青（日本神户国际大学教授）、熊达云（日本山梨学院大学教授）、王智新（日本早稻田教师教育研究所研究员）、杜进（日本拓殖大学教授）、季卫东（上海交通大学教授，法学院院长）、沈国威（日本关西大学教授）、沈洁（日本女子大学教授）、朱建荣（日本东洋学园大学教授）、李恩民（日本樱美林大学教授）、廖赤阳（日本武藏野美术大学教授）、唐亚明（日本福音馆书店编辑部编辑）、王敏（日本法政大学教授）、鹿锡俊（日本大东文化大学教授）、殷燕军（日本关东学院大学教授）、张宏波（日本明治学院大学教授）、容应萸（日本亚细亚大学教授）、姜克实（日本冈山大学教授）、莫邦富（旅日作家，媒体人）、刘迪（日本杏林大学教授）、刘杰（日本早稻田大学教授）、毛桂荣（日本明治学院大学教授，政治学科主任）、张纪浔（日本城西大学教授）、吴晓林（日本法政大学教授）、凌星光（日本福井县立大学名誉教授）、段跃中（日本侨报社主编）、刘德强（日本京都大学教授）、周玮生（日本立命馆大学教授）、刘震（日本长崎综合科学大学教授）、陈肇斌（日本首都大学东京教授，法学研究科主任）

惊闻贵所前所长步平教授于 8 月 14 日骤然辞世，万分悲痛。

步平先生是中日关系史领域知名学者，为推动该领域的学术发展做出了重要贡献。他又是中日共同历史研究的中方负责人，在坚持尊重历史史实的基础上为澄清历史的真实，坚持和宣传中方历史见解，推动官方和民间学术交流，做出了巨大贡献。步平先生对我会为推动中日相互对话，相互理解的活动也多次给予指导与帮助，我们为此深表感谢！

步平先生的去世，是我们共同的损失。我们谨此向王建朗所长和贵所全体同仁表示沉痛的哀悼，并通过你向步平先生的家人表示慰问。我们愿意和你们一起共同完成步平先生未竟的事业。

日本殖民地教育研究会

突然接到步平前所长的讣闻，震惊之下，竟至于无言以对。我们能体会步先生亲属的悲痛，但还请节哀顺变。衷心祈愿步平先生一路走好。

创价大学（理事长田代康则，校长马场善久）

今悉步平教授猝然辞世的讣报，我们谨代表创价大学全体致以沉痛悼念。步平教授从国际视野的角度，引领中日、亚洲关系史的研究，著作等身，成绩斐然。教授的仙逝，是世界学术界之不可估量的损失。

步平教授与创价大学长年交往，曾多次在我校主办的研讨会上进行演讲，对我校的教育理念有着深刻的理解与认同。为了赞扬步平教授对学术发展的巨大贡献，我校于2002年授予教授“创价大学荣誉奖”。这也是我校的光荣与自豪。

步平教授曾强调，东亚“在培育共同体意识方面，首先需要解决历史问题带来的障碍，而建立跨越国境的历史认识，是其重要的一步”。教授为了促进亚洲和平、连接民众之间的友好，肩负起重大责任，致力于日中历史共同研究的丰采，我们永远铭记。

深切怀念步平教授如春风般的微笑及光辉功绩，在此谨表哀悼之意，并衷心祈祷冥福。

明治大学（校长土屋惠一郎）

突然接到步平先生的讣报，惊愕不已。在此谨对先生在与日本国和明治大学交流方面所做的努力表达深切谢意。对于先生的辞世谨表沉痛哀悼，并恳请先生家属节哀、保重。

京都大学人文科学研究所现代中国研究中心（主任石川祯浩）

惊悉著名历史学家步平先生不幸病逝，我所同仁无不为之震惊悲痛！

步先生是当代中国史学界的代表性学者，在中日近代关系史、抗日战争史等领域著述宏富，深受各国学界同仁的尊敬和爱戴。先生和日本中国近代史学人关系密切，对加深两国学者在历史研究上的交流，以及在重大历史认识问题上达成共识起到了积极的推动作用。

步先生的离世不仅是中国近代史学界的损失，也是我国学界和贵国学界共同的损失。中国失去了一位杰出的史学家，我们失去了一位至诚的、深知日本的同事。我谨代表京都大学人文科学研究所，对步平先生的逝世表示沉痛哀悼，向其家属表示衷心的慰问。愿逝者安息。

思考新型日中关系研究者会（代表干事天儿慧）

我们听到先生去世的消息，心中充满了悲伤和今后无缘一起共事的遗憾。步平先生在促进日中双方的相互理解和改善日中关系方面倾注心血，是值得我们尊敬、信赖的最宝贵的中国朋友之一。失去了步先生，那种被刺穿般的悲痛心情，无法用语言来描述。

我们的机构叫作“思考新型日中关系研究者会”，在举行第一届国际研讨会，即2014年3月8日召开的“探索现代日中关系的源流——重新检验1970年代”时，承蒙步先生参会，并且聆听了他的论述。步先生勉励我们说，应该站在历史学的角度冷静而理性地看待中日关系，历史认识应超越国境，我们有必要共享超越国境的各国历史，具备宽广的视野。

在我们邀请步先生参加去年7月于东京举行的“思考战后70年日中韩研讨会”时，虽然他已有国外出差的日程，但还是说这个研讨会很重要，因而优先安排了赴日参会。在研讨会上，步先生以自己的经历为出发点，详实地论述了历史学家应尽的职责。

> 作为一名中国的学者乃至一名普通的中国人，都应该扩展自己的历史认识范围。除了要知道己方的、作为受害者的历史，还需要理解日本人所受的损失。然而关于这一点，现在还存在着巨大的障碍，理解还不够充分。此外不同国家中人民的经历也不同，媒体的宣传、政治因素的影响等等，都在阻碍着相互理解。……因此，如果民间层面的互相理解能够深化，其力量超过了政治家之中否定战争责任的观点的话，相互理解就会进一步加深。

步先生的发言，让我们这些日本学者也感受到了沉甸甸的分量。该直言不讳的时候就态度真诚地说出来，这才是日本真正的朋友。步先生为了日中两国的相互理解、相互信赖而耗尽心力，我们也在这里发出誓言：今后要扎实地继承步平先生的遗志，同时为构建以日中互惠关系为基础的、更加良好的两国关系而继续努力。

步平先生，请您安然地长眠吧。我们在这里为您祈祷。

重庆大轰炸受害者连带会（代表栗原君子、前田哲男）

接到步平先生去世的讣闻，所有知道步先生的人都非常震惊，被巨大的悲伤所包围。

如今，日中两国人民正在不断开拓友好和共生历史的时候，失去步先生，实在非常令人遗憾。

追随着众多的战后赔偿诉讼，我们也为重庆大轰炸诉讼奋斗至今。在诉讼过程中，能有幸亲炙日中友好的伟大导师步平先生的功绩，是我们巨大的荣幸。我们将以步先生生前的教导为引线，不断构筑日中友好的未来。先生的遗志，会一直坚强地活在我们的心中。步平先生，请您安心地长眠吧。

韩国亚洲和平与历史教育连带（共同代表安秉佑及全体同仁）

韩国亚洲和平与历史教育连带全体同仁向为东亚和平与历史和解奋斗毕生的步平先生致以深切的哀悼。

惊悉步平先生与世长辞，敬仰先生并曾与先生共事过的韩国学者、教师和市民们都深感悲痛。在此，谨对步平先生的家人及中国社会科学院近代史研究所的各位同仁致以最诚挚的慰问。

我们与步平先生结缘于2002年3月在南京召开的第一届历史认知与东亚和平论坛国际研讨会上。2001年日本扶桑社出版的《新历史教科书》严重歪曲了历史事实，激起了那些尊重历史、热爱正义的中日韩三国国民的愤慨。在南京研讨会上，所有与会人员一致谴责了日本右翼歪曲历史的行为。同时，会议达成了共识，不仅要纠正被日本右翼歪曲的历史，而且东亚三国应积极促成不受国界限制的共同历史认知的形成，并决定为之努力奋斗。而这些成果的取得则离不开步平先生所作出的贡献。

正是步平先生展望和平东亚的开放的历史认知、平易近人的领导风格、大度包容的性格和果断勇敢的判断能力，使得东亚三国成功举办了共 14 届历史认知与东亚和平论坛国际研讨会和韩中日青少年历史体验夏令营，并出版了被称为东亚三国共同历史教科书的《东亚三国的近现代史》和《跨越国境的东亚近现代史》。

步平先生的突然离世，虽会严重影响实现东亚历史和解的进展，但我们不会因此而停止前进的步伐。虽然步平先生不能和我们一起，但是他主张的面向东亚的呼吁将不绝于耳，会一直激励我们，直到我们真正实现东亚和平与历史和解的那一刻。

我们坚信，步平先生的理论主张、学术成果和经验将会为开创东亚辉煌的未来发挥积极的引领作用。

步平先生，愿您安息，一路走好！

附录

中日历史问题研究的过去、现在与未来

——访中国社会科学院近代史研究所研究员步平先生

徐志民　马晓娟　采访整理

步平，1948年生于北京，1976年毕业于哈尔滨师范大学历史系。曾任黑龙江省社会科学院历史研究所所长、黑龙江省社会科学院副院长。2004年7月调入中国社会科学院近代史研究所，担任所长兼党委书记。现为中国社会科学院近代史研究所研究员、中国抗日战争史学会会长、中国中日关系史研究会副会长，兼任北京师范大学教授、博士生导师，曾任日本横滨市立大学、新潟大学、早稻田大学等校客座教授。主要研究方向是东北地方史、中俄关系史、中日关系史、日本侵华史、抗日战争史。在2002年开始的中日韩三国学者共同编写东亚史的合作项目中担任中方负责人，共同编写《东亚三国的近现代史》和《超越国境的东亚近现代史》。2006—2010年，在中日两国政府主导的共同历史研究中担任中方首席委员，主持中日共同历史研究工作，出版《中日共同历史研究报告》。代表性专著有《跨越战后：日本的战争责任认识》《靖国神社与日本军国主义》《日本侵华战争时期的化学战》等，合著《东亚三国的近现代史》《日本右翼问题研究》，主持撰写八卷本的《中国抗日战争史》。

步先生您好！您的研究领域涉及东北地方史、中俄关系史、中日关系史、日本侵华史、抗日战争史，比较广泛。这些研究领域大多与近代日本有关，所以这次想请您就自己的研究历程与近代以来的中日关系史相关问题，尤其是关于历史认识的问题谈一谈。首先想请您介绍一下是如何从东北地方史、中俄关系史研究，转向重点研究中日关系史的？

从事这些领域的研究，与个人的经历有直接关系。

1966年“文化大革命”发生的时候，我是北京师范大学第一附属中学高三的学生，正在准备高考，但大学突然全部停止招生了。1967年11月，作为“文革”中“上山下乡”的第一批知青，我与许多同学到了远在黑龙江省三江平原的“生产建设兵团”。当时的“生产建设兵团”属于半军事化编制，我们的任务是“屯垦戍边”，被称为“兵团战士”。我所在的地点是黑龙江省的虎林县，位于乌苏里江边，距离后来在中苏之间发生军事冲突的珍宝岛仅60公里。

1973年，部分大学开始招生，但还不是很正规，所以当时的大学生被称为“工农兵学员”。那时上学是需要基层推荐的，且专业也是组织安排，没有选择志愿的机会。那一年国家宣布上大学要通过考试，所以基层单位就从像我那样的高中生中选择推荐对象。虽然我很荣幸地被推荐，而且考试成绩也很好，但是在录取的时候，因为张铁生的一封批评考试招生的信，所有的考试成绩都不算数。因此，本来理科成绩更突出的我被“指定”去学习历史，其实那并不是我的理想。但不管怎么样，在那种情况下，我也得珍惜这一被“指定”的机会。坦率地说，那时被录取的“工农兵学员”多数没有接受系统的中学教育，所以也大大影响了大学的教学水平。但是，由于被冷落了多年的大学老师对有向学之心的学生特别地眷顾，所以我在大学期间吃了不少老师开的“小灶”，使我至今感到收益极大。

大学毕业的时候，极“左”路线极为猖獗，宣称“知识越多越反动”，规定大学毕业生一律不得留在城市，必须到基层锻炼。我回到兵团，被分配到兵团司令部（黑龙江省佳木斯市）的学校（中学）任教。而正在这时，“四人帮”倒台，“文化大革命”结束了，知识开始受到重视。1978 年，随着中国“科学的春天”到来，我也被调到刚刚成立的黑龙江省社会科学院，如愿地被分配到历史研究所，当时从事中俄关系史研究。由于当时中苏关系正处于紧张时期，而黑龙江又地处第一线，围绕边界问题的冲突曾非常激烈，所以我进所后的研究题目就是“17 世纪中俄东部边界史”，属于沙俄侵华史的一部分。由于我从初中开始到高中以至大学都是学习俄语，所以外语能力也有了一定的“用武之地”。这一研究持续到 1985 年，那时我担任了黑龙江省社会科学院历史研究所的所长。

20 世纪 80 年代中期，在抗战胜利 40 周年之际，日本的一部分右翼与保守势力开始活跃起来，要求对日本战后 40 年进行“总清算”，即强调战后日本对国际社会的贡献，而将战后日本社会进步力量反思侵略战争责任的努力批评为“自虐”，否认日本对中国的侵略和对朝鲜的殖民统治，产生了日本“历史教科书问题”。根据胡乔木同志重视日本侵华史研究的意见，东北地区成立了“东北沦陷 14 年史编纂委员会”，以东北三省社科院的历史学者为骨干力量，我被指派为黑龙江省的学术负责人。但由于黑龙江省社会科学院历史研究所当时没有专门研究日本侵华史的学者，我作为所长只得调整原来的中俄关系史研究方向，转到研究日本侵华史和中日关系史。

从研究中俄关系史转到研究中日关系史，表面上看是很大的变化，但是当后来将视野从单纯的国别史转到东北亚乃至更广阔的国际关系时，发现其间的联系是有机的、密切的。因为俄国、日本是与近代中国的社会发展有密切关系的国家，而且在东亚和中国东北，这两个国家也有“不解之缘”。所以，我的这一研究方向的转换为扩展视野提供了客观条件。当然，这是站在今天的角度来看的，当时我也一度为研究方向的转换而苦恼过，因为在转换初期，面临许多困难。

第一个困难是语言问题。因为研究日本侵华史和中日关系史必须要懂得日语，而我没有学过，而当时因工作任务繁忙，也没有条件专门进学习班，所以只好自学。好在那时正值全社会的“外语热”，电视、广播中都教授外语，包括日语，我就跟着电视和广播开始学习日语。那时，阅读日文文献和与日本学者直接交流的压力蛮大的，但也促使我逐渐入了门。

第二个困难是没有研究日本侵华史和中日关系史的基础。特别是黑龙江省社会科学院组建不久，年轻人比较多，不像当时吉林省和辽宁省社科院中都有一批在“满洲国”时期生活过的老同志。但由于是三省协作的课题，还是能够得到老学者的引导，我们就开始一点一滴地搜集基础资料。为了更有历史感觉，当时我们特别热衷于实地调查，因为当时在东北仍存在大量的日本侵略时期的遗址遗迹，尤其是军事性要塞。现在看来，学习日语、实地考察与基础资料的搜集，是我转向中日关系研究的基础性准备。

在我们的研究开始的时候，人们普遍都了解到：近代中国东北受日本对外扩张政策的影响较早，从甲午战后至抗战胜利，日本在该地横行了半个世纪，即使从九一八事变算起，东北也沦陷了14年。日本侵略者在中国东北对抗日力量进行残酷的军事“讨伐”，扶植建立傀儡政权伪满洲国，进行长期的经济掠夺和奴化教育。但是，对于这一历史阶段的具体的问题，特别是近代中国东北在东亚国际关系中的位置，其实是研究不够充分的。关东军违背国际公约在东北秘密建立细菌部队和化学部队的原委，以及日本军队在战争中使用细菌武器与化学武器的情况，则不大为人所知。至于在战争结束后，日本军队将尚未使用的化学武器遗弃在中国领土，导致东北民众受害和环境受到污染的情况，则几乎没有人知道。所以，我从 20 世纪 90 年代开始关注这一问题。

您的《日本侵华战争时期的化学武器》一书产生了很大影响，能否请您介绍一下日本遗弃中国化学武器的情况及其相关研究。

关于近代日本侵略中国东北的历史事实，在我们研究的初始阶段大体上比较清楚，许多人也笼统地知道有关伪满洲国的一些情况。但是，深入到实证研究的层面，特别是在实地考察的过程中，我们得到了相当多的意外收获，大大地拓展了研究与思考的视野。

1992 年，我们在位于黑龙江省中俄边境地区的孙吴县考察时，偶然得知当地深山中埋有日本关东军遗弃的化学武器，即毒气弹的信息，让我们十分诧异，因为这一情况在以前的研究中从未涉及过。当地的史志办给我们提供了 1952 年地方武装部的报告复印件，并带领我们去查看掩埋毒气弹的地点。那是在一座人迹罕至的山坡上，立着一座简陋的水泥标志，上面写着：此处埋有日伪遗留之毒弹，政府为了保障人民财产安全，故严禁入内。而且，竖立着水泥标志的地面上，还杂乱地堆放着数十发炮弹，看样子引信还没有安装上。

看到这一情景，用“震惊”形容当时的感觉一点也不为过。因为在此之前，无论看了多少关于日本侵华战争的资料，总感觉那是几十年前的、过去的事情，而作为后来者的我们，研究的目的不过是根据史料复原当时的情况，并没有把自己摆进去，似乎觉得与自己没有直接的关系。但是，当那些锈迹斑斑却似乎张牙舞爪的毒气弹实物就在自己眼前的时候，我突然产生了一种“啊！战争还没有结束”的感觉。

这样一来，我们接下来的研究已经不是单纯地翻故纸堆了。因为那一年，联合国裁军委员会正在就制定新的禁止化学武器公约进行讨论，中国向国际社会提出日本应销毁处理遗弃在中国“毒气弹”的问题。然而，日本方面以中方没有提出有力证据为由迟迟不愿承认其责任。于是，我们意识到深入调查日本军队的化学战和遗弃化学武器的问题，可以向有关部门提供外交交涉方面的确凿证据，让日本在事实面前承认历史事实，同时承担销毁处理的国际义务。也就是说，我们研究这一问题的最重要意义，不仅是一般性的研究，不仅是发现新的史料和提出新的观点，当然更不是单纯地为了获取职称晋升的资本，而是要将历史研究与人文关怀结合起来，确立历史研究的更高目标。

从历史研究的层面，日本在战争中使用化学武器涉及以下几个问题，即战争中研制、使用化学武器违反国际公约的问题；化学战的战争责任逃避了战后审判的问题；战后把化学武器遗弃在中国继续产生伤害的问题；根据禁止化学武器公约处理销毁遗弃化学武器的问题等。但是，日本军队在战争中研制和大量使用化学武器的战争责任，在当时是绝对秘密的事情，而绝大多数的文献记录都在日本，基本没有被留在中国。所以，研究这一问题，搜集日本的文献资料和档案是第一位的任务。从 1994 年起，我开始多次前往日本搜集相关的文献资料和档案，而在日本的经历，又让我对日本战后社会关于战争责任的认识状况有了意外的体会。

从 19 世纪末直到 1925 年，国际社会曾多次讨论制定了在战争中禁止使用有毒物质的公约，所以日本军队在战争中对研制、使用化学武器也是极为保密的，在战败时立即将大量资料销毁，以致 20 世纪 90 年代初，我们到日本搜集资料时，一般的日本人也对此一无所知。例如，在战争中制造日本军队 90% 的化学毒剂的兵工厂就在广岛附近的大久野岛，而当地 100% 的日本人都知道自己受到了原子弹的伤害，但绝大多数的人并不知道日本军队曾在大久野岛违背国际公约制造化学武器，并在战争中伤害大量中国人。也就是说，那时日本人关于战争的认识普遍强调的是自己的战争受害。

不过，这只是日本社会的一个侧面，我在日本进行研究和搜集资料的过程中，也发现了另外的一个特别重要但不为媒体关注的侧面。比如，20 世纪 70 年代起，大久野岛的当地政府建立了“毒气资料馆”；以当地的历史教师为主，建立了民间的“毒气岛研究所”。我到那里去的时候，受到了毒气资料馆的馆长村上初一先生、创建研究所的山内正之夫妇和许多人的欢迎，请我在那里做报告。让我惊异的是，他们特别想让我介绍化学武器在中国造成的伤害，尤其是遗弃化学武器的情况。原来，在我和他们接触之前，他们虽然谴责日本军队在战争中使用化学武器，但主要是站在当地民众受毒气污染伤害的立场，而听说日本军队在中国使用和遗弃化学武器的情况后，他们之中的大部分人开始思考“既是受害者，也是加害者”的问题。村上初一先生在那之后多次到日本各地讲演，说明日本人的战争加害的责任，而山内夫妇则多次组织调查团到中国，访问和慰问被遗弃化学武器伤害的中国人。

那一时期，一部分觉悟了的日本知识分子和市民团体开始追究日本在中国使用细菌武器即生物武器的责任，从 1993 年开始在日本各地巡回举办“731 部队展”。展览的组织者得知日本在战争中也使用化学武器的情况后，就从 1996 年增加了关于“毒气展”的巡回展览。我和我们驻日大使馆的同志应邀参加了 1995 年的首次“毒气展”。后来，那一展览在日本的几十个城市进行了巡回展出，我也应邀参加了在十余座城市的展览活动。在那一过程中，我结识了日本学界许多专门研究这些战争罪行的学者，如中央大学的吉见义明教授、立教大学的粟屋宪太郎教授、庆应大学的松村高夫教授等。他们把多年研究中找到的关于日军研制、使用化学武器的资料毫不保留地送给我，让我十分感动。1996 年 1 月，我应邀在日本中部的岐阜市举办的揭露日军化学战罪行的展览上做讲演。展览期间，主办者之一的辻田文雄先生开车领我考察当地在战争时期由中国劳工开凿的隧道。辻田文雄是一位从事服装业的企业家，但痴迷于战争历史的研究和战争遗迹的考察。在路上，他听我说特别需要核实在中国境内发现的旧炮弹是不是日军武器，但苦于没有资料，立即回家取来了 20 张他搜集了多年的旧日军化学武器的图纸送给我。那是过去用“晒蓝”方法制作的特大张图纸，在战争中属于日本陆军的极密资料，我们国内从未见过。中央大学的吉见义明教授曾在美国国家档案馆中找到为数不多的几张，但还无法整张复制。所以辻田文雄先生送给我的图纸非常重要。根据这些图纸，可以确凿无疑地认定在中国各地发现的化学炮弹就是日本军队丢弃的，而且还可以准确地判断不同的化学炮弹的类型。在与日本有关方面的交涉中，这些图纸起到了极其重要的作用。日本防卫厅和自卫队的谈判人员看到这些图纸，再对照在中国土地上发现的旧炮弹，终于承认了日本遗弃化学武器的责任。

回到历史学研究的学术的角度，我觉得自己上述的体验大大深化了对几个问题的认识。

一是关于战后日本社会的基本认识。其实，20 世纪 90 年代初，正是日本社会围绕战争责任问题进行深入思考与斗争的时期，右翼与保守势力的翻案活动非常活跃，而与此同时，日本社会思考战争责任的活动也十分活跃。那时，你一到日本，就会收到日本许多民间团体思考战争责任集会的传单，日本律师和进步团体帮助中国战争受害人的法庭诉讼也方兴未艾。而与我们进行学术交流的许多日本学者那时也在认真反思战争责任。这一情况与那一时期冷战局面刚刚结束，和平思想更加活跃的国际环境有关。但是，媒体并没有冷静客观地观察与思考这一现象，他们比较关注日本右翼与保守势力在战争责任问题上的翻案活动，而对日本进步力量对战争责任的反思与和平运动，则并不关注，报道也很少。

二是如何处理历史学研究与人文关怀的关系。搜集历史资料当然是学者最关注的，特别是有关日本战争罪行和责任的资料。但是，我们经常看到的现象是：一些部门或学者一旦发现了资料便如获至宝，但又十分保守，常常“秘不示人”，一定要自己充分使用后再公布或提供他人使用。另外，对于与自己的论断相违背的资料，则长期封存，绝不开放。但是，在日本化学武器战争责任的问题上，我遇到的不少日本学者和民间历史爱好者则不是那样。当他们知道那些资料对社会的意义时，特别是得知利用那些资料可以尽快解决遗弃化学武器的处理与销毁的问题时，好像没有任何保守的心态。例如，辻田文雄先生送给我的那些图纸在 2000 年后才被日本不二出版社作为战争历史资料影印出版，但早在四年前就提供给我们使用了。当然，我也遇到过一些名利心很重、思想不够开放的日本学者。

三是如何充分认识实证研究的意义。日本在对中国发动的侵略战争中，的确是犯下了累累罪行，但具体的情况是什么样的，是否根据双方的资料进行了印证？至少在20世纪90年代之前，对那些问题的研究是相当粗鄙的。那时在社会上，包括学术界，对日本的战争罪行的描述多重感情而轻学术，一些概念和对许多数字的判断都很不准确，有相当多的漏洞。那些漏洞已经成为日本右翼与保守势力攻击我们和开脱罪行的口实，但并没有引起我们一些人的重视。那些概念或数字在受到质疑的时候，有些人往往用所谓“不容置疑”之类的大批判式的语言进行反驳。表面看他们似乎很维护国家利益，其实是对国家利益的严重损害。与我们进行交流的日本学者当然不是右翼学者，他们一方面毫不隐瞒日本在战争中的责任，但同时也对重要的概念和数字毫不含糊，总是千方百计地通过大量的史料和缜密的论证说明自己的观点。所以我一直在反思：为什么我们有些人只满足于口号式的声讨呢？一旦有人提出应对含糊不清的概念和数字进行厘清的时候，为什么总是遭到一些人铺天盖地的政治性的批判呢？我认为：学者只有通过扎实的实证研究，以大量客观真实的事实和研究结论，才能抵制日本右翼和保守势力的翻案活动；若不做实证研究，仅仅空泛地谈论日本的战争责任，反而会为他们的翻案活动留下“口实”与“话柄”。

谈到日本右翼问题，我记得抗战胜利60周年之际，社科文献出版社出版了您与王希亮先生合著的《日本右翼问题研究》一书，比较系统地介绍了日本的右翼思想、右翼运动及其与侵华战争的关系，以及战后日本右翼的复苏、活动与现状。请您介绍一下写作《日本右翼问题研究》的时代背景。

1986年，我第一次去日本，当时也是刚刚从研究中俄关系转到研究中日关系上来，对日本社会的了解还极其肤浅，头脑中也只有媒体经常使用的右翼、左翼的概念。所以，那时只要遇到在历史认识问题上与我们观点不一样，或者对本国有自信的日本人，就觉得那可能就是右翼，对多元化的日本社会丝毫不理解。后来，经过长时间与日本学者及社会各界的接触，我逐渐发现自己的认识与日本社会的实际存在相当大的误差。其实，在许多问题上，完全不能用是否与我们认识一致作为衡量日本人是不是右翼的标准。在日本说右翼，是指社会中的极端保守派，特别是极端的民族主义者。而日本社会的另一极，则是极端的左翼，如曾经活跃一时的日本“赤军”。日本的公安委员会把“赤军”等极端左翼的资料与右翼资料放在一起。日本社会的右翼与左翼都是极少数，而大多数则是并不属于左或右的中间，即“中道”，当然，在所谓的“中道”力量中，也有偏保守和偏进步的区分。但是，我们国内的一些媒体本着“不是东风压倒西风，就是西风压倒东风”的原则，不承认“中间派”，更不承认“骑墙”，认为日本人非左即右，把与我们的观点不同的日本人一律归为右翼，这是很大的误判。其实，与我们交流很密切，而且也努力反省日本的侵略战争责任的许多日本人，并不认为自己是左翼。

中国抗日战争史学会成立后，刘大年先生是会长，当时我作为会员到北京开会时，也向他讲了在日本的体会。大年先生一听就明白了，因为当时他与日本学者已有所接触，而且接触的大多是日本进步人士，还在1987年一起举办了纪念卢沟桥事变50周年的国际学术研讨会。在那次会议上，大年先生发现中日双方的学者虽然都反对侵略战争，日本学者也有深刻的反省，但是与中国学者在学术问题上仍有许多差异。有一些中国的年轻学者根据这些差异就认为日本学者是右翼，也进行了措辞严厉的批判。大年先生觉得我们与日本学者讨论时，不能动不动就给对方加上历史观错误的帽子。他说：历史观有各种各样的角度，关键是能不能尊重历史事实，即使都是历史事实的话，历史观也可以有多种的。听我谈了关于日本右翼问题的认识，大年先生通过中国社科院科研局王正同志找我，希望我承担关于日本右翼问题的研究项目。我很荣幸地接受了这一课题。但不幸的是，大年先生虽提议进行该课题的研究，却未来得及做便去世了。我们在研究过程中也遇到不少压力与困难，特别是当时国内已经有一些关于日本右翼问题的研究成果，但最大的问题是作者已经有了先入为主的概念，用简单的政治性概念分析日本右翼思想产生的复杂的社会现象：右翼即反动，右翼即等于侵略，右翼就是战争。这样描写右翼，把日本社会分成非黑即白、非左即右的两个极端，其实是很不科学的，那样的成果本质上不是学术性的，而不过是政治性极强的口号的集合。我觉得对日本右翼的深入的思考与研究，与我们对日本社会的深入了解、对战争责任的深刻追究都有密切关系。不过，我感到遗憾的是2005年《日本右翼问题研究》出版之时，正值日本首相小泉纯一郎在任，当时因为其参拜靖国神社问题而致中日关系陷入“政冷经热”状态，缺少冷静思考日本右翼问题的环境，也没有多少人在这个问题做文章，故其引起的社会影响并不是太大。直到10年后的2015年，这本书在日本被翻译成日文，我们也将其翻译为英文。

日本侵华战争带给中国人民巨大战争灾难的同时，也使日本人民深受其害。战后日本社会对侵华战争的认识产生了分化，出现了两个明显的对立面。一面是保守派、右翼分子否认侵略战争罪行，甚至美化侵略战争的认识，另一面则是进步派人士出于对阻止侵略战争“无作为”而产生的丸山真男提出的“悔恨共同体”意识。他们反省日本的战争加害责任，举办揭露侵略战争暴行的展览与会议，呼吁和平，如反对核武器、生物及化学武器的日本ABC企划委员会多次举办展览，揭露日本侵华战争时期的活体实验、毒气战、细菌战等罪恶。您曾多次直接参与日本的和平活动，请问有什么感受和体会？

我对日本社会民众的战争责任认识的了解有一个变化的过程。开始研究日军在中国的化学战问题的时候，看到日军遗弃在中国的毒气弹，采访因毒气弹外泄而受害的我们的同胞，确实非常气愤，非常痛恨战争，也对否认侵略战争责任的日本一些人的言行有一种本能的反感，感觉中日之间的战争似乎尚未结束。可以说，我就是带着这种感觉去日本的。但是，在日本经历的几件事情，促使我开始重新思考战后日本人、日本社会关于战争责任的认识。

1992年，在一位研究中俄关系史的日本朋友的安排下，我在日本山口县的下关市给一个日本市民团体做关于日军的化学战和遗留在中国化学武器产生伤害的报告。那位朋友告诉我说：在报告时想怎么讲就怎么讲，千万不要因在日本讲这个问题而有顾虑。当时我对战后日本的情况还不太了解，的确有点担心听众是否能接受谴责日本战争责任的演讲。朋友既然说没有关系，我就将准备的日军在战争中使用化学武器造成伤害的资料，和日军遗留在中国的毒气弹造成伤害的调查资料，用放映幻灯片的方式介绍出来。坦率地说，那些幻灯片对听众是有很强的视觉冲击力的，我一边讲一边想日本的听众会有什么样的反应。但没有想到的是，演讲结束后人们并没有离去，而是围着我提出了许多问题：受害者现在怎样了？他们是否得到有效治疗？这些毒气弹在中国有多少？是怎么遗留下来的？以后有什么样的处理措施？我们能帮助做些什么？奇怪的是没有一个人提出质疑，更没有人否认日本的责任。

1993年，我应日本九州大学文学部部长的邀请在那里讲演。在讨论的时候，一位年纪比较大的日本老师提问说："我们年轻时候接受过有关化学战的教育，当时教官告诉我们说化学武器是文明的武器。因为化学武器不像普通武器那样致人于死命，而是让对方受到化学物质的刺激暂时丧失战斗力，并非致命，所以说化学武器是文明的武器。"当我正想批评那样的言论时，一名日本学生站起来，毫不客气地批评那位老师说："我们作为侵略者不应当从这个角度提出问题，而应该反省为什么在战争中使用化学武器。老师居然还说化学武器是文明武器，作为日本人，我感到可耻。"听了学生的发言，我也吃了一惊。吃惊的原因倒不是因为学生反驳老师的意见，而是日本的年轻人居然能够这样思考战争责任。

当然，我接着也从化学武器装填的不同毒剂的种类的角度，对那位学生的意见做了补充。所谓化学武器，其实依其内部材料的不同而分为好多种。其中只有很少一部分如催泪性的毒剂是不致命的，但战时日本军队在中国战场使用的化学武器大多是呕吐性、糜烂性的，都具有致命性。战时日本对化学武器采取保密措施，即使对外宣传也说是并非致命的武器，所以日本社会也确实有化学武器是文明武器的说法。日本社会很多人到20世纪七八十年代的确并不知道日本在战争中进行化学战的问题，即使是追究日本731部队的细菌战责任的日本友人，也是后来才知道化学武器的存在。在得知这些情况后，一些日本友人建立了反对核武器、生物武器、化学武器组织，依据这三种武器的第一个大写英文字母 A、B、C，把自己的组织命名为“ABC 企划委员会”。

日本军队从第一次世界大战结束的时候开始研制化学武器，武器的相关资料及使用化学武器的战斗报告都属于极密级，而日本军队在战败撤退的时候，还对那些资料进行了彻底的销毁，所以在中国几乎没有留下有价值的资料，这也是我们研究中的最大难题。我们的研究开始后，只能把搜集资料的目标指向日本。20 世纪 80 年代，随着美国档案的开放，日本的吉见义明、粟屋宪太郎等学者都到美国搜集资料，从中发现了日军从事化学战时的秘密战斗报告。根据这些发现，他们在 1989 年出版了《毒气战相关资料》第一部。我们的资料搜集，也是从购买这部资料集开始的。而同两位学者接触后，他们又给我们提供了大量新发现的资料，并且给我们介绍了许多相关的日本学者和民间团体。所以，我们现在掌握的大部分资料，都是日本学者、民间友好人士热心提供的，包括辻田文雄先生送给我的日军化学武器的图纸。吉见等学者甚至把尚未出版的第二部的资料，也提前供给我们使用。当时中日双方正在谈判销毁日军在华遗留化学武器的问题，这些资料对证明在中国领土上发现的化学武器是日军遗弃的，提供了相当重要的证据，对我们非常有用。这一情况说明，如果日本战后的社会与战前没有变化，如果日本社会仍然像战时那样被极端民族主义控制，仍然把中国作为对手，是不可能有现在日本人的那种人道意识的，我们恐怕也搜集不到任何资料。尽管不是所有日本人都会这样开放，但我们在搜集资料的过程中，确实还没有遇到大的困难。

以上这些情况，说明战后日本社会并非没有反思，因为残酷的战争对他们的影响很大。当然，多数人想到战争首先联想到的是自己的受害，从而谴责战争，谴责军国主义，呼吁和平。20 世纪 90 年代中期开始，不少日本人已经从单纯的受害意识转移到思考日本发动的战争对亚洲邻国的加害责任了。日本 ABC 企划委员会举办的 731 部队展、毒气战展等各种各样的展览都是基于加害立场，与日本右翼、保守势力的立场完全对立。其实，我们经常说的“日本右翼”，其对战争责任的翻案活动首先并不是针对中国，而是针对日本国内的进步力量。可以说，在战争责任认识上日本国内比较早地就分化了。这就是后来我们为什么能和日本学者坐下来进行共同研究的一个最重要的基础。有人质疑我们与日本学者的共同研究，他们把与日本学者讨论学术问题看作战场上与对手的交涉或谈判，那样还有什么学术研究可言呢？另外，研究日本在战争中的暴行，不能局限于仅仅控诉其罪行，也不是单纯地强调日本给中国带来的灾难，要求对方道个歉。其实，研究这些问题的目的，是需要人们共同思考侵略战争的罪恶，总结历史教训，共同反对侵略战争，维护和平。

正是基于这样的日本认识与胸襟，您的《日本右翼问题研究》《跨越战后：日本的战争责任认识》以更加客观、理性的分析，不仅向中国介绍了真实的战后日本社会，而且向国际社会反映了中国学者的理性思维和学术研究的进步。因此，这两部著作 2015 年相继被翻译成日文、英文出版。这与您在日本的经历与体会有直接的关系吧？

这两部书的撰写确实与我在日本的经历与体会有直接关系，如果没有那些体验是写不出来的。我最初研究中国史、中俄关系史，后来慢慢从中国角度研究中日关系史、日本侵华史。那时并没有研究日本历史，觉得日本历史是另外的研究领域，我只要参阅别人的研究成果就可以了。但是，即使是研究日本侵华史和中日关系史，也不可能不了解日本历史。不过，我们国内研究日本的成果中，讲战后日本社会的变化，特别是介绍日本进步人士为反省战争责任而努力的并不多，尤其缺少从思想史的角度介绍日本社会从战前到战后的变化。相反，日本方面的这类研究成果可以说是汗牛充栋。

在与日本社会各界人士接触的过程中，我一直在考虑这样一个问题：作为中国人来说，1949 年的政权更迭，中华人民共和国的建立是战后的大事。我们经常说的一个历史概念是新中国“建国前”和“建国后”。但是，对于日本人而言，1945 年的战败则是最重要的转折点，他们经常使用的概念则是“战前”和“战后”。虽然两者仅相差几年，但历史认识的距离是相当大的。所以，无论是中国人还是日本人，如果仅仅基于自己的历史体验去推测对方，恐怕就会产生很大的误差。我从 20 世纪 80 年代开始到 2010 年，为进行学术交流、讲学及参与市民团体的和平活动，去过日本数十次，接触的日本人有学者、政治家、官员、学生、医生、僧侣及社会活动家等，听了许多人讲述战争中的体验，也与许多人就战争责任问题进行了对话。既然国内介绍这一方面情况的资料不多，我应当将自己的体验写出来。最初，我设想以报告文学的形式写所见过的日本人，介绍他们各式各样的经历与人生，特别是围绕战争责任问题的各种认识。正在构思的时候，我读了美国学者约翰·道尔的著作《拥抱战败：第二次世界大战后的日本》，受到了很大的启发。于是，我采取了理性分析与感性认识相结合的方式，将书中每一章分为两部分，第一部分从历史与理论的角度分析战后日本社会的各阶段，

第二部分加上我所了解的日本人在那一阶段的经历。我想介绍的就是日本社会是如何从战争阶段“跨越”1945年的战败而进入战后的，当然也包括一部分至今还没有彻底跨越战后的问题。这样就形成了《跨越战后：日本的战争责任认识》一书。2014年，国务院外事办公室决定将《日本右翼问题研究》《跨越战后：日本的战争责任认识》两书翻译成日文、英文出版，以配合抗日战争胜利70周年纪念。

诚如意大利哲学家克罗齐所言，“一切历史都是当代史”，您的这两部著作既有对日本保守派、右翼势力美化侵略战争，否认战争责任，编撰歪曲、虚构侵略历史的教科书等活动的批判，也充分介绍了战后日本社会如何摆脱军国主义的束缚，如何反思侵略战争责任的努力。我想，正是了解了日本社会这一方面的战后努力，才促使您积极参与和主持了中国学者与日本、韩国学者为建立跨越国境的历史认识而进行的工作吧。从2002年中日韩三国学者轮流主办每年一届的历史认知与东亚和平论坛，至2015年已举办14届。三国学者已合作出版《东亚三国的近现代史》《超越国境的东亚近现代史》等历史教学辅助教材，产生了广泛影响。请您谈谈中日韩三国学者如何克服简单的自我表述，实现共同编写历史教学辅助教材。

2002年在南京召开首届历史认知与东亚和平论坛，当时的目的是谴责日本“新历史教科书编写会”编撰的历史修正主义的历史教科书，即扶桑社出版的《新历史教科书》。在会议上，有人提出：尽管我们批评充斥了历史修正主义观点的扶桑社的历史教科书，但不可能让青年学生们都去看批判文章，应该面向学生编写一本正确讲述历史，特别是战争历史的书。会议觉得这一提议很好，于是决定中日韩三国的学者、教师和市民团体的代表组织起来，建立编写委员会。当年，三国的学者到韩国讨论确定了编写提纲。提纲确定之后开始撰写工作，但发现困难重重。首先，参与编写工作的国内学者的联络协调就比较困难。因为大家分散在全国各地，仅北京地区的学者开会商议就难以找到合适的时间，请外地学者一起过来讨论就更不容易了。另外，在开始阶段，有些参与者还不大适应根据新发现的历史资料调整自己的固有认识、研究方式，往往将与自己意见相左的观点批评为“错误的历史观”，而对国外学者的不同观点，则动辄加上“右翼观点”的帽子。这是我们在共同编写中始终致力去解决的问题。

其实，在历史研究中，尊重历史事实，掌握充分史料是第一位的工作，而对史料的解读，有可能因不同的观察角度而有所差异。真正的历史学者，绝不应当提出没有史料根据的结论。不过，即使历史史料基本实现了共有，也不等于对史料的解读、分析和认识就会自然地形成一致意见。因为对同样的历史史料的观察、认识和分析理解的角度是不同的。把这样的不同提到“历史观”的层面，我觉得是值得商榷的，因为一旦从这个层面探讨问题，往往妨碍了学者间继续深入研究实际的问题。我认为，如果说对历史史料的认识角度就是“历史观”的话，那么，学者间就同一史料的观察分析的角度即“历史观”有差异是十分正常的现象。在对最根本的历史判断，如谴责侵略和战争暴行、维护和平与公平正义等有共同立场的前提下，每个人对历史问题的观察视角都是独特的，一个家庭、一个单位、一个区域、一个国家的历史集体记忆与观察角度也不一样，不可能让所有人保持完全一致的观察视角。学者应当在尊重对方的基础上，认真了解对方的观察分析角度，同时反观自己的认识角度，找出其间产生差异的原因，思考是否有可能吸纳不同的认识角度而扩展自己的视野。只有将不同视角的观察进行对比、分析和综合，才能避免“盲人摸象”，对自己的观察对象有相对完整、全面、接近客观实际的准确理解。这是学术研究的题中应有之义，应当纳入规范的学术研究范畴。不应当动辄把历史认识差异的学术问题作为政治问题，当然更不应以解决政治问题的方式处理学术问题，也就是说，学术问题不要“政治化”。当然，这样说不等于说学术问题与政治没有关系，把握好两者的关系，是对学者的考验。

《东亚三国的近现代史》在2005年出版后，从政治上看我们的总体评价还是比较好的，从严格的学术角度上，还有很多需要做的技术性工作。但从某种意义上说，中日韩三国学者合作编撰历史教学辅助教材的过程比结果似乎更重要，毕竟探索了思考东亚历史而不是单独一国历史的新视角。从2006年到2012年，我们又用了6年的时间，共同编写了《超越国境的东亚近现代史》，对第一次编写的《东亚三国的近现代史》不仅进行了完善和补充，更重要的是突出了历史认识跨越国境的意图。历史认识跨越国境的关键，就是要承认对同一个问题有不同的认识角度，不能认为自己的认识角度是唯一正确的，要理解不同的认识角度，找到相对更宏观、更客观的角度，即使不同意对方的角度，也能够容忍和尊重对方的认识，避免将学术问题政治化。

近代惨遭两次世界大战的欧洲各国，很早就注意需要破解历史和解的难题，如德国与法国、波兰等国在第二次世界大战后开始共同研究历史，在促进欧洲各国的合作、历史和解，以及欧盟一体化进程中发挥了积极作用。您曾访问欧洲各国，尤其是参访德国的国际教科书研究所，请问欧洲各国历史和解的经验、方法与模式，对东亚各国传承历史记忆、解决历史认识问题有何启发意义？

欧洲的历史和解进程比较早，某种程度上可以说始于第一次世界大战结束之际。欧洲大陆的两个主要国家——德国与法国，在大战结束后觉得历史问题是导致战争的一个很重要的原因，希望通过共同商讨、研究解决历史问题，但由于种种原因没有谈成。第二次世界大战结束后，德法两国都有人立刻思考这个问题，建立了共同研究历史和编写历史教科书的机构，推动了整个欧洲的历史和解与合作。当然，这和战后德国人相对积极地反思战争有关。法国学者谈到欧洲历史和解问题时，指出德国人的反思很重要，法国人的宽容也很重要。20 世纪 50 年代成立的德国与法国政府间的历史研究委员会，决定把讨论、研究的结果反映在联合编写的教科书中。2006 年至 2008 年，三卷本的教科书——《欧洲的历史》陆续出版，第一卷为古代的欧洲与世界，第二卷为维也纳公约至 1945 年的欧洲与世界，第三卷为 1945 年以来的欧洲与世界。

中日韩三国学者共同编写《东亚三国的近现代史》，其实也是受到德法共同研究历史的启发。2006 年，中日两国政府间达成协议，组织两国学者建立共同历史研究委员会，也开始了共同研究历史。可以说，当时国际上出现了共同研究历史的气氛。2008 年，德国的国际教科书研究所曾专门组织了一次关于历史共同研究的讨论会。德国学者热心地介绍与法国和波兰进行的共同研究的经验，也请我们去介绍亚洲各国共同研究历史的经验。国际教科书研究所属于财团法人，并不属于政府机关，但是承担了共同研究的责任。

欧洲解决历史争议问题的经验，对于东亚各国之间共同研究历史、传承历史记忆和解决历史问题都有一定的积极意义。我觉得有以下几项经验值得借鉴：

首先是德法两国政府对共同研究历史的态度非常积极，但是在学术问题上，则完全交给学者去讨论、去交流、去研究，并不干预。政府不但鼓励学者研究，而且认真学习和消化学者共同研究的成果，并积极进行推广。也就是说，政府和学者以及民众都通过共同历史研究得到了相应的收获。应当说，欧洲共同体及欧盟的建立，与历史问题的解决有很大的关系。目前，东亚各国对历史和解与历史共同研究的理解与欧洲还有不同。

第二，有人认为德国与法国的国家实力相对均衡，不存在大小主次之分，所以历史和解相对容易。我觉得这是提出了“国际秩序”的问题。各国间平等相待，的确为相互理解提供了相对理想的环境，而历史上，这种理想的国际秩序在东亚的确不存在。前近代的东亚，中国是大国，以中国为核心的国际秩序即“华夷秩序论”，虽然强调“和”，维持东亚各国的关系，但在迫不得已时也发生过战争，包括对越南、朝鲜的战争。何况周边的小国对大国并不“心悦诚服”。日本崛起后，打破了原有的“华夷秩序”，在东亚地区吞并朝鲜，称霸东亚，要建立所谓“大东亚新秩序”。但是，这个所谓“大东亚新秩序”怎么样呢？不但破坏了原来“和”的局面，而且是人所共知的痛恨至极的秩序。战后很长一段时间，美苏以战后确定的雅尔塔体系为基础规定东亚的国际秩序，仍然是超级大国在东亚称雄，是对中国等许多国家权益的破坏。因此，“一强众弱”的状态是不可能建立理想的国际秩序的。

但是，现在东亚国际关系的格局已经不再是“一强众弱”，而是到了可以考虑建立相对平等的国际秩序的时候。东亚乃至世界国际秩序的制定，不应是大国一言九鼎，应发挥联合国等国际组织的作用。否则，随着国家实力的消长，大国一手打造的国际秩序是不会稳定的，也不会得到各国的真心认同。欧盟的秩序，不是德国制定的，也不是法国制定的，而是欧盟各国共同制定的，这一点值得东亚各国政府思考。

第三，有人认为历史和解之所以在欧洲可以实现，与欧洲存在“我是欧洲人”的同一性认识有关，而在亚洲，“我是亚洲人”的同一性认识极其淡薄。欧洲人的同一性认识的确是有传统的，但亚洲是不是没有相应的资源呢？德国的学者在会上提出：因为要建立欧盟，所以我们很努力地推动“我们是欧洲人”的同一性认识，希望大家不要强调我是德国人，或我是法国人，我是意大利人。历史的传统与现实的需求结合起来才能成功。但是，我们认为就同一性认识来说，东亚的资源并不比我们少。比如，亚洲有儒学文化圈，还有汉字文化圈，可以利用的因素比我们还多。所以要认识自己是亚洲人并不那么困难。关键是东亚各国对此似乎并不太积极，甚至没有主动意识。

当然，谈到历史的和解，亚洲与欧洲还有一点很大的不同，那就是美国的因素。美国对欧洲的历史和解是积极推动的，相反，却为亚洲的历史和解制造了相当多的障碍。几年前，东亚的几个主要国家曾经一度推动“东亚共同体”的建设，美国则极力阻挠，从中破坏，导致那一努力最终搁浅。美国与加拿大在北美建立自由贸易区，对欧盟一体化进程总体上也持积极态度，但在东亚却一直搅局。所以，欧洲的经验的确不可能简单地移植到东亚，但欧洲的历史经验也是值得东亚学习的。

东亚三国之间毕竟开展了一些共同历史研究活动，前述中日韩三国学者共同编写历史教学辅助教材即是如此。日韩、中日政府间也开展了共同历史研究工作。如，2006 年至 2009 年，中日学者在两国政府的主导下开始共同研究历史，您作为中方首席委员，指导并主持了这一研究工作，请问为什么在这一时期开启了中日两国政府间的共同历史研究？

2001 年 4 月小泉纯一郎首相上台后，由于连年参拜靖国神社，导致中日关系非常紧张。2005 年夏天，当时的中日关系尚未完全“结冰”，日本方面曾向中国方面建议：既然历史问题影响中日关系，两国是否可以开展历史共同研究？日本的提议获得了中方的响应。当时中日韩学者共同编写的《东亚三国的近现代史》刚刚出版，于是外交部希望我们把与日本的共同研究的任务接下来。然而，就在我刚刚拟定了研究草案的时候，小泉纯一郎首相在 2005 年 8 月 15 日再次参拜靖国神社，导致中日关系已到冰封程度，所以日方提议的历史共同研究就此搁浅。2006 年 9 月小泉首相辞职，安倍晋三继任日本首相，并于 10 月 8 日至 9 日进行了被称为“破冰之旅”的访华。在访华期间，他再次提出中日开展历史共同研究工作，获得中方响应。

那么，中日之间为什么要就历史问题进行共同研究呢？

众所周知，中国与日本之间进行交往的历史是很悠久的，其间和平友好的往来占了相当长的时期，以至常用“一衣带水”形容中日两国关系。一般所说的不幸历史只是发生在近代。但那一段不幸的历史也已经过去了数十年，如果明确承认那场战争的侵略性质，承认日本的战争责任，中日之间也包括韩日之间是不会存在严重历史问题的。然而事态的发展并没有那么单纯，历史问题的争论就是由此发生的。

应当承认，战后，中日为解决历史问题确实已经做了大量的工作，《中日联合声明》《中日和平友好条约》《中日联合宣言》等政治文件就是两国政治家付出艰辛努力，对历史问题进行理智思考的结果。最有代表性的思考是1995年时任日本首相的村山富市就战后50周年发表的谈话。虽然这一谈话被认为是日本政府对战争历史的明确表达，其后的历届首相都表示赞同，但是不同的社会层面和不同的政治集团对历史问题的认识是不同的，坚持战争期间的“皇国史观”、不承认侵略战争责任的保守势力始终存在，而且对政治家的影响也很大，所以历史问题常常成为影响两国关系的大问题。

不过，也不应当用“不反省”“不道歉”来概括战后日本的战争责任认识。其实，战后的日本以日本共产党为中心的进步力量，一直主张从政治上彻底追究国家与以天皇为首的战争指导者的责任，自由主义知识分子也作为“悔恨共同体”，反省过多数知识分子为了保护自己而迎合当权者的行为。特别是接受了马克思主义历史观的学者和教师对侵略战争的性质认识更为深刻。在这些知识分子的积极推动下，日本的历史教育在战后发生了很大的变化。客观地说，在“历史问题”上，日本给外界的印象是有人反省，有人否认，时而“道歉”，时而翻案，两种倾向同时存在。

针对这样的问题，我们应当怎么办呢？我在中日历史共同研究第一次会议的致辞中强调应当把相互理解作为贯穿中日历史共同研究过程始终的原则。为什么这样说，是因为除了上述右翼与保守势力制造的政治原因之外，由于战争体验的不同，战后社会环境与国际环境的不同，中日两国民众对历史问题的认识也会产生差异。这种差异如果不能消除或减少，而被别有用心的人利用或片面地夸大，会成为影响两国关系的重要障碍。中日两国民众虽有共同经历，但是位置不同，角度不同，认识有相当大的差异，甚至是误解。可能有人觉得这些问题不过是学术层面的问题，只要由学者们研讨就可以了。其实，对这些问题的认识的差异乃至误解，正是诸多政治性的历史问题迟迟不能解决的原因。所以，历史共同研究需要自由讨论的环境，需要充分介绍自己的认识，了解对方的观点，以务实的心态思考分歧产生的原因，争取求同存异，缩小认识的鸿沟。

有人质疑：中日两国曾经是战争中对立的双方，关于战争的体验与感受都极不相同，怎么有可能坐在一起研究历史问题？您对这样的问题怎么看？

中日两国确实是在过去的战争中对立的双方，但战争已经结束70多年，现在的共同研究不是当年战争的继续，而是在坚持中日邦交正常化以来的基本政治文件的精神基础上对历史问题进行的讨论，本着“正视历史，面向未来”的原则，对过去的不幸的战争历史进行研究，总结教训，思考中日关系的发展。这里，我想谈谈个人的一点感受。

1986年前，我第一次去日本参加学术交流的时候，看到日本各地的神社、寺庙里面都有悼念广岛、长崎原子弹被炸者的祭坛，也目睹了许多人从大老远赶来祭奠的场面。当时我的心里是很不舒服的，觉得日本人强调自己的被害太矫情了：中国才是受害者，你们在祭奠什么呢。当我去看广岛的原子弹爆炸资料馆后，发现其实原子弹的受害者几乎都是无辜的妇女和儿童，所以也能够理解日本民众作为受害者的体会。但后来发生了我始料未及的事，那就是当我在搜集日本侵略罪行资料的时候，日本学者与和平组织不但主动提供资料，而且还给了我极大的帮助。有一些特别重要的研究资料，完全没有想到能够在日本得到。比如战时化学武器的制造图纸，当时日本的防卫厅还都没有查到，但日本朋友就主动提供给我了。我后来逐渐理解了，日本人反思战争的目的是为了反对战争本身。在这些潜移默化的过程当中，我渐渐觉得双方是有可能建立更宽阔的历史观，并且达成一些共识的。

中日两国学者能否坐在一起讨论历史问题，取决于对谴责当年的侵略战争和推动中日关系的和平稳定的发展是否有基本的共识。战后的日本已经在不同的场合承认了战争的失败，并在一定程度上总结了战争的教训。共同历史研究从一开始就确定了坚持战后中日之间基本文件精神的原则，而那一原则的核心是反省侵略战争，以史为鉴，面向未来。共同研究的那些年，几任日本首相都坚持了这一原则，在任期内没有去参拜靖国神社，保持了相对安静的环境，日方学者也承认这一原则，对侵略战争的反省态度是比较明确的，这是共同研究的基础。

我读了《中日共同历史研究报告》，看到中日双方学者是就同一题目各自撰写文章，而不是形成教科书式的一篇文章。仅仅是共同确定研究题目吗？题目是如何确定的？

的确。中日共同研究与以往的学术研究最大的区别，在于一是有共同确定的研究题目，二是对重要问题都进行充分讨论，在吸收部分对方意见的基础上多次修改，形成各自的论文。概括地说就是

“同一题目，交换意见，充分讨论，各自表述”。

不过，请一定不要忽略我说的“确定共同研究题目”这一点，这是这次中日共同历史研究的重要环节。此前，韩日间政府主导的共同历史研究没有确定共同研究的题目，而是根据参与学者的兴趣分别撰写论文，尽管也发表了许多文章，但是效果并不理想。中日共同历史研究则不仅确定共同研究的大题目，而且还确定了近代史部分的论文题目之下的关键词数十个，目的就是希望两国学者能够在同一题目下围绕关键问题展开研究和讨论，不回避分歧，避免各说各话。中日两国学者能够进行这样的研究，已经是向前走了一大步。

不仅是共同确定题目，而且要在相对冷静、安静的研究气氛中，两国学者就共同拟定的题目，分别撰写论文，阐述各自对历史问题的认识，通过交换论文，相互提出意见，修改论文，达到交流的目的，加深双方之间的相互了解。最后的论文是经过这样的反复讨论后形成的。作为学术研究，这个过程是必要的，也是正常的。

从学术研究的角度上看，“共同研究”并不一定要求取得完全“共同”的研究成果，特别是不能要求在学术研究层面上的“同一”。事实上，不仅在两国之间，甚至在一国之内，也不可能建立完全同一的历史认识。

确定共同研究题目的原则，是考虑从整体上把握中日关系发展的大的趋势，而不拘泥于枝节细碎的问题。所以，古代历史组的研究是选择长达2000年之久的中日关系中的若干重要时期进行研究，而近代史组则将整个近代中日交往的历史分为战前、战时和战后三个大时期共八个历史阶段分别研究。这就形成了古代7章与近代9章的研究题目。

关于这一报告，您说是中日两国学者学术观点的“各自表述”，日本方面说是“两论并记”。既然是这样，又如何体现共同研究呢？与一般的学术讨论各执己见有什么区别呢？

的确，共同历史研究报告是中日两国学者就“同一题目”分别撰写论文的“各自表述”，不过请你注意，在确定题目后到形成正式报告之前，还有“交换意见，充分讨论”两个重要环节。这一环节占用的时间最多，每篇文章大体经过了三轮相互提出意见，然后补充修改的过程。所以，最后提交出来的文章，已经吸纳了许多不同的意见，扩展了视角。当然，还有对对方的文章有意见但对方不能接受的部分。开始，我们将这些意见放在自己的文章后面作为附录。但是，这些附录后来没有公开发表。

其实，真正的学术研究就是应当尊重学者的意见，不可能简单化。

关于日本对华侵略战争的性质，双方的认识是否一致？双方学者在历史问题的认识上是否存在分歧和差异？

近代史组的双方学者对中日战争的性质进行了充分讨论，在各自的论文中都明确指出，自 1931 年开始到 1945 年的中日间的战争是日本对中国的侵略战争，阐述了侵略战争给中国人民造成的巨大伤害与损失，表达了谴责侵略战争和维护和平的愿望。

中方委员会认为：对侵略战争性质的认定是中日之间大是大非的原则问题，必须首先形成共识，然后才能开始学术研究。日方学者在研究成果中明确承认了日本军国主义对中国的侵略和给中国人民造成的巨大伤害，认为战争中日军的种种非法行为导致了大量中国平民的牺牲，造成了深刻的战争伤痕，是构筑战后新的中日关系的障碍。他们的论文还认为：近年关于遗弃化学武器、强制征用劳工、对妇女的暴行等问题的诉讼，都是战争带给中国人民的深刻伤痕的表现。

从学术研究的角度来看，双方有关具体历史过程的描述、认识与判断，还存在相当多的分歧。具体来说，在对侵略战争性质有基本共识的前提下，对具体过程的认识与判断，如战争原因的分析、侵略战争发生的必然性与具体事件的偶然性等问题，双方观察历史问题的角度及研究方法存在差异。另外，在确认历史事实的方面，如何把握实证研究与价值判断的关系，双方也有不同的侧重，需要进一步就观察问题的角度和研究方法等进行交流。不过，这些基本属于学术研究层面的问题，需要在扎扎实实的实证研究的基础上提出结论。如果没有分歧和差异，还要学术研究做什么呢？所以在实证研究不充分，或者实证研究的基础条件不具备的情况下，存在不同认识是可以理解的，不必小题大做，要知道，解决这样的问题需要较长时间的努力。在这样的学术研究过程中，存在问题和差异是很正常的。

老师经常说在这次共同历史研究中，中日双方学者间存在的主要分歧是表现在学术方面，是否请您具体说明一下，在观点、资料与研究方法方面，相同与差异是什么？

这次发表的研究结果，是双方学者就古代史各自撰写的 7 篇论文和就近代史各自撰写的 6 篇论文。由于每篇论文都比较长，而且需要对同一题目的两国学者的论文进行详细分析比较后才能够进行判断。许多媒体喜欢单刀直入地提出：你们的共同研究达成了哪些共识？存在哪些分歧？说实话，这样的提问让我们很难用几句话简单概括。作为学者进行的研究，要遵循学术研究规范，需要从学术研究的角度提出和解决问题，存在认识分歧十分正常。

谈到中日历史认识中的分歧，可大致分为三类。一是大是大非的原则问题，例如对侵略战争性质的认定问题，必须形成基本的共识，否则共同研究便失去了基础。在共同研究中，有个别日本学者提出对“侵略”加以定义的问题。我们觉得从学术角度，对政治概念加以科学定义很正常，但是如果借此否认日本的侵略战争责任，则是我们决不能同意的。二是对一些具体历史事件的描述，由于各自掌握资料不同而有差异。但对于这样的分歧，通过资料的交换与交流，可以本着一切皆以史料为依据，有几分证据说几分话的原则，可以逐渐接近乃至达成一致。三是对历史进程或历史事件的宏观分析，受各种因素影响，双方的研究方法，可能历史观都有很大差异。我们对这样的分歧以交换意见，促进相互理解为目标，不强求取得共识。

在资料方面，双方的共同点是都重视历史资料与历史事实，但是双方掌握的历史资料的程度还有差异，各有优劣。在共同研究中，双方都为对方查阅资料提供了方便，某种意义上，在日本方面查阅档案资料的便利程度是我们需要学习和改进的。今后两国学者仍需为资料的共享和信息便利地交换进行努力。

在研究方法方面，实证研究是双方共同重视的，而分析问题的方法，则因不同问题而有所不同。例如，中方学者从对明治维新以来的较长时段的日本对外政策与对外活动的分析中，看到了日本侵略扩张的必然性和连续性，日方学者则从对历史过程发展的细节研究中，更强调某些事件发生的偶然性和侵略政策的断续性。我们认为：在对侵略战争性质与侵略事实等根本问题的判断达成基本共识的前提下，双方学者可以在下一阶段对涉及这样的历史观的深层问题继续进行理论性和实证性的研究。

在学术研究的角度，能够形成共识或基本共识，或者是经过共同研究消除误解的地方是很多的，而我想大家关注的是日本侵华战争性质的表述。

中方委员会从一开始就认为必须在共同研究中明确日本在近代向中国发动战争的侵略性质，同时应指出部分日本政治家否认侵略战争性质是导致中日历史问题产生的根本原因。日本学者理解正是由于中国民众有痛苦的战争受害经历，所以非常关注对战争性质的判断，并且明确承认了侵略战争的性质，同时也提出双方因战争期间历史体验不同而产生有差异历史认识的现实问题。

比如：中国民众普遍认为从 1931 年开到 1945 年期间一直是以日本军国主义为对手进行的反侵略的抗日战争，但是在日本，由于随着战争的进行，日本的战争对手有中国、美国与苏联，对于作战对象不同的各个时期的战争性质，在日本学术界与民间有种种不同的认识：有的认为是日本对外的“十五年战争”，也有的认为应将对华、对美、对苏的战争性质区分，因此存在许多争议。根据近年来多次舆论调查的结果，大多数人（一般认为在七成左右）承认对中国战争的侵略性质，但是对同美国、苏联战争性质的认识，则相对复杂。中方学者也了解了日本社会关于战争历史认识的复杂状况。

参加共同研究，您的主要体会是什么？

在研究中，双方学者可能有共同的一点体会，那就是由于中日两国文化背景、历史经历和国情有很大不同，所以对历史的叙述和认识也存在差异。对于由于这一原因产生的差异，需要通过加强两国学术界及民间的交流来解决，而保持安静与冷静的学术气氛，可使双方在历史认识的交流中达到相互理解，更多地趋同，从而使“前事不忘，后事之师”的丰富历史内涵得以实现。因此，我们也希望媒体的朋友们能够从积极的角度促进两国民众间的相互理解，促进消除不必要的误解，缩小认识的差距，对中日关系的稳定发展发挥积极作用。

这一次的共同历史研究不同于一般的学术研究，因为是在两国政府首脑达成共识并确立事实框架的基础上进行的，所以是有政治外交意义的。但是，作为学者的研究，仍然要遵循学术规范，从这一点看，也有学术研究的特征。

中日历史问题表现在政治、感情与学术三个层面，而且三个层面的问题交错在一起。日本右翼与保守派政治家否认侵略战争责任的言论与行动往往引起政治外交层面的交涉，对两国关系影响很大，同时也给受到过战争伤害的中国民众留下了深深的记忆。在这种情况下，历史问题被简单地定位在“是否承认侵略战争”“是否反省”这样的问题上。简单地用“是否承认侵略战争”向日本社会提问，并不能产生积极的效果，反而会产生误解。而误解长期得不到解决，又被右翼势力加以利用，导致两国关系恶化，甚至使许多本来是需要深入研究的学术问题也成为难以沟通的政治问题，这就形成了恶性循环。欲从政治上解决问题，作为第一步，应当首先在安静的环境下由学者进行冷静的讨论，将历史认识的分歧点归纳出来，同时也将认识模糊或有误解的问题提出来，通过讨论求同存异，作为政治解决与民众相互理解的基础。中日历史共同研究虽然是学术研究，但是具有很强的政治意义，对民众感情也有很大影响。所以，我们对媒体报道与介绍学术研究的成果也十分注意，如果有偏差，就会影响中日政治关系，影响民众感情。因此，我一直认为从事抗日战争史与中日关系史研究的学者，应当有促进两国关系正常发展的责任意识。

（徐志民，中国社会科学院近代史研究所副研究员；
马晓娟，中国社会科学院近代史研究所助理研究员）
附识：原文刊载于《历史教学问题》2016 年第 4 期。

后 记

2016 年 8 月 14 日步平先生逝世后不久，时任国家图书馆出版社副社长的殷梦霞女士告诉我，如果出版步平先生周年纪念出版物的话，他们愿意负担出版费用。步先生是我们尊敬的长者，对他的早逝大家都非常悲痛，如果能够在他逝世一周年的时候，出版一部纪念集，表达大家对他的敬意与怀念，寄托我们的哀思，是很多人包括《抗日战争研究》编辑部全体编辑人员的愿望，我们很愿意承担纪念集的编辑工作。

为此，我们成立了“步平先生逝世周年纪念委员会”，确定了各位成员的具体分工：照片由步平先生夫人张颖辉女士提供，高莹莹负责编排整理、编辑；步平先生调入近代史研究所工作之前部分的回忆文章拜请张颖辉女士联系安排，徐志民负责整理、编辑；中外学者纪念文章由高士华负责联系、编辑；唁电由马晓娟负责整理、编辑。

本纪念集中的纪念文章、唁电中的日文部分，如无特殊说明，由国家图书馆出版社编辑徐波翻译，英文部分由马晓娟承担。纪念文章分成“亲人、同学、同事、学生等”“中外学者”两部分，主要是为了便于回顾步先生的生活、工作经历及学术成就。同事、学生中学者居多，而中外学者（此部分按姓氏笔画排序）中也有不少是一起共事的同事。为了让读者更好地了解步平先生的研究生涯，本书把由徐志民、马晓娟整理的访谈作为附录收入书中。

参加编辑工作的，除了中国社会科学院近代史研究所《抗日战争研究》编辑部的高士华、徐志民、高莹莹、马晓娟四个编辑之外，编务郭蕾也承担了不少事务性工作。国家图书馆出版社副编审李强承担了大量的联络、协调、编辑工作，劳苦功高，特志感谢。

纪念集是在多方大力协助、支持下出版的。步先生夫人张颖辉女士强忍悲痛，积极协助、支持；国家图书馆出版社提供了出版资金，没有他们的支持，纪念集的出版无从谈起；近代史研究所全力支持，所领导多次过问；大家在百忙中撰写怀念文章，积极回应我们的约稿请求。正是有了大家的共同努力，纪念集才可以顺利出版。在感谢多方支持的同时，我们也深切地感觉到了步平先生的人格魅力，因为步平先生是一位值得我们纪念的人，我们才会聚集到一起，出版这本纪念集，表达我们的的敬意和痛惜。

整个编辑、出版工作比较匆忙，有些怀念文章没有来得及约写，对此我们表示抱歉。在纪念集的编辑、出版中，如有不周之处，还请大家多多海涵。

纪念集的中外学者纪念文章部分，按汉字姓氏笔画排序。

步平先生逝世周年纪念委员会

（执笔：高士华）

2017 年 7 月 28 日